数商

DATA QUOTIENT

涂子沛◎著

中信出版集团 | 北京

图书在版编目（CIP）数据

数商 / 涂子沛著 . -- 北京：中信出版社，2020.7（2025.12重印）
ISBN 978-7-5217-1862-1

Ⅰ. ①数… Ⅱ. ①涂… Ⅲ. ①经济信息管理—数据管理—通俗读物 Ⅳ. ① F208-49

中国版本图书馆 CIP 数据核字（2020）第 076157 号

数商

著　　者：涂子沛
出版发行：中信出版集团股份有限公司
（北京市朝阳区东三环北路 27 号嘉铭中心　　邮编　100020）
承 印 者：北京盛通印刷股份有限公司

开　　本：787mm × 1092mm　1/16　　印　　张：23　　字　　数：254 千字
版　　次：2020 年 7 月第 1 版　　印　　次：2025 年 12 月第 9 次印刷
书　　号：ISBN 978-7-5217-1862-1
定　　价：88.00 元

“数商”是“数据三部曲”(《大数据》《数据之巅》《数文明》)的作者涂子沛先生提出的一个新概念，是反映一个人记录数据、组织数据、保存数据、搜索数据、分析数据、控制数据的能力水平的衡量体系。

就像智商可以测试一样，数商也可以用他提出的“数商测试题”进行测试。

这本书通过精心选择的历史故事对数商的真正内涵做了有趣的解读，引人入胜，希望此书的出版对提高国人的数商起到启迪和布道作用。

李国杰

中国工程院院士

中国计算机学会名誉理事长

人类文明正在发生一场大跃迁，
从以文字为中心转变到以数据为中心，进入数文明时代。
要在新时代的竞争中胜出，需要新的思维、技能和工具。

作者题记

目　录

14
掌握新空间的金刚钻

15
善数者成，营造一个新的高数商社会

参考书目

致 谢

推荐序：大数据要赋能个人

我喜欢读书。从 2012 年涂子沛先生的《大数据》出版以来，市场上关于大数据的书可谓汗牛充栋，不过大部分读来味道雷同，因为缺乏新思想亦缺乏文化意境而索然无味。但子沛先生所著的大数据系列一直吸引着我，他的《数据之巅》《数文明》《善数者成》这几本书脍炙人口，也多次获奖。没想到大疫刚过，他又捧出了一本新书《数商》，读下来还是令人耳目一新，启发触动良多。

要说近几十年来地球表面上最大的变化，我想莫过于建筑。特别是改革开放 40 多年来，钢筋、水泥、玻璃在华夏大地上书写了前所未有的史诗。我在中国建材领域工作了大半辈子，见证、参与了这些变化，感受至深。

但这本书告诉我，人类在物理空间之外，正在打造一个新的空间，这就是数据空间。这个空间也像物理空间一样建筑林立、鳞次栉比，但它们的材料都是数据。数据如同物理空间的钢筋和水泥。如果说城市是一个半人造的环境，数据空间就是一个纯粹的人工世界。从今天开始，人类是在物理空间生存，却要在数据空间之中求发展。你说它重要不重要？

我仔细揣度，确实是这个道理，数据正在重新架构这个世界。

基于这个紧迫的现实，包括中国在内的许多国家纷纷制定专门的战略，展开高位竞争。2020 年 4 月，中共中央、国务院又正式发布了《关于构建更加完善的要素市场化配置体制机制的意见》，明确指出，数据是一种新型的生产要素，像土地、劳动力、资本、技术一样重要，要求加快培育数据要素市场。你瞧瞧，大数据已经赋能了一个国家，大数据也成就了一大批互联网企业，那我们自然要问，大数据有没有给个人赋能，如何给个人赋能？或者说，你有没有想过，在大数据和人工智能的时代如何竞争，又如何发展？

这本书正是回答了这些问题。

8 年前，子沛先生首先提出"大数据"的概念。今天，他又首创"数商"。这是百尺竿头，更进一步，也是不忘初心，再次出发。一个概念的提出，非常不易。虽是短短两三个字，但背后是对社会脉搏的把握和世道人心的洞察。

这本书还提出了一套数商的评估方法，让你有道路、有方法可循，可谓既给你鱼，又赠你渔。我们今天都被数据包围，甚至是被数据包裹了，受制于数据。数据无处不在，又似乎无迹可寻。但如果你学会了怎样评估自己的数据使用能力，就知道如何去提高自己的数商，掌握了这个秘密，你就一定可以和数据共舞，打开一个浩瀚无垠又惊喜无限的新世界。

这本书不仅有创新，还有很多生动好看的故事。书里提到了一个新农业的代表人物马铁民，他也是中国建材的新英雄。中国建材集团从 2016 年起，就决定进军现代农业。20 世纪 90 年代，我在日本参观现代农业时，看到大棚的钢支架，眼前一亮，希望将这种大棚引入中国，但周围的人打击我说，中国当时都用土炕做大棚，这个想法行不通。20 年过去了，我信心重燃。我们计划用高透光玻璃给庄稼盖房子。2016 年 12 月，我为此专门去荷兰考察，子沛陪同我。他在行程中告诉我，不仅要给庄稼盖房子，还要用数据来种庄稼，要盖用数据调控驱动的智能温室。

很快，我们在山东德州做了一个轰动全国的智慧大棚，这就是此书中提到的十个足球场大的百亩大棚，也是中国最大的单体玻璃大棚。我当时的目标就是盖房子，现在有了大数据和人工智能，有了子沛的参与，我们的目标是做成全国最大的智慧农业公司。

所以，你也要问一问自己，农民都要用数据下田种庄稼了，你准备用大数据做什么，怎么做？大数据到底有没有为你赋能，改变你的生活？

2020 年春节前，我到访广州，子沛陪同我一起参观了大学者陈寅恪的故居。陈寅恪授课有几不讲：书上讲过的不讲，别人讲过的不讲，自己讲过的不讲，他要讲就讲最新的思考。我当然知道这很不容易，但要争取努力做到。回头看子沛，他却没有附和陈寅恪的意见。他笑着说，学者对身边的弟子可以这么说，但是布道者不能这么做。在一个洪波涌起、后浪叠生的大时代，一个新的知识和理念要反复讲，换花样讲、换包装讲、换场景讲。只有如此，新知和新念才能真正渗透人群、改变社会。

让大数据赋能个人的发展，现在才刚刚开始。新时代需要新思想、新知识和新技能。作为一个布道者，子沛的路还很长，他要做的事还有很多。只要久久为功，未来必定可期。

总之，这是一本可以轻松阅读的好书。在有趣的故事里，渗透着新的思想，标示着大数据 2.0 时代的进阶方向。我推荐给大家，特别是年轻人和企业家，相信这本书能给你们带来愉悦和收获。

宋志平

中国上市公司协会会长，中国企业改革与发展研究会会长

前言：为什么数商如此重要

每个人都向往成功。我们从小就知道，一个人智商高、情商又高，肯定就能成功，我们也常常对照他们，思考为什么自己并不成功。你是不是发现，其实除了智商和情商，还有一些其他的因素在起作用？你说不清它是什么，但随着时代的迅猛进步，这种感觉越来越清晰，越来越强烈。

我也有这种感觉。时代在变化，一个人要成功，需要不断学习修炼，尤其要找到和大时代契合的学习方向和重点。我认为，这个影响我们是否能获得成功的新要素，就是数据。

“数商”是我归纳、总结、创造的一个新名词。

所谓“商”，是指对人类某种特定能力的量度。在人类的历史上，被称为“商”且为大众广泛接受的，只有“智商”和“情商”。智商主要表现为一个人逻辑分析水平的高低，情商则用来衡量一个人管理自己和他人情绪的能力。这两个“商”产生的时间，事实上都不久，对智商的测量直到20世纪初才开始出现，而且备受争议，情商的提法在学术上站住脚就更晚了，是20世纪90年代的事情。

智商和情商几乎是对立的，它们分别代表“理智”和“情感”，甚至有人把它们比作海水和火焰，有你没我。在现实生活中，我们确实很容易碰到一些人，智商高但情商很低，一些情商高的人，智商又很一般。

但数商和智商、情商都不是对立的关系，它甚至是它们之间的一座桥梁。至少你现在就可以发现一个共通点，智商和情商都是用一个数量值来表示的，数据在这里，是服务于它们的一个测量工具。这也说明了数据无处不在。

那为什么需要提出数商，难道工具要成为主体？数商和情商的差别是明显的，但它和智商究竟有什么关系，是不是画蛇添足？

回头看人类的文明史，不可否认的一个事实是，我们这个物种最重大的成就、最亮眼的变化都发生在最近两三百年。1946 年，第一台计算机被发明，人类文明开始了新一轮的大跃迁，一开始，人类把这个新的时代定义为“信息时代”，认为信息无所不在，以前很难找到的信息和知识现在很容易就能找到。但 21 世纪的最近 20 年，变化开始加速，我们突然发现，新时代像一辆疾驰的列车，载着我们快速驰过了“信息时代”的站台，“以前很难找到的信息和知识现在很容易就能找到”这句话已经不能概括新时代的特点，我们正在迈入一个更新的时代——智能时代。

驱动我们进入智能时代最强大的力量，就是数据的爆炸和对数据的处理。由于数据对经济、政治和文化生活的广泛影响，智能型文明和以往任何文明相比都有本质的不同。这里所定义的“数据”，是指数字化的信息，即以“0”和“1”这种二进制保存的所有信息，它不仅包括传统的数字，还包括照片、文字、视频等传统意义上我们不会称之为“数据”的那些信息。

今天，我们每个人对数据的需求是极其强烈的，你可能没有意识到，这种需求甚至比对性的需求还要强烈。你看很多人一拿起手机，就放不下来，看手机就是在看信息，看信息就是在看数据，离不开手机其实是离不开数据。今天每一个人，在满足了以食物为中心的温饱生存问题之后，他的神经、意识和触角，就在搜集和创造数据。数据不能当饭吃，却几乎构建了个体发展的全部基础。除了城市、乡村这种物理空间，我们每天还在一个新的空间生活：数据空间。人类在数据空间中停留的时间将会越来越长，比待在物理空间的时间还久，在这个新空间里，数据和智能主导一切，这就是人类当下发展的大趋势。

数据是一种新的资源，它可以释放出新的能量，这种能量对人和世界会产生新的作用力。很多公司已经把数据视为一种新的资产，虽然我们还没有发明一种合理的方法来直接评估这种资产的价值，但我们都清楚地看到，数据已经在给一些国家、组织和个人赋能了。未来能保证数据真实、安全的国家和地区会产生一种新的优势，坐拥数据的企业可以躺着赚钱，会使用大数据的群体和个人将成为新的社会统治阶层。拥有数据优势的国家、地区、企业和个人正在陆续出现，数据优势也可以说是数据实力。

遗憾的是，并不是每个人都能认识到这一点，也不是每个人都会正确地、聪明地使用数据，但好消息是，这种能力可以经由训练获得，这种价值观可以从零开始建立，我们还身处这场新革命的早期，一切都还来得及。只要增强对数据的信仰和洞察，学习掌握数据空间的新工具，每个人都可能从数据中释放出“数能”和“数力”，为已所用。

对数据优势、数据实力、数据能力高低的衡量就是我定义的“数商”。修炼数商，是智能时代的新潮流。这是人类社会发展到一个新的阶段，自然而然产生的新要求。

数商，首先是“信息商”。它是对大数据时代人类获得信息能力的一种度量，虽然有海量的信息在流动，但个人需要的是涓涓细流。弱水三千，我只取一瓢，但那一瓢在哪里呢？我们永远在找自己最需要的那一瓢。这不是贾宝玉找林黛玉，找到了就一蹴而就，想想吧，我们每天在不同的时间、地点和场景，都需要不同的信息，这哪里是一件容易的事？信息是决策的基础，有足够的、正确的信息，智商才有运筹帷幄的空间。今天是数据大爆炸的时代，人类最近 5 年产生的数据，已经超过了几千年文明的数据总和，数据越大，那一瓢就越难找，这就需要我们在传统的智商之外，学习新的工具和技能。

顾名思义，数商又是“数字商”“数据商”。关于这两个概念的区别，我们后续会展开，但我希望你现在就要知道的是，我们所要讨论的数商，虽然包括数量、数字，重点却在数据。关于数字的科学叫数学，关于数据的科学叫数据科学，它们俩完全不同，但数学的进步为今天的数据科学奠定了基础。贯穿本书讨论的主线，不是以“计算”为中心的数学，而是以“记录”为中心的数据科学。人类把万事万物的发展轨迹和状态记录下来，把它们转化为数据，然后用分类、聚类等算法，建立相互的联系，帮助我们看到更完整的事物的全貌，更好地理解事物的本质，把握其潜在的规律，预测其未来的趋势，让数据服务于决策和创新——这是数据科学。

未来每个人都需要懂得一些数据科学。数商就是对这种能力的衡量，它不仅衡量通过测量和记录获得数据的行动能力，也衡量用科学高效的方法保存数据、使用数据，从数据当中洞察知识和规律，预测未来的能力。本书设计了一套数商的测试方法和试题，我建议你在开始阅读全书之前，利用 30~40 分钟，完成这个测试，然后根据自己的得失分情况，在本书的阅读过程中，逐点理解、对照、回顾、提高，相信这样的阅读将更有针对性，大有裨益。

数商非常具体，它和智商有区别，也有很大的联系，你理解智商，就很容易理解数商；数商也不像情商那样多变、难以捉摸解释，数商完全可以讲得很清楚。本书的中心内容，就是围绕数商阐述新的价值观、新的技能和新的工具。我们将从历史当中去追溯数据思维的形成和发展、数据价值观的来龙去脉，我将和你一起定义什么是数商，思考如何在真实的世界通过数据及其分析获得竞争性优势，从而游刃有余，脱颖胜出于大智能时代。

数商测试

我们先来做一个数商测试游戏，这可能是史上第一套数商测试题。

本测试题分为两大板块：一是关于数据价值观、数据思维和日常习惯的测试；二是关于现代数据科学知识和技能的测试，但为了计分方便，两类题目并没有按类别和重要性的次序排列。

一共 34 题，需要时间为 30~40 分钟。最高数商为 110 分。全部题目没有复杂的计算，如果涉及计算，可以用估算的方式从选项中找出正确答案。

如果你真心想对自己的数商有一个判断，那就不能有任何的掩饰，毕竟这不是一次面试，你用不着有意识地展示优点、掩饰缺点。如果有掩饰，那你应该再重测一遍。对答错的题目，建议在读完全书之后，回到相应的章节，重新阅读、体会和对照，制订提高数商的计划。

第 1～20 题为选择题，请从选项中选出你认为正确的答案，除题目注明外，均为单选题。

1. 一个人在卖葱，有人问葱多少钱一斤，卖葱的说 1 块钱 1 斤。那人再问，葱白跟葱叶分开来怎么卖，卖葱的人说，葱白 8 毛，葱叶 3 毛，因为他要把葱白和葱叶分开，所以要贵 1 毛。你认为第二种卖法相比于第一种怎么样?

☐ A. 卖葱的亏了　　☐ B. 卖葱的赚了

☐ C. 没毛病，卖葱的要付出额外劳动

☐ D. 是亏是赚，要看葱白多还是葱叶多

2. 一个城市有中学 A 和中学 B。某一场考试后发现，中学 A 的男生群体比中学 B 的男生群体平均分高 5 分，中学 A 的女生群体也比中学 B 的女生群体平均分高 5 分，那你认为，就这场考试而言：

☐ A. 中学 A 的平均分肯定要比中学 B 高 5 分

☐ B. 中学 A 的平均分肯定要比中学 B 高，但高多少不一定

☐ C. 中学 A 的平均分不一定比中学 B 高

3. 下面是一个有规律的数串，请按其规律为这个数串的空白处填上两个数字：1，2，2，4，4，6，8，8，_____，_____，32，12。

☐ A. 10，12　　☐ B. 16，14　　☐ C. 16，10　　☐ D. 14，12

4. 有一种病，会造成每 10 万例中 1 635 人死亡，而另一种病，有 16.95‰的致死率，请问哪一病更危险呢?

☐ A. 第一种　　☐ B. 第二种　　☐ C. 差不多危险

5. 在一个湖里有一片睡莲，睡莲的面积每天扩大一倍。如果睡莲覆盖

整个湖需要 60 天，那么它覆盖湖面的 1% 需要 ______ 天，覆盖半个湖需要 ______ 天？

- ☐ A. 1 天，30 天　　☐ B. 54 天，59 天
- ☐ C. 10 天，30 天　　☐ D. 5 天，59 天

6. 天气预报说，明日的降雨概率为 90%。请问 90% 的准确意思是什么？

- ☐ A. 明天有 90% 的时间会下雨
- ☐ B. 明天有 90% 的地方（按土地面积算）会下雨
- ☐ C. 明天出门的人，会有 90% 的人淋到雨
- ☐ D. 在 100 个类似于明天这样的气象条件下，有 90 个会下雨

7. 开赌场一般都赚钱，你认为赌场赚钱是靠科学规律，还是靠运气？你在赌场待的时间越久，玩的次数越多，赢钱的可能性是越高还是越低？

- ☐ A. 大家都靠运气，待得越久越可能赢钱
- ☐ B. 大家都靠运气，但一个人的好运少，所以待得越久赢的可能性越低
- ☐ C. 赌场靠科学规律赚钱，但只要我能赢一次大的，运气就可以战胜规律，所以待得越久越可能赢钱
- ☐ D. 赌场靠科学规律，待得越久赢钱的可能性越低

8. 你和一个人玩抛硬币的游戏，出现正面你将赢得一元，出现反面则输一元。假设你抛了 100 次，出现了 45 次正面和 55 次反面，你损失了 10 元钱。有人认为，出现正反面的概率各是 50%，所以接着玩肯定会转运。你认为接下来再抛 50 次你会转运吗？

- ☐ A. 肯定会，这是概率决定的
- ☐ B. 肯定不会，这是独立事件
- ☐ C. 可能会，也可能不会，一半一半

9. 你认识一个新朋友，你和他同一天生日的概率是 1/365，今天你开一个 Party（聚会），请了 49 个朋友来参加，你认为你们中间出现有人同一天生日的概率大约是多少？

☐ A. 80% 以上　☐ B. 50/365　☐ C. 50% 以上　☐ D. 95% 以上

10. 理疗师说发明了一种新的脊椎调节按摩手法，为了检验是否有效，他对 50 名背部疼痛的患者进行试验，之后有 36 名患者说他们感觉好转了，这是 72% 的比例，理疗师于是得出结论说这种新手法是有效的，你认为：

☐ A. 这个设计有缺陷，不能得出这个结论

☐ B. 可以得出这个结论

11. 砷是一种类金属元素。科学研究证明，长期饮用含砷量过高的水，会引起慢性中毒甚至死亡。1942 年，美国规定饮用水中的含砷量不能超过 50 微克 / 升。1962 年，美国卫生部考虑把标准调整到 10 微克 / 升。他们是这样决策的：如果提高这个标准，将挽救很多生命，减少很多医疗费用，其中每挽救一条生命按 610 万美元计算，最后加总得出，整个社会将获得的健康收益为 1.4 亿至 2.0 亿美元；而投资建设饮用水的净化设施，将耗费 1.8 亿至 2.1 亿美元。因为投入可能大于收益，有人反对提高这个标准。你对此的评价是：

☐ A. 荒谬，人的生命无价，不能这样计价

☐ B. 生命可以计价，但肯定要远远高于 610 万美元

☐ C. 计价方法可能有争议，但要有好的公共政策和社会管理，生命必须计价

12. 啤酒和尿布的故事很有名。大意是说刚做爸爸的男性在去商场买尿布的同时会顺便买点啤酒犒劳自己，沃尔玛发现这个数据规律之后，对啤酒和尿布进行了捆绑销售，随后两种商品的销量双双增

加。有人为了验证这个案例，专门到沃尔玛门店去考察，结果发现啤酒和尿布没有摆到一起，他因此断定啤酒和尿布的故事是一个无稽之谈。你认为真相是：

- ☐ A. 就是以讹传讹的无稽之谈
- ☐ B. 这个规律有时空性，并不是放之四海皆准
- ☐ C. 这个规律错了，啤酒应该和花生米摆一起
- ☐ D. 这个规律是否有效取决于当地有多少新奶爸

13. 19 位同学参加演讲比赛，所得的分数各不相同，取前 10 位同学进入决赛。某同学知道自己的分数后，要判断自己能否进入决赛，他只需知道这 19 位同学成绩的：

☐ A. 平均数　☐ B. 中位数　☐ C. 众数　☐ D. 方差

14. 不同的银行有不同的排队方式。银行甲：同一种业务有 3 个任选的队伍排队，分别通向 3 个不同的窗口。银行乙：这一种业务也有 3 个窗口，但是所有顾客必须在一个队伍中等待，之后被叫到一个空闲的窗口，你认为以下哪种说法是错误的？

- ☐ A. 两家银行顾客等待时间的平均值是一样的
- ☐ B. 两家银行顾客等待时间的离散程度不一样
- ☐ C. 两家银行顾客等待时间的方差不一样
- ☐ D. 银行甲有少部分顾客可能要等很长的时间，以至于他们可能抱怨，而银行乙的顾客不会等那么久

15. X 是连续变量，为了观察发现 Y 与 X 之间的线性关系，下列哪种图形比较适用？

☐ A. 散点图　☐ B. 柱形图　☐ C. 点线图　☐ D. 以上都不对

16.（此题为多选题）你认为以下几项哪些是数据？

- ☐ A. 数字
- ☐ B. 照片、视频
- ☐ C. 文字、文件
- ☐ D. PPT（演示文稿）

17. 你认为数字和文字哪个先被人类发明？

- ☐ A. 数字先发明
- ☐ B. 文字先发明
- ☐ C. 同时发明
- ☐ D. 无所谓，这个问题没有意义

18. 下列关于计算机存储容量单位的说法中，错误的是：

- ☐ A. 1 千字节（KB）< 1 兆字节（MB）< 1 吉字节（GB）
- ☐ B. 基本单位是字节（Byte）
- ☐ C. 一个汉字需要一个字节的存储空间
- ☐ D. 一个字节能够容纳一个英文字符

19. 如果有一台摄像机（100 万像素）跟着你，记录下你一天 24 小时的一举一动，你觉得一天的数据量是多大？如果记录 100 年大概需要花多少钱购买存储器？

- ☐ A. 一天大约十几吉，100 年需要数万元
- ☐ B. 一天大约一百吉，100 年需要数十万元
- ☐ C. 一天会有几个太，100 年需要数百万元
- ☐ D. 完全没概念

20.（此题为多选题）数据分析的成本最大的是哪两项？

- ☐ A. 保存数据的成本
- ☐ B. 购买分析软件的成本
- ☐ C. 数据采集的成本
- ☐ D. 数据清洗的成本
- ☐ E. 数据分析人才的时间成本

第 21～30 题，请按个人情况，从 4 个回答当中如实选择一个最切合自己情况的回答。

21. 当你看到一个很大的数据，例如国家投资 100 亿元建设清洁能源项目，你怎么确认这 100 亿元的投资是多是少？

- ☐ A. 从来不追究
- ☐ B. 和历史情况对比，或者和其他项目投资对比
- ☐ C. 看看平均数，用总额除以人口数，再和人均工资比一比
- ☐ D. 以上方法都尝试过

22. 篮球和足球都是团体性的竞技运动。人们对不同的比赛会有不同的评价，例如某队胜出了一场比赛，有人认为是靠实力，有人认为是靠运气。一般来说，任何一场比赛都存在不确定性（即运气），你觉得篮球和足球哪项运动的不确定性更高，为什么？

- ☐ A. 篮球，因为和单个球员的表现更相关
- ☐ B. 足球，因为脚比手更难控制
- ☐ C. 足球，因为场地更大
- ☐ D. 足球，因为个人的控球次数少

23. 现在有很多传感器，手机也是其中之一。有人从自己每天的步数发

现自己走路一多，某个病症就会出现，还有人把情绪数据和睡眠数据放到一起，发现心情不好的日子常常前一晚睡眠不好。你对自己的身体、情绪有没有过类似的数据层面的发现？

- ☐ A. 从来没有
- ☐ B. 偶尔用过，但没有收获
- ☐ C. 想用，相信一定会有发现
- ☐ D. 使用过，也有所发现

24. 你有没有试过用数字来量化管理你的情绪或感觉（例如疼痛）？例如你生气了，马上就想想，如果用从 1 到 10 逐渐升高的数字来标明你生气的程度，你会选几。你有没有试过把生气的原因写下来，然后分析生气的原因和强度的关系？

- ☐ A. 从来没有
- ☐ B. 偶尔
- ☐ C. 经常
- ☐ D. 一直这样做

25. 英国的人类学家邓巴（Robin Dunbar）提出了一个邓巴数字，即受限于大脑皮层，一个人能够有效管理的社会关系人数是 150 人。还有人发现，一个人最亲密的社交圈只有 3~5 个人，如果增加一个人，就会摊薄原来在每个亲密关系上所用的时间。你有没有意识到这些数量关系的存在？你有没有系统记录自己朋友的细节信息，有没有把自己的朋友分类，例如亲密、很好、普通、认识、一面之交……并用不同的策略维护不同类别的朋友关系？

- ☐ A. 顺其自然，从来没有清楚地算过、记过、分类过
- ☐ B. 偶尔想一想，记录一些信息
- ☐ C. 有专门的记录，但没有明确分类
- ☐ D. 分类，并且有不同的维护社交关系的策略

26. 日本人山田本一曾经分享他获得马拉松比赛世界冠军的经验。他在比赛之前，会开车把路线走一遍，并把沿途重要地点的标志物记下来，比如 10 公里处有一个银行，15 公里处有一棵大树，25 公里处有一座红房子……他把 40 多公里的赛程分解成几个部分。你在面临重大任务的时候会不会使用这个方法?

- [ ] A. 从来没有
- [ ] B. 偶尔
- [ ] C. 经常
- [ ] D. 一直这样做

27. 你会不会对一件事情发生的可能性进行预测，并对可能性的大小赋值，根据值的大小制订自己的行动计划?

- [ ] A. 从来没有
- [ ] B. 偶尔
- [ ] C. 经常
- [ ] D. 一直这样做

28. 你是否经常用抛硬币、翻纸牌、抽签这样的方式来预测运气和决定一件事情?

- [ ] A. 很经常
- [ ] B. 不是很经常，还好
- [ ] C. 偶尔
- [ ] D. 从来没有

29. 你有没有听说过幸存者偏见，而且在现在生活中发现有不少幸存者偏见的实际例子?

- [ ] A. 没有听说过
- [ ] B. 听说过，但也就听听而已
- [ ] C. 非常认同这一说法
- [ ] D. 不仅认同，还在现实生活中发现过好几个实例

30. 有一次我在清华大学做报告，报告完毕有一名博士生要求发言，他认为历史上很多朝代，都是因为皇帝想把事情搞清楚，最后亡国了，所以世界上的事还是不要搞得那么清楚为好，混沌当中才蕴藏

着巨大的智慧，你怎样评价这个观点？

- ☐ A. 很有道理　　☐ B. 有一点道理
- ☐ C. 错了　　☐ D. 完全错误，无法接受

第 31～32 题，请按个人情况，从 5 个回答当中如实选择一个最切合自己情况的回答。

31. 每个人都在使用搜索引擎。互联网上的信息极其庞大杂乱，你是不是总能找到自己想找的信息？一个核心手段就是搜索关键词，你是否清楚地知道关键词的设定有一定的技巧？除了转换关键词，你还掌握了其他搜索技巧吗，例如对某种文件类型的定向搜索？

- ☐ A. 常常找不到自己想找的信息
- ☐ B. 找到和找不到的情况，一半一半
- ☐ C. 基本能找到自己想找的信息
- ☐ D. 已经掌握了关键词设定的技巧
- ☐ E. 除了关键词技巧，还清楚地掌握了其他定向搜索技巧

32. 你有没有记录过自己每天的时间使用情况？例如一件事花了你多久的时间，又例如每天总共的工作时间、娱乐时间、休息时间等？你有没有对这些数据进行过分析，通过分析制定目标，调整计划？

- ☐ A. 从来没有　　☐ B. 偶尔　　☐ C. 经常
- ☐ D. 长期坚持　　☐ E. 不仅坚持，而且从分析当中获益良多

第 33～34 题，请按个人情况，从 3 个回答当中如实选择一个最切合自己情况的回答。

33. 你会用数据库查询语言 SQL 吗，或者是一个 Excel（电子表格）高手吗?

- A. 不会用 SQL，也不熟悉 Excel
- B. 不会用 SQL，但熟练掌握 Excel
- C. 熟练掌握 SQL 和 Excel

34. 你掌握了一门计算机编程语言吗，例如 Java、C++、Python？

- A. 一门不会
- B. 学过，但不熟悉
- C. 熟练掌握至少一门编程语言

参考答案和计分标准：

计分时请按以下标准评分，先算出各个部分的得分，最后将 4 个部分加总，得到的分值为最终得分。

第 1～20 题，答对一题得 3 分，共计得______分。

答案分别为：

(1) A	(2) C	(3) C	(4) B	(5) B	(6) D	(7) D
(8) C	(9) D	(10) A	(11) C	(12) B	(13) B	(14) A
(15) A	(16) ABCD	(17) A	(18) C	(19) A	(20) CD	

第 21～30 题，每回答一个 A 得 0 分，回答一个 B 得 1 分，回答一个 C 得 2 分，回答一个 D 得 3 分。共计得______分。

第 31～32 题，每回答一个 A 得 0 分，回答一个 B 得 1 分，回答一个 C 得 2 分，回答一个 D 得 3 分，回答一个 E 得 4 分。共计得______分。

第 33～34 题，每回答一个 A 得 0 分，回答一个 B 得 3 分，回答一个 C 得 6 分。共计得______分。

以上 4 部分总计得______分。

测试之后，如果你的得分在 60 分以下，说明你的数商较低；

如果你的得分在 60～75 分，说明你的数商一般；

如果你的得分在 75～90 分，说明你的数商比较高；

如果你的得分超出 90 分，那你是个数商高手，你的数商将成为你职业成功的有力助推。

01

一个低调赌徒的高光时刻

1862 年，欧洲小国摩纳哥。

这个时候，距离蒸汽机被发明出来已一百多年了，陆地上跑着呼啸的火车，海上的轮船冒着黑烟，工业革命的机器轰鸣之声在整个欧洲回响。大西洋的对岸，美国的林肯正在领导南北战争，解放黑奴，这个未来最强大的国家正在经历崛起前整合的阵痛。中国也很不太平，正是清朝咸丰年间，皇帝的私家花园圆明园刚刚被英法联军烧毁，这个古老的农业帝国正在快速衰落。

摩纳哥是一个微型国家，占地面积为 2~3 平方公里，只相当于一所大学的大小，很像梵蒂冈。梵蒂冈名震天下是因为宗教，摩纳哥也全世界闻名，却是因为一个叫蒙特卡罗的大赌场。

这家赌场建于 1856 年，这一年因为财政危机，摩纳哥政府决定搞服务业创新，在境内开设赌场，用赚的钱补贴国家开支。你知道的，赌博是少数几样会让几乎所有人上瘾的东西，蒙特卡罗大赌场于是越经营越红火，今天已经成为和拉斯韦加斯、澳门齐名的世界三大赌城之一。

在蒙特卡罗大赌场，最受欢迎的是轮盘赌，就是把轮盘旋转起来，然后赌它停在哪个位置。之所以受欢迎，是因为它毫无技巧可言，不用费脑子，往里砸钱就行，而且马上就能揭晓是否赢得了命运女神的青睐，这对赌徒而言，简单直接又刺激。

每一天赌场开局的时候，每一个轮盘旁边都会配备几十万现金。如果在关门之前有人把这堆钱全部都赢走，那当天的赌局就开不下去了，赌场会立刻用一块黑纱布蒙上轮盘，表示暂停，请赌客们转战其他地方。这个赌场大倒霉的时刻叫“breaking the bank”，直译就是“储备金崩盘”，从概率上来讲，这种极端的情况基本不可能出现。

我要讲的这个主角，他创造了蒙特卡罗大赌场历史上一个惊人的纪录。他用公平下注的方法，接连几天导致赌场的储备金崩盘。

他叫贾格尔（Joseph Jagger，1830—1892），是一名英国人，长期在一家纺织厂担任机修师。他的主要职责是维修调整纺织工厂的机器，保证它们日夜不停地运转。[1] 人类喜欢把最重要的东西比喻为金子，当时的棉花就被称为“白金”，那时候是驱动世界纺织革命的原材料。

但英国的棉花主要来源于美国的出口。美国的棉花高产是因为美利坚的南方遍布棉花庄园，庄园主坚持奴隶制，因为奴隶的集体种植可以保证高产。而南方坚持的奴隶制，也是美国南北战争爆发的直接导火线。

恰恰就在这场战争爆发之前，贾格尔购买了一大批机器。他自己投资兴办了一家纺织厂，但他没想到的是，他的工厂一建好，大西洋

---

[1] 本章贾格尔的故事主要参考了英文书籍：Anne Fletcher. From the Mill to Monte Carlo: The Working-Class Englishman Who Beat the Monaco Casino and Changed Gambling Forever［M］. Amberley: Amberley Publishing, 2018.

对岸就爆发了战争，受战争的影响，美国棉花全面停运。

因为缺乏原材料，英国的纺织业随之大面积停摆。时代的一粒灰，落到个人头上，那就是一座山。望着一台台新买来的机器，可怜的贾格尔欲哭无泪，他破产了。

负债一身的贾格尔走投无路，他有家要养，4 个孩子正嗷嗷待哺。百般思虑之后，他决定去蒙特卡罗大赌场博一博运气。

此前，贾格尔只在赌场看过几次热闹，他并不喜欢赌博，但作为一名资深机修师，他对轮盘赌有自己的一番见解。贾格尔相信，一个轮盘用久了，必然会出现机械不平衡的情况，那就会导致某些特定数字出现的概率超过平均值。他坚信，机械上的完美对称和平衡是很难达到的，特别是经过一定时间运转和磨损之后的旧机械。

带着他的信念和判断，这位“中年奶爸”想方设法筹集了一小笔钱，来到了蒙特卡罗大赌场。第一个星期，他一次注都没有下。这笔钱不仅要用作本金，还要用来雇人。他雇了 6 名助手，要求他们作为围观者混迹在赌场的 6 个轮盘前，他叮嘱他们只看别人下注，从早上开盘直到晚上打烊，训练他们用旁人难以注意的方式偷偷记下轮盘每一次停止旋转时的数字。

一到晚上，在 6 名助手把每个轮盘一天的记录带回来之后，贾格尔就在旅馆里彻夜分析这些数据。

一周之后，他惊喜地发现，在这个赌场的 6 个轮盘当中，有一个轮盘确实存在如他所预料一般的异常，在这个轮盘当中，有好几个数字出现的概率比其余数字高！他判断这个轮盘存在倾斜，已经处于不完美平衡的状态。

他这才开始走进赌场下注。这一天的早上，他就锁定这一个轮盘下注，在众目睽睽之下，他一赢再赢，当天上午，这个轮盘的储备金就崩盘了，一块黑布蒙上了这个桌面。

等到第二天开张，贾格尔又出现在这个轮盘前，结果没多久这台机器的储备金又崩盘了，有人认出了他是前一天的幸运儿，人们围着他大声喝彩。

——图 1.1——

赌场当然也警觉了起来，话说买的哪里精得过卖的，他们也看到了贾格尔的押注行为，虽然说不出具体出了什么问题，但也感觉到问题的根源可能出在这台轮机上。这一天晚上，他们在关门之后，把所有的桌子和轮盘做了一个乾坤大挪移，想通过调换位置，让贾格尔找不到这个轮盘。

但他们没想到的是，贾格尔非常细致，他已经观察到这个给他带来幸运的轮盘上面有一道不明显的划痕。第三天上午，他在原来的桌子上输了几笔钱之后，很快意识到轮盘被更换了。凭借那道划痕，他没用多久又找回了他的幸运之轮。当然，不到两个小时，他又把这个轮盘的储备金赢光了。

一连崩盘三天，赌场遭受了巨大损失，他们的管理人员彻底慌了。但他们又无法对此蹊跷的事实做出完整的解释，最后的解决方案是派人飞奔到巴黎，订购了一批新的轮盘，对所有的轮盘进行了更换。

接下来的那一天，贾格尔开始输钱。按购买力计算，前三天他已经赢得了一笔相当于今天 1 200 万英镑的巨款，成了千万富翁。这一天上午，他在输了一些钱之后，就走出了蒙特卡罗，而且再也没有回来过。

但贾格尔已经彻底改变了全世界的赌场，从这一天开始，全世界的赌场每天开场之前都更换轮盘。

后世有专人考证这一事件，他们认为，贾格尔潜伏在蒙特卡罗大赌场的时间可能不止一周，而是一个月。具体多长的时间，已经无从确认，因为贾格尔对此从来闭嘴不谈。我认为，如果是一个月，那就更凸显了观察、耐心和分析的力量。他就像一头正在捕猎的豹子，双眼一眨都不眨，紧盯着旋转的轮盘。他在数据的王国里昼伏夜出，不停地分析计算，一出手就上演了一场大戏，导致了连续三天的储备金崩盘。要知道，战胜赌场对无数的赌徒来说都是毕生无法实现、永远停留在想象中的梦想，这几乎是不可能的事，难、难、难！贾格尔是第一个，也是唯一一个靠不作弊的方法战胜赌场，让储备金崩盘的人。迄今为止，蒙特卡罗大赌场已经经营一百多年了，储备金崩盘的情况极为罕见，如果贾格尔算一次，那后来还发生过两次，其中一次被证明是串通作弊。

赌场事后也研究了贾格尔的下注行为，他们分析发现，贾格尔押注的数字主要是“7，8，9，17，18，19，22，28和29”这9个数字，其中三个数字“8，17，19”其实是贾格尔的烟幕弹。他的困难在于，每个轮盘的旁边，都围着一大圈赌客，人们发现他的好运气之后，会跟着他下注，而这会加速轮盘上现金的崩盘，同时引起哗然关注。所以贾格尔在某些时刻，还要假装押错，输掉一些钱。明明知道答案却又能装作若无其事，并且在众目睽睽之下把钱赢走，这需要冷静。由此我们可以断定，贾格尔的情商不低。

贾格尔的情商高还有一个明证。要知道，他在赌场上获得的成功属于一夜暴富，足以令万众瞩目，这是一条可以引起街谈巷议的超级新闻，他可以成为全国知名人物。直到1891年，欧洲才出现了第二个击败赌场、令储备金崩盘的人，这个家伙一夜成名，有人为他专门写了一首歌，传唱四方：

我刚刚从阳光明媚的南岸回到巴黎；
对，我到蒙特卡罗去了，
只为了那份冬天涨价的租金。
但生平第一次，
幸运女神对我微笑，
我现在有好多好多钱，
我已经是一个绅士。
对啊，我现在有好多钱，
我是一个绅士。
当我沿着布洛涅森林散步，

我拥有独立的空气，

你可以听到女孩们的议论：

他一定是个百万富翁。

你可以听到她们叹息并希望死去，

你看到她们不停地把媚眼，

抛向那个令蒙特卡罗储备金崩盘的人。

但贾格尔拒绝了这样的高调，他带着一笔巨款走出蒙特卡罗之后，再也没有回去过，他回家后关掉了纺织厂，买进了一块又一块的地产，默默经营，从不声张宣传他在蒙特卡罗大赌场的高光时刻，保持了终身低调。

贾格尔的智商当然也不低。上面讲的，其实还只是一个大概。魔鬼从来都在细节之中，要判断一个轮盘是不是真的不平衡，其实并不简单，它需要一些概率知识。

假设你在现场，你发现连续5次轮盘停的位置分别是：25，34，29，7，1。乍一看这好像没什么规律，但如果在轮盘上把这些数字标出来，你很快就能发现，这5个数字都处在从7开始到29结束的一个半圆之内，也就是说轮盘的一侧，连续5次轮盘都停在圆周的同一侧，那我们能不能判断这个轮盘存在不平衡的倾斜呢？

理论上，每一次轮盘停在一个地方，都可以视为一次“独立事件”，即它和上一次停在哪儿无关。接连5次停在同一侧，翻译成统计学语言，可以表达为：

在圆周上随机挑选5个点，5个点都落在某一侧半圆内的概率有多少？

因为5个点一共会产生5×2=10个半圆，每次落在一个半圆内的概率都是 1/2，所以：

$$(5\times 2)\times (1/2)^5=5/16=0.3125=31.25\%$$

31.25% 是个相当大的概率，这意味着即使接连 5 次轮盘停在圆的同一侧，也不能判断轮盘存在不平衡的倾斜。

那 5 次都判断不了，需要多少次才能判断呢？对这个问题的计算是一个数学问题，我们要讨论的数商，重点不在数学和计算，而在数据，因此这里不再展开。我想通过这个细节说明，贾格尔作为一名工程师，有很强的逻辑分析能力，他懂得计算，能判断什么是偶然，什么是真正的不平衡，即他的智商绝对不低。

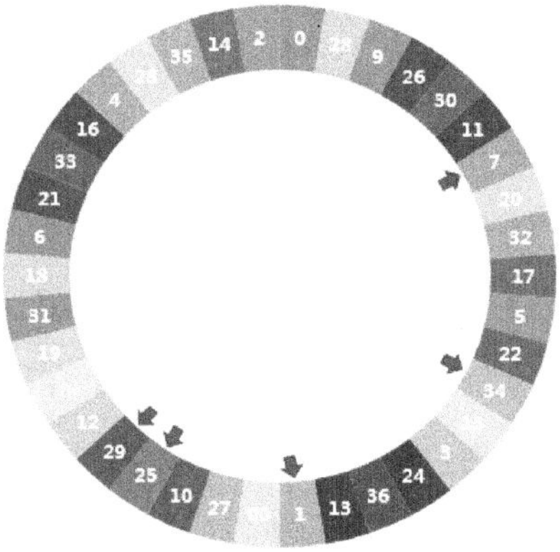

——图 1.2　美式轮盘的转盘——

注：美式轮盘的每个转盘分为 38 格，轮盘上的数字会以红、黑两色间隔，但数字并非按顺序排列。每当轮盘旋转一次，象牙小球在每个数字上停下的可能性在理论上都是 1/38。我们很容易算出，每个数字出现的概率是均等的：1/38≈2.631 6%。

赌客可选择一个数字下注，如果沿着轮盘旋转的象牙小球最终落入赌客下注的格子，庄家即用 1 赔 35 倍的概率赔付。但要是象牙小球落入“0”或“00”的格子，庄家除了赔付在其上下注的赌客，其他通吃，即台面上所有的筹码都归庄家所有。这中间的概率差就是赌场利润的来源，现代赌场都是靠概率来运转的。

我想说的是，除了聪明和冷静，贾格尔还有一种能力。他坚信有一些轮盘会出现不平衡的情况，很多机械工程师肯定都能想到这种可能性，但不同的是，贾格尔还知道，凭借肉眼的观察、人脑的记忆不可能发现某一个轮盘存在如此精细微妙的差别，所以他派人去现场记录每一次轮盘停止的地方。什么叫记录？我对记录的定义是：把眼睛看到的东西、耳朵听到的东西以及感官感受到的东西变成数据。为什么要记录？因为只有把事实变成数据，事实才可以被分析，人的大脑是有限的、健忘的，你眨一眨眼睛就可能忘记了前一秒看过的东西。贾格尔懂得这个道理，他去做了详尽的记录。

他派出了 6 个耳目去收集数据，如果把这些收集来的数据交给其他人，那我相信会有不止一打的人发现赌场里有个不平衡的轮盘。所以说，贾格尔在赌场成功的与众不同的关键，是他迈出收集数据的那一步，这一步来源于他对数据牢牢的信仰！

事实上，直到今天，贾格尔的这种能力依然堪称稀有。不信，再来看一个真实的故事。

这个故事发生在 21 世纪的棒球领域。一直以来，打球的人、看球的人都相信，找到一个好的棒球运动员，靠的是球探的一双眼睛。球探们肩负发掘球星的使命，一年到头奔走在全国各地的球场，一到球场，他们首先要找一个能够一览球场的好位置，而且最好坐在那个最优秀球手投出最佳动作的正后方。能否找到这样的位置，完全靠运气。俱乐部寄望于球探可以看到一般人看不到的细节，凭此发现一名出色的球星。

毫无疑问，这有很大的偶然性。但这种靠眼睛的方法一直统治棒球界 150 多年。直到进入 21 世纪，才有人对这种主流的观点提出反对意见。新的观点认为，老的方法过于看重球探的个人观察和球员在最近一两场比赛当中的表现，事实上，肉眼的观察不足以从全维度上评价任何一名球员，要正确评价一名球员，应该建立一套长期记录和观察的体系：

> 想想吧，仅凭观察不可能看到上垒率 0.300 的击球手和上垒率 0.275 的击球手的差别，他们仅仅是每周多击中一次球的差别。如果你一年观看 15 场比赛，那么上垒率 0.275 的击球手就有 40% 的可能性比上垒率 0.300 的击球手击出更多的安打。好的击球手和一般的击球手的差别是不容易看出来的，只有通过他们长期的记录才能得出结论。[1]

2002 年，一个叫比恩（Billy Beane）的美国教练接纳了这个观点，他采用数据分析的方法物色了一批不被球探看好的队员，并用各种统计数据调整球队的战略，最后把一支名不见经传的球队打造成了一支美国棒球联盟的主流球队。比恩的成功给了其他教练很多启发，此后对数据的记录和分析逐渐成为棒球领域的主流，这也给其他球类运动带来了很大的触动和改变。这个故事随后被拍成了电影《点球成金》(*Moneyball*)。

无论是贾格尔，还是比恩，和同时代周围的人相比，他们并非智商更高。他们的成功是因为对数据执着的、全面的信任，他们敢于突破惯例和常规。但你要知道，在长期沿袭的惯例和常规背后，是人性和旧的思维方式，这两种力量都是超级顽固和强大的。

但这就是数商吗？是，又不全是。数商特指一种以数据为中心的

---

[1] Michael Lewis. Moneyball: The Art of Winning an Unfair Game [M]. New York: W. W. Norton & Company, 2004.

能力，一种把事实转化为数据，并能对数据进行处理和分析的能力。它不是传统的数学，我们不讨论纯粹的数学问题，数据思维不是数学思维，数商和智商有交叉，但又不完全相同。

怎么不同呢？我们再来看下一个故事。

贾格尔的故事是关于钱的，接下来的故事是关于爱的。

——思维拓展训练——

1913 年的夏天，蒙特卡罗大赌场曾经发生过另一起惊人事件，轮盘连续 26 次停在了黑色的数字上，现场聚集的人从第 10 次开始，就不停在押注红色，但直到第 27 次才出现红色，这导致赌徒们在十几分钟内输掉了几百万美元。你怎么评价、看待这个现象?

现在假设你在玩抛硬币的游戏，出现正面的话赢一块钱，出现反面的话赔一块钱，抛掷了 100 次之后，出现了 45 次正面和 55 次反面，你亏损了 10 块钱。你会不会认为这 100 盘自己运气很差? 因为出现正面朝上的概率是 50% 啊，因此你认为接着再赌 100 把，一定会转运，这种判断究竟对不对?

假设你再赌 100 把，结果是 47 次正面和 53 次反面，你又输了 6 块钱，这符不符合概率（或者说科学）? 接下来，你是不是应该再赌 100 把? 如果你想去赌场，我建议你把这个问题先彻底想清楚、想明白，再决定是否要迈进赌场的大门。

02

恋爱越自由，结婚越要靠高数商

我在阿里巴巴工作时，陪朋友爬过几次杭州的宝石山，如果想从北坡爬上保俶塔，就得走黄龙公园这条路。公园深处有一个民间自发的相亲角。

看这个相亲角里的众生百态是件很有意思的事。一群老头儿老太太举着牌子，相互攀谈打听，牌子上写的正是自己子女的征婚启事：某某某，政府公务员，肤白貌美，年薪多少，家里几套房，想找什么样的男士相濡以沫；某某，公司高管，高大英俊，年薪几十万，想与什么样的女孩携手人生。

看条件都挺不错的，他们应该都是职场得志、情场得意的人，想不明白，为什么条件这么好却单身。

走的地方多了，后来我发现每个城市都有自己的相亲胜地。北京有中山公园、玉渊潭、陶然亭，上海有人民公园和虹口公园，广州也有，最有名的是天河公园。每个地方都有说不完的故事。

结婚在全世界都是难题，只是在中国更难一点而已。令人感到意外的是，年轻人蜂拥而至的一线城市，却成了剩男剩女最多的城市。

似乎人越多结婚越难，而不是人越多越容易。

现代社会普遍实行一夫一妻制，男女比例基本平衡，关于恋爱和结婚的禁忌也比古代不知道少了多少。父母包办婚姻这种方式被扔到了历史的垃圾堆，门第观念大大松动了，“同姓不婚”的禁忌也被打破了。经过漫长的斗争，我们终于挣脱了条条框框，迎来了一个可以完全自由恋爱的时代，这个时候却发现，自由是自由了，找到人结婚反而更难了！

难！可难在哪儿？

难就难在信息。结婚是大事，每个人都希望在大量信息的基础之上，做出自己的决定，就是要挑，但一个人在日常生活中所能获得的信息是相当有限的，而且这些信息之中有价值的又寥寥无几。你挑别人，别人也在挑你。可以想象，要找到一个合适结婚的人需要投入大量的信息搜寻成本，当然还有时间成本、金钱成本。如果信息不优质，时间和金钱就会变成沉没成本，一切又要从头来过。所以老头儿老太太聚在公园，是在为孩子们寻找有效的信息。

如此不难理解，“媒妁之言”这种古老的相亲方式，为什么在自由恋爱的时代仍然被保留了下来了，婚恋中介平台为何今天还越来越火，因为通过这种方式，人们可以降低自己信息搜寻的成本。

因为信息少，很多人无法挑，他们结婚是靠“碰”。在茫茫人海之中碰到一个对眼又对路的人，这无异于大海捞针，真碰上了，再冠之以一个美好的词汇：缘分。如果怎么碰也碰不上，一个理性的人就只能观望、徘徊、等待，越理性，等待得就可能越久。

甚至王子也靠碰，看看灰姑娘的故事，她也是王子碰到的。

有一句诗讲的就是这种碰的最高境界：“众里寻他千百度，蓦然回首，那人却在灯火阑珊处。”

就算这么难，耗费这么多资源，结局还不一定美好。有些人找错了人，只能马马虎虎凑合着过；还有些人过着过着过成了仇人。看看各国居高不下的离婚率，就能发现失败的婚姻占多大比例。

我下面要讲的是一个现代故事，男女主角在一起真不靠碰，而靠找，用数据找。

2012 年，在加州大学洛杉矶分校（UCLA），有一个男学生正在攻读数学博士学位，他叫麦金利（Chris McKinlay），已经 35 岁了。按照中国的标准，他正在进入剩男的行列，虽然是美国人，麦金利也有压力，时不时会为找不到另一半而感到苦恼“蕉绿”。[1]

像很多年轻人一样，麦金利在社交平台上很活跃，我说的不仅仅是微信、Facebook（脸书）这类平台，还有专门为婚恋交友而存在的平台，例如 Match.com、J-Date、Zoosk、e-Harmony、Ashley Madison 等。在这些平台上，有很多单身男女，他们来到平台的目的就是寻找另一半。

麦金利选择的平台是 OkCupid，和 Facebook 一样，OkCupid 也是由哈佛大学的毕业生创办的。它的运营逻辑是通过问卷调查和个人动态获得大量的个人偏好信息，然后用算法对平台上的人进行两两匹配，这有点像滴滴平台上人和车的速配，不同的是，OkCupid 匹配的是人和人。

问卷调查是在注册的时候进行的，是一个接一个的选择题，可能是单选，也可能是多选。这些问题五花八门，从个人的基本情况，如

[1] 本章麦金利的故事主要参考了英文报道：Kevin Poulsen. How a Math Genius Hacked OkCupid to Find True Love［N］. Wired, 2014-01-21.

年龄、出生地、学历、身高，到美食、运动、读书等爱好习惯，再到对金钱、家庭、宗教、政治、性爱的观点，甚至包括对人类未来的预测、对人工智能的伦理等重大问题的看法。问题一共有几千个，一个人回答的问题越多，找到与自己精准匹配的另一半的可能性也越高。一般来说，很多人会回答300~400个问题。例如：

你已经准备好定居并立刻结婚了吗？

A. 完全准备好了　　B. 不可能

C. 结婚可以，定居不可以　　D. 结婚不可以，定居可以

你希望下一段关系持续多久？

A. 一晚　　B. 几个月到一年

C. 几年　　D. 余生

你喜欢讨论政治吗？

A. 反感　　B. 一点点　　C. 喜欢　　D. 很喜欢

问题的设置当然是一门学问，这关系到原始数据的采集，我在《数据之巅》这本书中讨论过怎样科学地设计问卷。

除了通过ABCD的选项回答问题，用户还可以用打分的方式标明这个问题的重要性，例如用0代表“完全不重要”，用4代表“必不可少”，用5代表“非常重要”，中间逐级递升。在回答完一个问题之后，你还可以限定你只接受潜在对象哪一选项的回答，例如你认为宗教对你的生活是“4：必不可少”，你可以限定只和答案一模一样的异性匹配，那所有不回答“4”的异性都不会进入你的视野。

这些问卷、评价和限定都是为了帮助两个陌生人更好、更准确地匹配而设计的。

OkCupid 平台的工作，就是用算法不断地计算各个用户的数据，得出任意两个人的匹配度，这个匹配度用百分比来表示，数值越高就表明越匹配，100% 就是天生一对，0% 的话就是命中克星了。平台会把匹配度较高，例如 90% 以上的两个人推荐介绍给对方，两个人在成为平台上的朋友之后，开始互动。

OkCupid 的平台上有上亿名用户，其中 43% 是女性，在麦金利居住的洛杉矶，也有 8 万多名女性是 OkCupid 的用户。但麦金利注册之后，OkCupid 只向他推荐过几十位匹配度较高的女性，他向其中大部分发送过私信和邀约，但只约到过 6 个人见面，大多数邀请石沉大海。

为什么系统只给他匹配了几十人，而且还不精准呢？麦金利很快悟到了他匹配对象少的原因。

OkCupid 算法匹配两个人的根据是两个人都回答过同样的问题。你没回答过对方回答过的那些问题，算法不可能无中生有进行匹配。而麦金利在一开始选择问题的时候，并没有经过深入思考，他选择回答的问题，可能他喜欢的女性完全不会选，因此他们的数据不可能“联接”[1]，他们永远不会见面。

我没有用过 OkCupid，但略加思考，不难发现，一个男人想要在类似的婚恋平台上找到理想的女性，大概需要按顺序完成以下几个任务：

1. 清楚描述自己喜欢什么样的女性，越清楚越好，要用标签式的语言总结出来；

[1] “联接”不是简单的“连接”，而是在共同标识基础上的有机勾连。本书提到数据的有机勾连时，统一使用“联接”一词。

2. 找出这些女性关注哪些问题，在这些问题上有什么偏好，推测她们在寻找什么样的答案；
3. 在平台上回答这些女性关心的问题，平台推荐的匹配对象将会大幅增多，不仅多，而且也是自己心仪的；
4. 通过约会见面的线下行为来辅助筛选。

其中的关键，是第二步，这也是麦金利分析之后选择的路径。为了增多匹配的对象，首先要统计分析一下他喜欢的女性在关注哪些问题，然后老老实实地回答这些问题，这样一来，可能适合他的每个同城女性都会出现在匹配列表里，而不适合他的女性一个都不会出现。

当时在 OkCupid 平台上，有 5 000 万名女性，那怎么发现她们最关心哪些问题呢，总不能一个个去看吧？麦金利的专业能力开始派上用场了。他设置了 12 个 OkCupid 的爬虫账号，并编写了一个 Python 脚本来管理这些爬虫。这些爬虫会搜索麦金利心仪的大目标群体（25~45 岁之间的异性恋和双性恋女性），访问她们的网页，搜集可以看到的一切有用信息，例如种族、身高、星座以及是否吸烟等个人信息，并保存下来。

还记得吗？在 OkCupid 的平台之上，只有你回答过某一个问题，你才可以看到对方对这个问题的回答。麦金利的这 12 个账号不是普通账号，他的账号事实上是自动机器人，他让它们回答了所有的问题，然后就可以看到目标女性群体所有已经回答过的问题，爬虫机器人把这些数据爬下来，再把它们保存到麦金利的数据库里。

当然，这些爬虫回答所有的问题，是一个自动的甚至随机乱答的过程，它们给出什么答案并不重要，因为它们的目标并不是吸引获得女性的注意力，而仅仅是看到并保存那些女性的数据。

但麦金利很快遇到了一个问题，因为这种爬虫是很多平台，包括OkCupid禁止的，不会有哪个平台可以接受别人把它的数据搬走，所以这些机器人忙碌了几个小时之后，OkCupid发现了它们的行为，麦金利的机器人一个接一个地被禁了。

麦金利的新对策是，找来他的一些朋友，用交换的方式获得了他们的支持，在他们的电脑上安装爬虫机器人，用机器学习的方法训练它们在OkCupid平台上的活动，让它们像真人一样，OkCupid无法发现它们是机器人。

如此这般，十多个机器人在不同的电脑上每天24小时不间断地活动。三周之后，麦金利就获得了2万多名女性对600多万个问题的回答。

接下来，麦金利一头扎进了这些数据，开始分析。

他用了一个叫K-Modes的算法，根据2万名女性对不同问题的回答，把她们分成7个在统计学上具有明显区别的类型，例如多元开放型、高端专业型、艺术创造型等。

当完成这个分类的时候，麦金利欣喜若狂。这意味着他接近于完成第一个步骤了，即把所有的女性按数据分好类，然后找出自己喜欢的类型。

记住，分类和聚类，就是大数据分析的核心工作。

分类和聚类，也是我们认识世界的基本方法。

接着他给机器人重新分派了任务，他要搜集另一个样本：5 000名在过去一个月内登录过OkCupid并居住在洛杉矶和旧金山两大城市的女性。然后他再用升级的K-Modes算法处理这5 000名女性的问卷数据。结果这5 000人也被划分成同样的7个类型，这证实了他的分类方法是有效的。

下一步，麦金利的任务是找出自己最喜欢的女性类型。他从这 7 个类型当中逐一抽取了一些个人资料来查看，最后发现，有两组女性他很感兴趣，很喜欢。

一组是年轻女性，她们大多二十多岁，看上去特立独行，参与音乐和艺术活动，暂且称为 A 组；另外一组是年龄稍大的女性，是从事创造性工作的专业人员，比如编辑、设计师，先称为 B 组。

他决定两组都要试。他分别对这两组女性的问答信息进行了分析，以掌握她们对什么东西感兴趣。别忘了，最关键的步骤是他要找出他应该回答问卷中的哪些问题，这关系到平台会不会拿他的数据去和他喜欢的女性匹配。因为已经掌握了 2 万名女性回答过的 600 多万个问题，他很快就统计挑选出了这两组女性回答次数最多的前 500 个问题，然后他对这 500 个问题一一如实地填写答案，他不想把自己未来的关系建立在虚假、错误的数据之上，他要找的是真正的爱情，而不是一夜情。最后他又根据算法分析的结果给这些问题的重要性自动打分。还记得重要性吗？一个问题可以有从 0 到 5 的重要性评分。麦金利使用了一个叫“自适应提升”（adaptive boosting）的机器学习算法来确定每个问题的最佳评分。

例如，“不管未来的计划如何，眼下更吸引你的是什么，是性还是爱？”这是 500 个问题当中回答次数很高的一个。麦金利的回答当然是“爱情”，但根据“自适应提升”算法分析的结果，对于较为年轻的女性组，他给该问题打了一个“必不可少”的 4 分，而对于年龄稍大的 B 组，他则给该问题打了 5 分，即“非常重要”。

根据这两组女性的不同，麦金利还精心创建了两份自己的资料，并且使用了不同风格的照片，一张是攀岩的，一张是弹吉他的，分别展示给两组女性。

在完成了这些工作之后，麦金利再登录 OkCupid 平台，一刷新页面，仅仅几秒钟，他骤然发现，他已经和上万名他喜欢的女性有了 90% 以上的匹配度。

从这一天起，平台上约会的私信就如长江水一般滚滚而来。

当一位女性知道一位男性回答了她所关心的所有问题，而且和她的匹配度很高的时候，她才会去关注这位男性的一些其他特点，才可能展开后继的聊和撩，麦金利开始收到女性主动发来的短信，例如：

> “我到现在为止还没有遇到过打牌很厉害的人，我觉得你的资料很有意思。”
>
> “我想跟你打个招呼。”
>
> “嗨，你的资料打动我了。”
>
> “我认为我们之间有相当多的共同点，也许不是数学，但肯定有很多其他的东西！”
>
> “你真的懂中文吗？”
>
> “我也参加中文培训，但效果并不好。”

为了引起这些女性的关注，触发两个人之间的互动，麦金利还做了一件事：用机器人去浏览跟他匹配度较高的女性的网页。这是因为在 OkCupid 的平台上，一旦有人浏览一名用户的网页，系统就会告诉她，而接下来最可能发生的行为是，来而不往非礼也，这名女性马上会反过来浏览麦金利的网页。

更多的互动就发生了。

麦金利的这个机器人按照年龄顺序进行浏览：第一天浏览 1 000

名41岁女性的页面，第二天浏览1 000名40岁女性的页面……到第15天，机器人自动浏览1 000名27岁女性的页面。

现在开始，麦金利有约不完的会了。

第一个约会对象是来自A组的网页设计师，是较年轻的艺术类型；第二个约会对象是一个富有魅力的博客编辑，来自较年长的B组；第三个约会对象也来自B组……

在去赴第20个约会时，麦金利发现了新的规律：比较年轻的A组女性大多数有文身，而且有两个或两个以上，并且住在洛杉矶的东部；而在B组中，养狗（而且是养大狗而不是小狗）的女性特别多。

随着约会次数的增多，他又慢慢总结出了高效约会的规律，例如不喝酒，不拖拉，只喝咖啡或者用简单的午餐，时间一到就结束，不去看电影或听音乐会，而是把注意力完全放在对方身上，这样一天他就能完成两场约会。

——图2.1——

一开始的时候，他同时约会A组和B组女性。几个月后，他不想再约会有文身的、住在洛杉矶东部的女性了，因为大部分时间都花在了路上。于是他删除了面向A组的个人资料。

仅仅一个夏天，他就约会了55次。每一次约会的结果，他都认真地记录在了一个笔记本上。这55个人当中，只有三个人进入了第二次约会，而进入第三次约会的仅仅只有一个。

这让人不得不感慨，找一个真正匹配的伴侣真是难、难、难！

但除了感慨，我们要注意的是，麦金利管理约会的方法，也体现了很强的数据思维。

真爱最终出现了。一位叫王婷（Christine Tien Wang，音译）的中国女孩主动给他发来了私信。她是一位28岁的艺术系女生，就在附近的一所大学就读，她在OkCupid上和麦金利的匹配度是91%。

这是麦金利和第88个女性的约会。他们在大学校园见了第一次面，然后一起散步到了校园里的一家寿司店，吃了一顿快餐，他们很投缘，很快又约了第二次、第三次。

两个星期后，他们不约而同地停止了OkCupid上的账号更新。

麦金利没有再公开他和王婷的具体后续，但据说在他获得博士学位之后，两个人就结婚了。他们在谈到这段往事的时候，认为数据的使用只是拉开了他们了解对方的序幕，给了彼此一个很好的心理预期，真正的恋爱还是开始于两个人见面之后。我想，这些观点你应该也会同意，两个大活人的朝夕相处远比数据分析、资料设置更难，即使数据再匹配，美好的感情也需要面对面的精心经营。

现在停下来想一想，麦金利算不算成功呢，算还是不算？

如果算，他的成功可不可以复制？如果不算，他又给我们带来哪些启示？

每一个年轻人，都有一个自己工作生活的核心圈子，通过这个圈子里的朋友和家人，他可能进一步认识更多的人，但受主客观等各种条件的限制，一个人的圈层不可能无限扩大。不管圈子大小，一个人只能在自己的圈子里选择自己的配偶，跳出去的可能性是很低的。但如果像麦金利一样善用数据，这个人是不是就可以在更大的圈子里选择？因为所有的人、所有人的行为都正在变成数据，一个人会分析大数据，他的人际圈层就可以获得事实上的扩展，这种扩展，理论上是无限的，决策过程中信息基数不够大的问题，就这样解决了。麦金利就是通过数据、算法和机器学习技术，在更大的规模上为自己进行了一场结婚对象的搜寻行动，大数据成了他的竞争优势、相对优势。

他给自己创建两份档案，目的是对不同的女性展示不同的吸引力，他通过机器人的点击和回访，完成了静态数据到动态数据的转变，提高了数据的时效性，就好像把自己想要的鱼都钩住了，然后一条一条筛选，这就好比商业上的精准营销、军事上的精确打击，这大大地降低了时间成本和金钱成本，也大大地降低了这些成本沦为沉没成本的可能性。

这些行为是不是有点不厚道？

我认为其实无可厚非，我们每个人不都希望在异性面前展现自己多样化的魅力吗？麦金利的不同，是他通过数据，真正做到了这一点，是数据给他赋了能。

麦金利之所以可以这样玩，当然和他学习数学的背景有关，他的博士论文题目是《大规模数据处理和并行数值方法》，但是我想指出的是，麦金利本科学习的是中文、中文、中文！他是怎样从中文专业跨越到数学专业的呢？据他自己在接受《连线》杂志采访时介绍，他本科毕业之后，加入过“麻省理工 21 点小组”，这是一个研究 21 点赌博游戏的兴趣小组，成员相信玩牌不完全是靠运气，而是要靠数字敏锐度、娴熟的算牌技术和沉着冷静的心理，他们钻研如何用概率算牌的聪明方法玩 21 点，然后去拉斯韦加斯和大西洋城挑战赌场的庄家。麦金利从 21 点游戏中赚到了一些小钱，激发了对数学的兴趣，由此立志攻读数学学位。

一个文科生就这样成了数据高手。

事实上，我见过很多数据高手，例如在阿里巴巴，很多优秀的分析师、程序员都不是科班出身，他们可能受过很好的高等教育，但第一专业是机械、桥梁、光电，甚至是社会学、心理学。为什么？因为今天各种计算机语言、数据科学的课程资源已经无处不在，几乎都是免费的，包括哈佛大学的计算机课程，只要愿学就能学，兴趣才是一个人最好的老师。

那你会说，麦金利还是有几把刷子的，我一下子学不来！确实，用机器学习的方法分析数据，这些技能凸显了学会使用新工具的重要性，本书的第 13 到 15 章会对这些新工具进行分析和解读。我要告诉你，无论你的专业曾经是什么，你都应该有信心，因为真实的生活并不需要那么多高级的工具，一些简单的技巧就可能非常管用。

我有一个朋友，叫麦小嘉，他很早就读过我的作品，也常常和我一起讨论大数据。有一天一见面，他满脸欣喜，迫不及待地告诉了我一个好消息。

“你知道我和我女朋友前几天定下来了吗？啊，大数据帮了大忙，真的！”

没等我回答，他连珠炮似的给我讲了下面这个故事。

“上个月，我女朋友突然跟我说，她母亲要见我，约好的就是这个月初。

“我一听紧张得要命，要过丈母娘这一关了，听说这一关很难过，怎么才能把她赢过来呢？怎么办？

“我想起了大数据。我把女朋友的一切行为，我所知道的她父母的背景，用大数据的方法梳理了一遍，当天晚上我得出的结论是：她的母亲多半是爱钱如命的，还可能有点势利眼，这也正常，谁不重视经济基础，况且是嫁自己的女儿呢？这不就是这个时代丈母娘的特点吗？大数据分析表明，要做她家女婿，起码要有房子、车子，月入20 000元以上。

“完蛋了，分析到这里，我感觉几乎被判了死刑，怎么办呢？还有得救吗？

“在绝望之余，我突然想起女朋友告诉过我，她母亲担任过梨花曲艺社的社长。

“梨花曲艺社，这是一个什么东西？我决定再求助大数据。”

他一搜索，发现梨花曲艺社原来是一个民间戏曲的票友组织。可这又有什么用呢？似乎跟他的人生幸福也没有多大的关系。

“我又一次启动大数据，结果它告诉我这种人有什么特点：凡是喜欢唱戏的票友，大多数都是喜欢出风头的，都是喜欢人家称赞的，喜欢人家拍马屁的，我想也对，她们那么辛苦练一出戏，然后登台演出，就是希望观众拍拍手掌、大声喝彩，对，这就是票友的‘死穴’吧。

“我突然感到有一丝希望把她赢过来，我再想想。

“我沉吟了一会儿，拨通女朋友的电话，问谁是她母亲的偶像，再上网看她母亲的偶像，听她偶像的戏。接下来我找到了5段戏，马上开始学唱。

“练了三天，见面之后，我装作偶然提到她的偶像，她的眼睛忽然一亮，我又叹息说有一段我自己怎么唱都唱不好，哇，她马上打开话匣子，开始教我唱戏，不肯放我走，谈到最后，那表情好像马上要把我当作一家人的样子。

——图 2.2——

“没想到就这么简单，什么房子车子票子，通通见鬼去了。我和我女朋友的关系就这么定下来了！”

他冲着我大声说，沛公，怎么样，难道这些功劳还不属于大数据？！

怎么样？麦小嘉做的事情你还不会吗？我想告诉你，麦小嘉大学本科学的是艺术。

那什么是数商呢？从麦小嘉的故事来看，一个高数商的人，有能力在不同的时间、不同的地点快速找到对自己最有用的信息，今天的信息就是以数据的形式存在的，这也是数商的一个重要维度。

智商的高低集中表现在对信息的分析和处理上，但信息从何而来？一个人要决策，首先要获得信息，即数据。俗话说，巧妇难为无米之炊，数据就是米。今天的世界，信息无处不在，互联网上什么都有，几乎所有的信息都在那里，但很显然，每个人获得信息和数据的能力是不一样的，有的人能找到，有的人找不到，有人听了梨花曲艺社无感，而麦小嘉听到之后就知道去搜索、去组织、去使用新的信息和数据。这种能力的高低之分决定了人生的格局，很可能，你找不到称心如意的媳妇，过不了丈母娘这一关，并不是因为穷，而是因为数商低。

我们讲了数商高的人如何赢得金钱和自己心仪的女性。下面再来看一个真实的故事，故事的主人公对数据的巧妙使用，维护了公平，弘扬了正义，改变了我们的社会。

——思维拓展训练——

1. 在现代生活中，找到自己的意中人到底有多难呢？我们来算一算。假设有一名男性，生活在广州。这是一个千万级人口的一线城市，就按 1 000 万人口计，女性比例约为 50%，其中单身女性比例又约为 50%，而适龄于和他结婚的女性比例约为 20%，这一下子候选人就减少到 50 万人。如果他还希望对方是一名大学生，而大学毕业生的比例约为 20%，可选择的女性这就下降到 10 万人。在这 10 万人当中，他认为有吸引力的女性比例仅仅为 5%，同时，认为他也有吸引力的女性比例又仅为 5%，可能与他最终能够和睦相处的女性比例约为 10%。按此计算，最后得出，符合条件的女性有 25 个。

   在有 1 000 万人口的大城市，要找出这 25 个人，你想想这是一个多么艰难的搜寻任务？茫茫人海，那个最合适你的人，和你相遇的机会几乎是零，如果不使用大数据的工具，像不像大海捞针？你们在有限的生命当中根本不可能遇到对方。如果你还有其他方面的要求，或者生活在一个小城市，那意中人的总数还要降低，难度还会更大。关键是你还有时间窗口，一旦找错，又将出现沉没成本。从入大学开始，你可能就要考虑一个搜寻策略，你认为存不存在一个最佳策略？

2. 你觉得感情，包括爱情，能不能量化？就是用一个数字去标明它的程度，你觉得这样的量化有价值吗？

   A. 不可以量化
   B. 无所谓，没想过
   C. 可以量化，至少标明了变化
   D. 应该量化，并且一定会有价值

03

前线数据中心：一个维护公平正义的新硬核

2011 年 10 月，美国佛罗里达州的劳德代尔堡发生了一起恶性交通事故，一名退休警察开快车，结果肇事致人重伤。

这个城市有一份地方报纸，叫《太阳哨兵报》，这个故事的女主角克斯汀（Sally Kestin）就是这份报纸的一名女记者。这名 40 多岁的妈妈听到这则消息之后，皱起了眉头，在她的印象中，警察因为开快车导致的交通事故发生好多次了，即使是退休的警察，也发生好几次了。

为了印证她的直觉和记忆，克斯汀收集整理了历年的新闻报道，果然：从 2004 年起，整个佛罗里达州发生过 320 起警察开快车导致的交通事故，19 人在事故中丧生，但最后的结果是，只有一名警察入狱服刑。

克斯汀意识到，这可能是一个非常值得关注的社会问题，她甚至怀疑她收集到的数据还只是冰山一角，类似的警察很多，开快车可能是警察这个群体的经常性行为。

但怀疑只是怀疑，克斯汀知道，要证明它，无异于要证明警察这个群体知法犯法、凌驾于法律之上，这是个相当大的挑战。

难就难在取证。

她决定试一试。克斯汀抱着测速雷达，一连几天守在高速公路边，一看见有超速的黑点，就驱车直追，但追来追去，常常发现不是警车，一到晚上，目标更是难以辨认，就算运气好，真的碰上一辆超速警车，克斯汀也无权截停，就算拍照录像，证据还是不够充分，事后也无法指证，克斯汀还试过跟踪警车，看见一辆跟一辆，她在尝试之后，发现这更难。

难、难、难！但在这个世界，还真要相信办法会比困难多，在某个地方，总有你意料之外的发现在等你。克斯汀最后竟然想出了一个超级好办法，她根据美国的《信息自由法》，向当地的交通管理部门申请数据开放，因为警车是公务车，公民有权了解其使用状态，她因此获得了 110 万条当地警车通过不同高速路口收费站的原始记录。

克斯汀的分析方法是：选取两个特定的收费站，测算之间的距离，再在 110 万条记录当中找到每一辆警车通过这两个不同收费站的具体时间，两点之间的距离除以两个时间之差，即为该警车的平均行驶速度。

克斯汀和她的团队用了 3 个月的时间对这些记录进行了整合和分析，结果是半夜里敲大钟——令人震惊。

在 13 个月里，当地所属的 3 900 辆警车一共发生 5 100 宗超速的事件，96% 的超速在 144 公里每小时至 176 公里每小时之间，当地 1/5 的警车都有时速超过 144 公里的“劣迹”，而且，记录表明，绝大部分超速行为发生在上下班的时间。这意味着，他们开快车可能并不是为了执行公务，而是为了回家。

克斯汀的怀疑得到了证实。2012 年 2 月，她利用这些数据分析的结果，在《太阳哨兵报》上发表了一系列报道，头篇报道的标题为《他们凌驾法律之上》。在大量数据和调查访谈的基础上，克斯汀得出结论说，因为工作需要和警察身份的特权意识，开快车成了警察群体的习惯性行为，即使下班之后，身着便服，其开车速度也没能降下来，而路上值勤的警察也警警相护，互相理解和纵容这种行为。

——图 3.1——

所谓数据，就是证据，而且“铁据如山”。可以想象，克斯汀的报道一见报，舆论一片哗然。接下来一个月，《太阳哨兵报》的电话响个不停，全国各地的读者打来电话，有的表示支持，有的表示感佩，还有的要来“取经”。当地警务部门则发生了一场“大地震”，5 100 宗超速案件涉及 12 个部门的近 800 名警察，一些被“坐实”的警察陆续受到处理：有的被警告，有的被剥夺开车上下班的权利，有的被停职，甚至还有的被开除。

故事到这里，还没有完。警务部门的整顿是否有效呢？2012 年 12 月，克斯汀又向交通管理部门申请开放了最新的数据。她对新的数据又做了分析，并和 2011 年的同期数据进行了对比。数据表明，从 2012 年 2 月到 10 月，警察超速的个案已经从 2011 年同期的 3 179 宗下降为 495 宗，下降幅度高达 84%。克斯汀又发表了一篇新的报道《警察猛踩刹车》。在这篇报道中，她把数据的变化分解到了各个警务部门，详细地列出了每一个部门的改进水平。

《太阳哨兵报》只是一份地方小报，总发行量才 20 余万份，但因为克斯汀的报道，该报名声大振，克斯汀也因此获得了 2013 年度的普利策新闻奖，其颁奖词是这样写的："克斯汀的报道以无可辩驳的技术调查，记录了警察在非公务期间开快车，危及市民生命的事实，这种致命威胁在报道引发的讨论和整顿中得到消减。"

可以想象，如果没有克斯汀的数据创新，类似于"警察群体开快车"的社会问题，我们很难在法庭上证实，毕竟取证非常难。现在问你，除了克斯汀的方法，你能想到一种更有效的取证方法吗？如果想不到，那在你生活的社会，这种知法犯法、滥用权力的行为，就基本不可能得到处理和纠正。

其实，克斯汀的创新可以应用到所有的车辆上，而不仅仅是警车。

10 次车祸 9 次快，超速行驶一直是公路上的"超级杀手"，但由于缺乏有效的治理手段，无论是在中国，还是在美国，这种行为都难以根治。

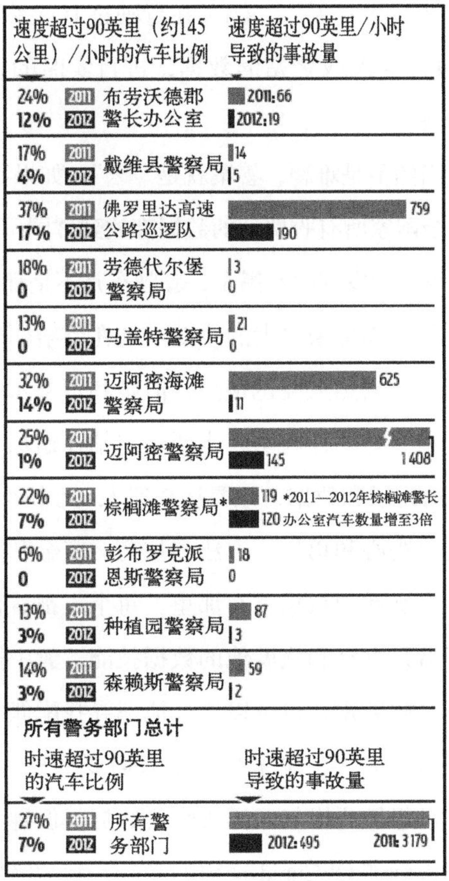

——图 3.2 哪些部门的警察还在开快车？——
（2012 年 2 月至 10 月与 2011 年的同期对比）

目前的主要手段是警察巡逻和雷达测速。这两种方法不仅成本高，而且监测范围都有限。克斯汀的方法，只需要获得车辆通过 A 收费站和 B 收费站的时间，就能计算出车辆在这个路段行驶的平均速度，是否超速一目了然。同时，它监测的对象是道路上行驶的所有车辆，是全样本，这能够打消驾驶员的侥幸心理。

不妨再进一步设想：如果一辆车在行驶过B收费站的时候，B收费站就能够自动获得A收费站的数据，进行实时的计算，那这种监测是否更加有效呢？

这在技术上当然不是难题，答案就是“云”。如果我们把一个地区、一个省，甚至一个国家所有收费站的数据都放到“同一朵云”上，大数据能够计算出多少新的发现呢？黑车、套牌车是不是都难以藏身了？

这个创新会给世界带来多大的改变？现在留给你去想想了。

克斯汀这个人，当然数商也很高，但她和贾格尔、麦金利、麦小嘉都不一样，她是另外一种高明。当贾格尔站在赌场，他知道世界上根本不存在轮盘的记录和数据，他要从0到1，无中生有，必须去收集这些数据，这需要决心和勇气，方法和技巧；麦金利坐在电脑前，他清楚地知道，所有女性的数据就在那里，每个人都看得见，但大部分人拿不到也用不着，麦金利施展他的数据技能，囊中探物一般把平台的数据变成了自己的数据，也可以说，他把寻找配偶的信息成本转嫁到了OkCupid平台，大大减少了自己个人需要承担的信息搜寻成本；一开始，克斯汀也想像贾格尔一样去收集数据，但她在尝试之后失败了，克斯汀也找不到像OkCupid这样的平台，她的绝妙之处，是使用了一份看起来和警察超速风马牛不相及的数据，独辟蹊径解决了问题。

我把她的绝妙杀招称为“数据外部性”。

什么是数据外部性？

“外部性”来源于经济学家，他们使用这个名词已经有上百年的历史。经济学家发现，一个普通个体为了自身利益而做出的“利己行为”，也可能让其他人或者整个社会受益，并且受益者无须为此支付费用。

我借用这个概念，想指出的是，一个人或一个组织为了某种目的收集数据，在完成数据的收集之后，他们可能发现这些数据的作用将超出其最初收集时的计划和想象，即同一组数据可以在新的维度上产生人们“初心”以外的价值和效用。

数据经常揭示初心之外的事实和真相。

克斯汀使用的数据，是为了完成公路缴费而收集的数据。类似的可能性很多，例如，电力部门给你安装电表是为了收电费，但把一个城市的用电数据加总起来，可以看出一个城市经济发展的水平和波动；又如，给一个城市的出租车都装上 GPS（全球定位系统），主要目的是方便车辆调度，保障车辆和人员的安全，但从 GPS 的数据也可以看到某一段道路的车流行进速度和拥堵情况，还可以测算车辆在加油站的等待时间、排队长度，进而推算出全市有多少辆车加了油，加了多少升油；再例如，2015 年，我在徐工集团访问时发现，他们生产的混凝土机都安装了传感器，不仅可以实时定位，还可以看到启动过程中的原材料剂量、搅拌时间等数据，采集这些数据的目的是监管建设工程的质量，一旦把这些数据加总起来，我们就能知道全国有多少建筑工地正在施工，可以推算各个城市房地产行业的景气程度和波动程度。

再来看一个例子。20 世纪 70 年代至 80 年代，美国加州曾经出现一名变态杀手，这名杀手至少涉嫌 12 起杀人案、45 起强奸案，被称为“金州杀手”（Golden State Killer）。办案人员追踪金州杀手近 40 年，查对过数千名嫌犯，但都无疾而终，凶手逍遥法外，这些案件变成了死案。

案情的转机来源于一名干警对数据外部性的利用。2017 年 12 月，加州的一名探员看到一个寻亲网站 GEDMatch.com，这个网站能够分析用户上传的基因数据，为寻找失散的家庭成员和追溯祖先提供线索，他突然灵机一动，把已经掌握的案犯 DNA（脱氧核糖核酸）上传到这个网站。果然，通过这个网站的分析，警察真的找到了一个和案犯 DNA 部分匹配的人。而这个人，正是案犯的远亲，凭借这个发现，警方将嫌犯的范围从上百万人缩小到一个家族。在逐一排查之后，警方最后找到了凶手迪安杰洛（Joseph James DeAngelo）。

凶手被绳之以法的时候，已经 72 岁了。

类似的故事也在中国上演。2020 年 2 月，一则消息传遍了各大微信群：南京警方宣布，1992 年的南京医科大学女生林某被害案告破。这是一宗 28 年前在大学校园发生的恶性奸杀案，当时引起了极大的社会震动，南京警方一直没破案。结果在 2020 年一次治安纠纷中，警方抓了一个小混混，发现其 DNA 与南京医科大学命案嫌疑人的 DNA 相似度很高，警方立即对这个小混混的亲属进行了排查和 DNA 检测，最终找到了真凶麻某。

人类越来越多的行为都在留下数据。小数据时代的警察破案，常常要靠指纹，今天几乎所有的人类行为，都将在数据空间留下“数纹”，即数据纹理。就此而言，用好数据纹理，公安部门将迈入一个有案必破的新时代，而对大众而言，我们将迈入一个犯罪更少、更加安全的时代。

以前的犯罪分子，其主要对手就是专案小组的几名干警，这些干警即使非常专业、敬业，掌握了一些破案的工具和资源，这也毕竟是个体之间的较量。今天不同了，各个地方的公安部门都在建设数据中心，并且与其他地区联网，各种信息、情报呈几何级增长，数据的分发、整合和分析很多时候都是实时的，这不是一般的数据中心，我想称之为“前线数据分析中心”。那里的超级计算机夜以继日地自动分析和计算，时时刻刻在和犯罪分子对抗和搏斗，故称为“前线”。一个人如果违法犯罪，他不是和几个警察为敌，而是和数据中心为敌，他需要对抗的，不是一个前线数据分析中心，而是全国几十个数据中心。在这个过程中，个体还必须应付自身数据不断留痕、叠加带来的风险，事实证明，这种前线数据中心及其技术迭代几乎是无敌的！

近年来在中国轰动一时的甘肃白银连环杀手案，其侦破手段几乎和南京医科大学女生被害案如出一辙，都是因为案犯亲属的DNA数据出现在公安系统中，引起了大数据的锁定和比对。总之，个体无法跟这样的前线数据分析中心进行对抗，这是我们社会维护公平正义的新硬核。从现在开始，一个人不能抱任何的侥幸心理，你如果违法犯罪，哪也不用跑，就乖乖坐在家里，因为警察肯定会找到你，我在《数文明》这本书中，将这样的时代称为“无侥幸天下”。所以不要违法犯罪，这也是一个高数商人士在智能时代的聪明选择。

辩证法告诉我们，世界是普遍联系的，你中有我，我中有你，此数据常常能说明彼问题。如果我们能像克斯汀一样，在新的维度上创造性地使用旧数据，数据的能量和价值就会像水面的波纹一样层层放大。

讲完这三组故事，我相信你心中已经有了一些清晰的结论。不知道你现在有没有接受“数商”这个概念，但你至少应该认可，要面对这个世界上最难的问题和挑战，数据超级有用，本书的观点是，数据不仅有用，而且有大用。我还认为，数据是新文明的新基因，掌握它，就是掌握了新文明的密码，新的文明是以数据为中心的，可以简称为“数文明”。读完这三章，我们应该建立一个规范、指导、统筹我们头脑和行为的大数据价值观：

要像相信金钱一样相信数据，

因为它就像钱一样神通广大；

要像追求性爱一样追求数据，

因为它带来理性、成长和真理。

数据这么重要！古代中国人可能早就知道。不信，我们来审视一下汉字“数”的写法，左上方是一个“米”字，米者，是粮食、是财富；左下方是一个“女”字；右边是一个“文”字。粮食、女性和文化，这三者难道不是人类生存、繁衍最重要的东西吗？我认为是，我们的先祖当初造字的本意可能并不如此，但演变来、演变去，最后成了今天这个样子，这就是一种造化，数蕴万物，终归不假。

世界正在快速地数据化，我们正在进入一个“数据不是一切，但一切都将变成数据”的时代，万事万物都将以数据的形式在数字空间存在。一个人的数商，就是他新的空间商、生存商、发展商。我在后文会阐述，今天及未来的机器人，之所以能够有智商、有情商，其基础都是因为先有了数商。你可能认为，机器是机器，人类是人类，人是先有智商和情商，但我接下来要告诉你的是，人类其实也是先有数商，再有智商，只不过一直没有人总结出“数商”的提法而已；至于情商和数商孰先孰后，我暂时无法下结论。在这个新的时代，机器的思考正在变得越来越像人，而人的行为也正在变得越来越像机器，这些变化是真真切切的。当你有机会思考和体认这些变化，我担保你会突然间对未来产生一丝不安和疑惑。在你想清楚之后，我敢肯定，你会同意数商正在变得超级重要。

——图 3.3 “数”字里面有乾坤——

当然，本书的目的不是争论，本书是要提醒，智商和数商都必须受到重视，协同发展，你甚至可以把数商视为智商的一个部分，它是智商的一个新的、特殊的棱面，是智商这个概念随着时代演进而产生的新的触角或者新的枝叶。随着智能时代的深入发展，人类生活的数字化将会更加彻底，数字化生存的大趋势决定了数商将会成为人类头脑应对外部数字信息挑战的硬核。

数商是一个新概念，但日光之下，并无新事，所谓新，都是相对的，再新的东西，在历史上都能找到原型。接下来，我想追溯数商和智商的源头，从历史的角度探讨数据究竟是如何进入人类的意识和生活的，它又究竟发挥了什么作用。你会看到，数商其实是一个潜藏的商，它从远古时代开始，就在伴随整个人类的文明进化成长。和智商相比，数商的历史要更加久远，我要证明的是，这种久远是不折不扣的。

——思维拓展训练——

你看过《少数派报告》这部电影吗？里面有很多让人脑洞大开的情节。电影讲述了在2054年的华盛顿特区，未来是可以预知的，谋杀已经消失了，罪犯在实施犯罪前就将受到惩罚。但在司法部的专职精英中，有一个预防犯罪小组，负责破译所有犯罪的证据。从间接的意象到时间、地点和其他的细节，这些证据都由“预测人”负责解析。他们是三个超自然的人，在预测重大犯罪方面从未失过手。

当然，这是科幻电影，很可能它不会实现，但其中有一些情节又肯定能实现。我相信，随着前线数据中心的普及，人类侥幸心理的存活空间越来越小，犯罪行为一定会越来越少，我们的社会将会越来越安全，你对此如何评价？针对某个人的具体犯罪动机和行为，你认为人类未来到底能不能预测？

04

创数简史：数商、智商和情商的量子纠缠

我们现在讨论的数据，是大数据时代的“数据”，它不仅包括数字（number），还包括数字化的文字、图片和视频，但数据的起源，是数字。最早的数商，集中表现在对数字的洞察和理解上。

数字就是 1、2、3、4……每个人对它们都再熟悉不过了，因为我们从牙牙学语的婴幼期开始，在学会叫第一声“爸爸”“妈妈”之后，学会的第二组单词很可能就是“1、2、3、4”。

在进入文明社会之后，有人不识字，但几乎没有人不识数。

但我们要知道，在人类数百万年的进化历史中，数字不是从来就有的，数字是某一个阶段人为的发明。

大脑里开灯：从数量到数字

据人类学家推算，人类的“数字”，只有区区几万年的历史。“数量”（quantity）却是在自然界客观存在的，例如鸟有 2 只翅膀、羊有 4 条腿、桃花有 5 片花瓣、人有 10 个手指头。人类在漫长的进化过程中意识到，当同一类事物聚集在一起，会存在数量的差别，数字就

是人类发明的一种工具，用来标记这种差别。

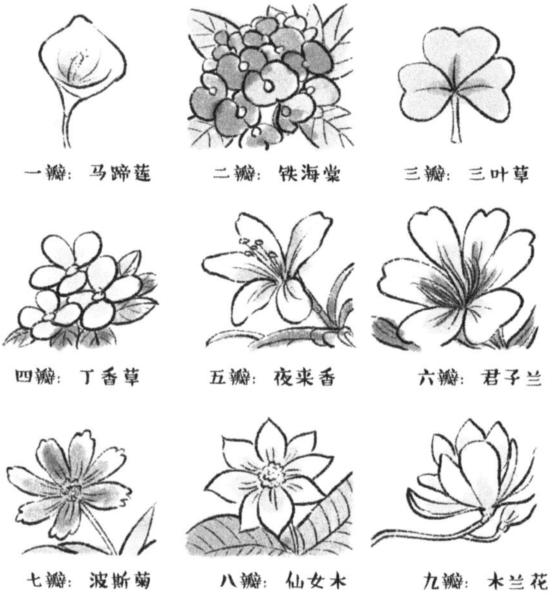

——图 4.1　大自然无处不呈现数量的差别——

数字的产生，是一个漫长的过程，但人类在蒙昧时期，可能就已经具备了一种对数量进行区别的才能，这种才能，可以称之为“数觉”，即没有数字，人类也可以感受到数量的变化。

少数动物是有数觉的。我们至今没有发现哺乳动物有数觉，甚至猿猴也没有，但少数鸟类有。数学家丹齐克（Tobias Dantzig，1884—1956）曾经举过一个例子：

> 有个人想要打死一只在他庄园的望楼里筑巢的乌鸦，他试了好多次都没有成功：因为人一走近，乌鸦就飞起离开了。它停在远远的树上，等到人离开了望楼，才飞回去。有一天这个人定下一个计策，让两个人走进望楼，一个留着，

另一个出来走开了，但是乌鸦并不上当，它老等着，直到留在望楼里的那个人也走出来，这个试验一连做了几天，两个人、三个人、四个人都没成功，最后用了五个人，也像以前一样先都进了望楼，留一个在里面，其他四个人走出来离开了。乌鸦这次数不清，它分辨不了四和五，马上就飞回巢里去了。[1]

人类的数觉其实也非常有限，比乌鸦强不了多少。认知学家已经证明，超过四个人聚在一起，人就无法一眼分辨，就要用数字了。

假设有一群羊或者一些东西堆在一起，远古的人类要知道它们的数量，就要靠指头数，手指一会儿伸直，一会儿收拢，可能脚指头还要加上，数字一大，很容易就会犯迷糊。结果，一个貌似最笨的办法出现了：为每件东西做记号，即一件东西一个记号，人类最早会在兽骨、鹿角、象牙、木头等硬物或者洞穴的墙壁上刻下横痕，来描绘数量。

刻痕是最古老、使用最广泛的计数方法，中文中的“一、二、三”三个字是横线，罗马数字的“I、II、III”是竖线，阿拉伯数字的“1”也是一道竖线，这都是远古的刻痕传统在不同文化当中遗留的痕迹。

借助刻痕这个方法，人类把客观世界存在的数量差别，变成了人类头脑中的数量标识。这个我们今天看起来很简单的过程，远古人类可能花了数百万年的时间才摸到门槛。最终，人类创造了“数字”这个认知的工具，对数量的感知不再依赖于数觉。

人类曾经发现一幅远古的壁画，描绘的是狩猎者的战利品：一头

---

[1] 丹齐克．数：科学的语言［M］．苏仲湘，译．上海：上海世纪出版集团，2000：2.

颜色斑驳的受伤的野牛，旁边还有深深嵌印在石头上的4条竖线。远古时期的艺术家已经知道节省力气，他们用一头野牛的图示，再加上4条横线来描述这次打猎的成果，这比画4头牛要容易很多。

从笨笨地画上4头野牛转变成“4”的过程一言难尽，概念化的结果让我们从野牛的数量成功过渡到了数字，这就是在世界各地的众多文明中产生数字的共通故事。

凭借数字这个认知工具，人类完全超越了动物水平的数觉，这是石破天惊的大事。我们知道，火可以御寒、照明、烧烤食物，因为火的发现，人的生活最终和动物的活动划开了泾渭分明的界线。数字的发明，就好像人类的大脑当中有了一团火，更准确地说，是开了一盏灯。它把黑暗的大脑照亮了，大脑从粗放变得精确，从模糊变得清晰。理性的认知路径开始出现，人脑也和猿脑划开了泾渭分明的界线。要是没有数字这个工具，就不会有后来的科学和技术，也一定不会有今

——图 4.2——

天的物质丰裕社会。

正是因为有了数字，人类的理性之光才得到充分展现，人类的智力和智慧才能不断成长和发挥。数字是人类智力的起源，那就是先有数商，再有智商，甚至可以说，是先有数商才能有智商。

——图 4.3　人类进化过程图——

刻痕的方法，一直到现代都还有人使用，你记得英国作家丹尼尔·笛福的小说主人公鲁滨孙吗？当他一个人流落到荒岛上，他就找了一根木棍，在上面刻痕，以记录自己离开文明世界的天数。现在的一些组织中，选举之后要唱票，仍然用 5 条笔画的“正”字表示数量，即得一张票画一道线，最后统计得票数，这也是刻痕方法的应用。

刻痕是“计”，结绳是“记”

刻痕的传统源自旧石器时代（距今约 300 万—距今约 1 万年）。在旧石器时代的后期，人类发明了绳子，有了绳子，人类就可以携带工具，拴住猎物，方便多了。

因为绳子的出现，在旧石器时代晚期，也就是一万多年前，人类发明了一套更复杂、更有效的记录体系。怎么记呢？

新的体系靠打“结”来记录，即结绳记事。

如果部落之间发生一场战争，这就是需要记录的重大事件：一个部落杀死了对方 8 个敌人，俘虏 20 个成人和孩子，缴获了对方 10 头牛、35 只鸡……要记载这件事情，就要用到不同材质、粗细的绳子，再通过打结的方式，结的大小、颜色，各个结之间的距离这些要素来区分、表达不同的信息。

刻痕演变出了数字，而绳子则另有一番造化。这种绳结可以被认为是人类最早的会意文字。

因此，从发生学的角度来讲，最早的数就是字。也可以说，字是从数开始的。我们也不难发现，远古人类对事实的记录，是从带有数量的事实开始的，带有数量的那个部分，常常就是事实当中最关键、最锐利的部分，就像一把刀的刃和一支笔的尖。

结绳记事操作起来很麻烦，能够表达的意思又实在有限，但相较于刻痕，是一大进步。刻痕仅仅是计数，结绳则是记录，我们的先民就靠一套给绳子打结的不同方法，再配合语言的使用，慢慢形成了一套记录事实、传承信息和管理事务的体系。这套方法就是当时最先进的方法，需要学习，由专人负责，并代代相传。管理这些绳结的人一般是部落的长者或者巫师，这些人掌握了对事实和历史的解释权，可以称得上是人类最早的知识分子。

懂得计数，仅仅是人类的数商在发育过程中的第一次萌动。当人类对事实进行记录，而且是成体系地记录时，数商才真正开始形成。但要承认的是，这时候的记录是非常粗浅的，记录的意思有限，查阅

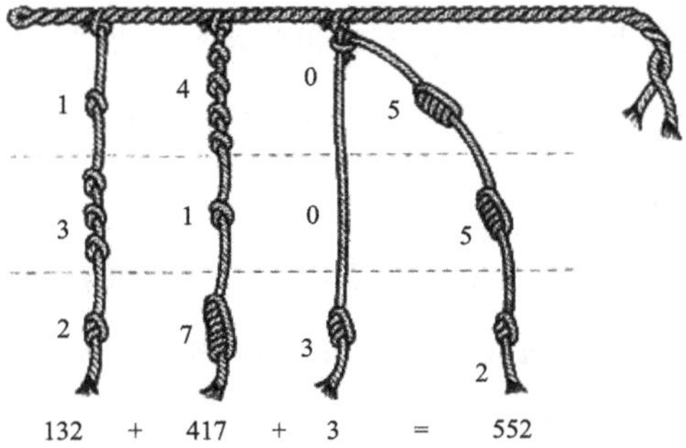

——图 4.4——

注：结绳记事的做法在少数地方一直用到了中世纪。13 世纪，居住在现秘鲁地区的印加人创造了可以用来进行计算和记录的数字绳，绳子被分成“数段”，不同段上所做的记号表示不同等级的数量，个位、十位、百位、千位，每一级的数字是多少，就在绳子上打几个结，即通过位置进行区分。印加帝国用它们来记录税收、货物和普查统计的结果。

起来很不方便，对记录的结果也无法进行加总、统计和计算。再有就是，这个时候也没有太多的事情需要记录，无非是猎杀的动物及分配、族群的冲突、经历的天数、到过的地方这几件事，所以这个时候的数商，还只能说是在萌芽期。

因为绳子很容易腐烂，所以对远古的结绳记事，我们缺乏实物证据，但结绳是历史上确确实实存在过的事情。在一些古代典籍，例如中国的《易经》中，可以找到零星的文字描述。对居住在深山老林里与世隔绝、未开化的原始部落进行考察，也可以证实。近两百年来，人类学家在不同的大陆都相继发现过一些没有进入文明时代的原住民部落，它们都有结绳记事的做法和风俗。

我们都是刻痕、结绳者的后代。

> “上古结绳而治，后世圣人易之以书契，百官以治，万民以察。”（《周易·系辞下》）
>
> 译文：上古的时代，人类用结绳的方法来治理社会，后世的圣人发明了文字取代了这种方法，百官由此得到治理，万民由此得到督察。
>
> “古者无文字，其有约誓之事，事大大其绳，事小小其绳，结之多少，随扬众寡，各执以相考，亦足以相治也。”（《春秋左传集解》）
>
> 译文：古时候没有文字，人们遇到需要记录的约定和誓言就通过绳子来记忆，大事情系个大结，小事情系个小结。打结的多少是根据事情的多少而定的，事多结就多，反之亦然，大家各自拿着绳结为证，就可以满足相互制约的要求。

先有数，再有字

再之后，就是文字的产生了，文字是在“交换”这种经济活动当中逐步形成的。大约在 8 000 年以前，人类祖先就开始规模化地交换农产品和动物，要完成交换，当然先要“计数”，在美索不达米亚地区生活的苏美尔人留下了这方面最早的文物。

可以确信的是，在公元前 3500 年，苏美尔人就开始在陶土制成的泥板上刻画标记，他们用一种符号（常常是图形）来表示交易的物体，用另一种符号来表示交易的数量。

图 4.6 展示的是两块泥板。左边的是一份交易记录，其文字和符号代表牛头、谷穗、鱼以及它们的数量；右边的是 1929 年德国考古学家约尔丹（Julius Jordan）发现的，据判断有 5 300 年的历史，泥板

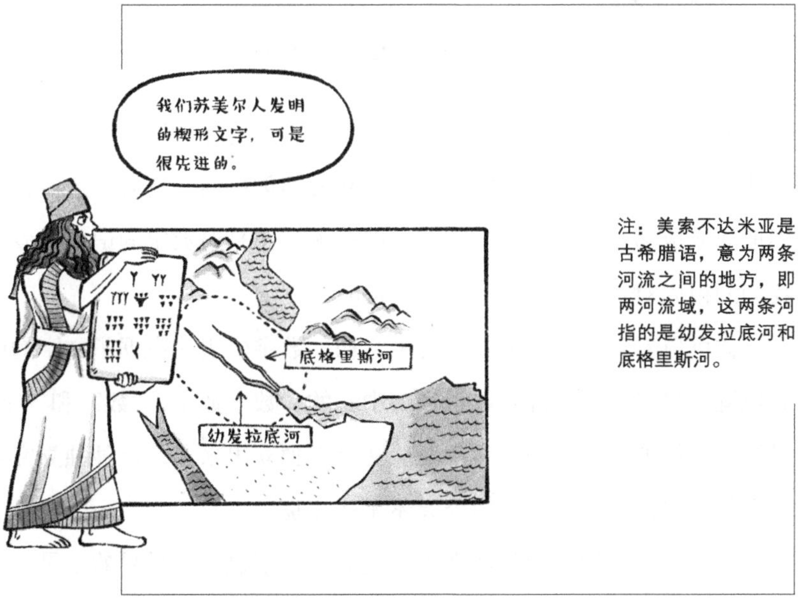

——图 4.5——

上刻有圆点、括号和小图案，历史学家赫拉利（Yuval Noah Harari）认为，这是一张表示商业交易记录的收据，它的意思是："在 37 个月的时间里，一共收到 29 086 单位的大麦。由 Kushim 签核。"

Kushim 是记账员的名字，这也是目前人类发现的最早的名字。这意味着，青史留名的第一人，不是国王、部落首领，也不是巫师、知识分子，而是一名数字记录者，或者说一名会计。

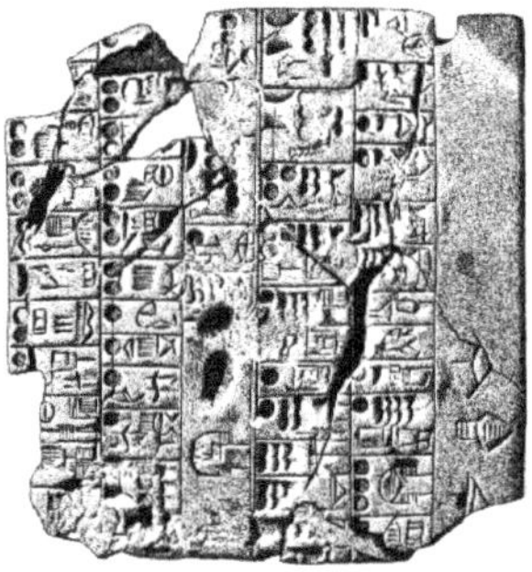

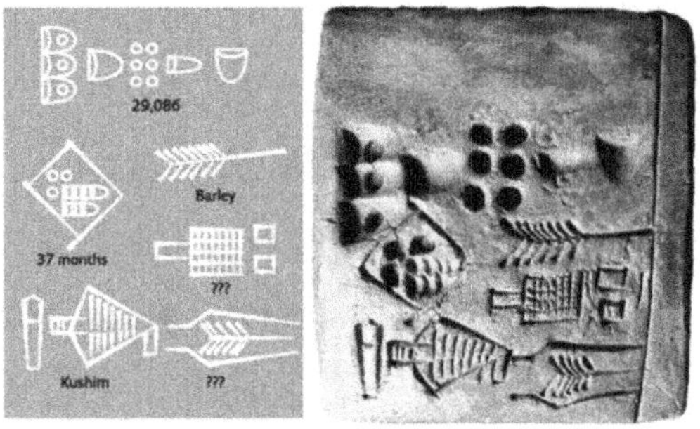

——图 4.6　苏美尔人泥板——

随着时间的推进，人类又把这种用于交换的计数符号体系应用到其他的领域，一代又一代的记录者不断发明创造新的符号，这些符号逐渐演变成为今天的文字。甚至可以猜测，正是对数字的记录启发了我们的祖先对声音进行记录，从而发明了文字。

你可以看到，在人类发明文字之初，数字的表达占据了文字的中心位置。最早的文字都是以数字为中心的，数字数字，"数"和"字"最初是一体的，但后来数字逐渐从文字中独立出来了，这种独立究竟是在什么时候发生的，我们今天还无从知晓。

数字对世界的记录是精准而确定的，文字也是对世界的记录，但文字有很大的不确定性。

数字的精确性高，它是硬邦邦的，没有任何弹性；文字游离、高度不确定，它是柔软的，有巨大的弹性。数字很准确但不生动，文字可能很生动，但不准确。人类要对事实进行记录和传播，首选是为了存证，减少信息传播中的不确定性。从存证的角度来说，数字的贡献当然更大，但从传播的角度来说，生动也很重要，因为它能契合传播主体的需要，人的大脑更喜欢生动的东西。

我们把一个人文字水平的高低，概括为“文采”。有一种观点，认为智商可以从以下三个方面衡量：记忆力、推理能力和语言能力。语言能力差不多就是文采的意思了。

数商和文采完全不一样。我自己是理工科出身，由于长期的科学训练，我做事情的第一反应是：要对事物进行准确的描述，准确相对于其他而言，重要性排在第一。而我发现，很多文科毕业的朋友，把生动性排在第一，他们会用比喻、拟人、夸张、排比等手法来激起人的感觉，刺激人的想象。我的经验是，准确和生动往往难以兼得，在现实生活中，大家一般更喜欢说话生动的人，那就是文科生。

人类的头脑，不经由训练，不可能变得精确。换句话说，人的头脑天生是不精确的，精确需要训练。人类的感觉也很粗放，不能准确地分辨事物的状态，人们一用语言描述，就开始失真，再加上喜欢追求生动，失真就可能更严重。

今天的社会，正在发生一场巨大的变迁。这场变迁就是我们的社会要从以文字为中心变成以数据为中心，甚至可以说，数据正在收编文字。由于电子化的力量，数字和文字在重新成为一体，统称为数据，数据是指所有电子化的信息，文字仅仅是数据的一种。如果说文字是金子，那数据就是金属，金子只是金属谱系当中的一种，文字只是数据的一个子集。

这种从文字到数据的中心变迁，说明未来的人类会更加追求准确，但这并不必然意味着忽视生动。

前面说到，结绳是远古时期人类对事实进行记录的主要手段。这个远古，指的是在语言产生以后、文字出现之前的漫长年代。毫无疑问，再怎么换绳子、打不同的结，它的记录和计算功能都是很有限的，无法适应繁复的社会事务。在文字产生之后，结绳记事就基本退出了历史舞台。

文字的出现是文明开始兴起的真正标志。因为有了数字和文字，大脑里面有了思维之光。凭借数字和文字，人类可以用固定的形式把自己的观察、经验、思想和成就记录下来，共享出来，激发讨论，并代代相传，不断叠加。这突破了人类单个个体的生理边界，文明开始更快速地积累和发展。

语言文字出现之后，人类才算真正开始有智商。在此之前，人类比拼的主要是体力、武力和蛮力。但数商就一定比智商要早吗？根据上面的阐述，你也可以认为，数商和智商的关系是一种你中有我，我中有你的状态，就像“数”和“字”的关系一样。它们纠缠在一起，很难说清楚谁包括谁、谁早于谁、谁比谁更重要。在一定程度上，我们应该从整体上去看待它们。

你听过量子纠缠吗？

量子，是现代物理学的一个重要概念，它表示最小的物质单位。如果一个物理量中存在一个不可以再分割的最小基本单位，那这个单位就被称为量子。

在量子力学当中，几个量子彼此相互作用后，各个量子所拥有的特性会被交互综合成为整体性质。我们无法单独描述各个量子的性质，只能描述整体系统的性质，这一现象被称为量子纠缠（quantum entanglement）。

具体地说，如果有两个量子，一个称为量子 A，向左自旋，一个称为量子 B，向右自旋，当它们在一起互相作用，它们的运动就会呈现叠加状态，即量子 A 和 B 都会呈现既向左旋又向右旋的状态。这很难理解，但量子世界就是这样的。更绝的是，当人类对一个量子进行观测时，会发现被观测的量子立即坍缩成一个状态，即要么左旋，要么右旋，而另一个量子，也自动坍缩到另一个对应的状态。

——图 4.7——

对数商和智商的关系，应作如是观，它们就像在互相作用的一对量子，其中一个长期没有得到应有的关注，现在我们把观测的角度对准它，集中注意力在它的身上，但我们要记住，我们对准其中任何一个，都可能导致另一个坍缩。

货币：量化一切的工具

人类早期的交换催生了文字，频繁的交换行为还催生了人类历史上另一项伟大的发明：货币。

人类最初的交换形式，是物物交换，即用一种东西换另一种东西。

一个猎人打到了野猪，他可以用新鲜的野猪肉来换鸡蛋、玉米或者弓箭。这种方法很有效，直到今天还在使用。

你要不信，来听听这一段真实的故事：和千千万万的中国青年一样，26 岁的加拿大青年麦克唐纳买不起房子，从 2005 年 7 月起，麦克唐纳在一个名为 Craigslist（克雷格列表）的网站上展出了自己的红色曲别针，希望能够换回一些更大或是更好的物品。麦克唐纳在广告中承诺，不管有多远，他一定会亲自拜访交易伙伴。他充分发挥推销和沟通的特长，先用一枚红色曲别针换来了一支笔，又用笔换来了陶瓷门，再依次换来了小烤箱、旧发电机、霓虹灯箱、啤酒、雪地车、唱片合约等。随着媒体对他以物易物行为的广泛报道，他的创意获得更多人肯定，他最终换回了一套双层公寓的一年使用权。

麦克唐纳虽然成功地以小换大，但他毕竟花了好几年的时间。这就是在物物交换过程中经常会出现的一个问题：如果拥有鸡蛋和弓箭的人恰好都不缺野味，猎人的物物交换就得等，一时半会儿没办法达成。

也就是说，只有在交换双方都恰恰需要对方东西的时候，直接的物物交换才能达成，这个前提条件被古典经济学家称为“需求的双重巧合”。

但在真实生活中，这两方需求的产生时间往往不一致，即我想换的时候你不想换，等你想换的时候我又没有，所以物物交换的成功率很低。

另外，直接的物物交换，意味着每两种东西之间，都要有一个交换比率。所谓比率就是一个东西可以换多少个另一种东西。比率往往会成为交换的“拦路虎”，因为它难以确定，例如，常见于小学课本的数学题：

> 如果三根玉米可以换一只鸡蛋，30 只鸡蛋可以换一只母鸡，5 只母鸡可以换一头山羊，两头山羊可以换一张老虎皮，那么，请问多少根玉米能换一张老虎皮呢？

这对远古的人类，绝对是一道数学难题。老虎皮很温暖，可以帮助农夫度过寒冬，但那个指望用玉米换老虎皮的农夫可能感到很困惑，甚至绝望，因为他不知道该准备多少根玉米，才能换来一张老虎皮！

这些交换的困难都在呼唤新工具的出现。后来，有头脑灵活的人发明了“货币”。他宣布，万事万物都有一个数字的价格，所有的东西都可以先换成货币，再用货币去买自己想要的东西，即货币充当了交换的中介。

伟大的货币就此登上历史舞台。

货币出现之后，“交换”就正式成为“交易”。

货币解决了物物交换需要双重巧合的困境，因为万物有价，货币这个中介可以度量一切、买到一切。

最早的货币由稀有物充当，如贝壳、金属，在现代社会出现了纸币；再后来，纸币又逐步被各种银行卡所取代；如今，卡也可以不要了，货币成了手机上的虚拟符号，金额就是一个数字，在手机上就可以完成金额变化的加加减减。

——图 4.8　货币的数字化、虚拟化演变——

不难发现，货币的本质其实就是一种比率。货币的出现推动了数量科学，即数学的产生和发展。当出售自己的牛羊鸡时，最早的先民只能一只一只地卖，如果选择用鸡的数量乘以每只鸡的价格，部落中最聪明的人也会变得糊涂，算不清楚，害怕被骗。但货币发明之后，人类的大脑开始频繁地进行计算的操练，数字和计算逐渐成为人们生活的日常内容，买卖交易开始和数学计算共同进步。

货币发明之后，因为计算的需要，数字的王国一直在扩张，衍生出“零”“分数”“负数”“有理数”“无理数”“无穷大”等新的概念，人们的数字计算技能也不断丰富。在时光流转中，以计数为中心的算术，逐渐演化为以计算为中心的代数。人类对数字重要性的探索和讨论全面开始了。

万物皆数：数商的源头

古希腊的毕达哥拉斯（约公元前 580—约前 500），是最早认为数字是整个宇宙秩序的哲学家，也是全世界第一个断言我们脚下的大地是个球体的哲学家，他对后世影响很大，罗素（1872—1970）甚至称他为“西方历史上最有影响力的哲学家”。

毕达哥拉斯一生痴迷于数字，他是人类历史上最早发现勾股定理的人，即直角三角形两条直角边的平方和等于斜边的平方。他年轻的时候，为追寻智慧，曾经一个人从希腊出发，游历到巴比伦和印度等国家。相传他有一次路过铁匠铺，听到打铁时发出不同的声音，他推断这是铁锤的不同重量导致的，便在琴弦上做试验。果然，同样的一根琴弦，如果负重不一样，同样一个坛子，如果装的水量不一样，发出的声音都不一样，由此他把音乐简化成了简单的数量关系，制定了各种不同的音度和音程。

——图 4.9——

毕达哥拉斯还发现，除了声音，空间和形体也是这样的，只有特定比例的结构才能构成美，“黄金分割”这4个字你可能耳熟能详，这也是毕达哥拉斯最早提出来的，对他来说，数字无处不在。

有人问他，朋友是什么？他回答说，朋友是第二个“我”，我们正如220和284。

这是什么意思呢？原来毕达哥拉斯发现，220的所有除数（1，2，4，5，10，11，20，22，44，55，110）加起来等于284，而284的所有除数（1，2，4，71，142）之和是220，毕达哥拉斯称这两个数为“友数”。

这样的友数，数学家已经发现一百多对了，但到底一共有多少对，至今数学家还没有答案。从这个例子你可以看出毕达哥拉斯对“数”的痴迷和疯狂。

毕达哥拉斯认为，数字是整个宇宙秩序的表现形式，宇宙中的各种物体、各种现象都是各种数字按照一定比例的有机排列组合，万物皆可用数字来表达说明，上帝也正是通过“数”来统治世界的，人类可以在数和数量关系当中发现各种现象的本质，凭借这个鲜明的观点，他开创了“毕达哥拉斯学派”。

他的继承人菲洛劳斯（约公元前480年—？）则进一步总结道：“如果没有数字，那任何存在的事物，无论是其本身还是它们之间的关系，对任何人来说都是不清不楚的，人类无法思考，也无法认知，我们将什么也不懂，什么也不知道。”

这个菲洛劳斯可不得了，他是全世界第一个提出“地球在自转”的人，他研究了天体运行的数据，认为只有地球在自转，各种现象才能得到解释，宇宙才能达到“数”的和谐。这在当时简直不可思议，因为地球在转是完全违背人类直觉的，没有人能感觉到地球在运动。

比毕达哥拉斯晚150多年出生的柏拉图（公元前427—前347）同样也痴迷于数字，他也属于毕达哥拉斯学派，而且是这个学派当中除了毕达哥拉斯之外最重要的人物，他在自己的名著《理想国》中，记录了大哲学家苏格拉底（公元前469—前399）和弟子们的一次讨论，苏格拉底问大家："是什么样的科学吸引了我的灵魂？"他表示不是体操，也不是音乐和艺术，最后揭晓的答案是：适用于所有艺术、科学和思想活动的科学，即数字科学。

苏格拉底批评人们仅仅把数字用于商业买卖，他要求人们注重数字的科学——在他那个时代，也可以理解为关于数量的科学，即数学；而他的学生柏拉图认为，数字背后的本质，就是理性，只有通过对那些看得见、摸得着的数字进行研究，人们才能逐渐提升自己的认识水平，最后掌握真理本身。人们学习数学，不仅仅是为了做买卖，还为了充实灵魂。

下面这句话就是柏拉图说的："当我们专注于认识数字，而不是忙于用它来交易买卖时，我真的觉得数字是一门既美而又有用的科学。"

以毕达哥拉斯为代表的古希腊思想家认为，自然界是存在数量关系的，上帝在创造宇宙万物的过程中一一赋予了它们关于数量的设计。哲学家的任务，就是去发现、揭示这种设计的图示。

古希腊这种在宇宙当中发现数字规律的精神，就是理性的精神、科学的精神。在全世界，是古希腊首先树立数字和理性精神的，这种精神也是整个西方文明的源头。后世科学家用量化的方法观察、研究这个世界，不断得出伟大的发现，西方文明才得以创建。可以说，今天西方科学的条条大路，源头都可以回溯到古希腊。

在古希腊文明的末期，阿基米德（公元前287—前212）专门为数量问题写了一本书《数沙者》，他认为没有东西是没有数量的，即使天地之间的沙子，也有一个数量，而且人类可以找到一种方法来计算地球上所有沙粒的数量，也可以用一个数字符号来表示这个数量。

即万物皆数，万物皆可量化。

但真的一切都可以量化吗？我常常在各地交流演讲，被提问最多的问题之一就是，爱情和婚姻能否用数据来分析和量化？有男性问，更多是女性问。女人问的初衷真的很明确，她们一脸困惑，希望找到真正的答案，男性问的时候，我常常能听出一丝挑衅，言下之意，女性的感情是不可能用数据来衡量的。

但事实上，我完全相信，几乎所有的感情都可以度量，例如一天通过几个电话，多久亲吻拥抱一次，一天之内有几次眼神的交流？很多数据其实都在标明情感的变化。

美国华盛顿大学有个戈特曼教授（John Gottman），人称“婚姻教皇”，他可以在900秒之内预测两个人会不会离婚，号称准确率达90%，怎么做的呢？

他让一对夫妻待在一个很舒适的房间里，讨论一个很容易引起争论的话题，研究人员把讨论过程拍摄下来，制作成录像，然后把男女两人每一秒钟的表情定格，再根据一个表情量表来打分，最后根据得分预测未来5年内夫妻离婚的可能性。

在戈特曼的量表里，有4种表情是具有高度杀伤力的，它们是指责、鄙视、辩护和冷战，其中又以“鄙视”杀伤力最高。戈特曼的方法，其实就是收集数据，然后通过建立数学模型来对未来进行预测，为了实现这个方法，他用了40年的时间建设了全球最大的爱情数据中心。

既然感情可能量化，那感情有价吗？真正的爱，我相信一定是无价的，但问题是，我们生活中 90%~99% 的爱还是有条件的。很多人一开始会拒绝把感情货币化，但最终又会在无意识当中承认量化的重要性。举个例子，恋爱中的情侣你侬我侬之时，不需要计较，也无法计较，因为你中有我，我中有你，分不清楚，有人将恋爱的这一阶段形容为“火热的盲目”。但一旦感情破裂，面临分手，特别是离婚的时候，男女双方都会要求精确的财产分割，在感情上觉得受亏欠的一方会要求经济的补偿，说不清、道不明的感情马上就有了用数据清算的共识。

情感可不可以、应不应该被量化？暂时不做结论。接下来我们探讨数据和情商的关系。

量化：管理情绪的秘密武器

在 100 多年前有人提出“智商”之后，接受智商测量的人越来越多。但同时也有人发现，一个人的能力，不能仅仅用智商来衡量，有些人智商很高，但在现实生活中常常做傻事，是人生的失败者。最典型的例子就是学习能力强、考试的时候如鱼得水，但在人际关系中四处碰壁的人。

这样的人我想你肯定碰到过。很容易联想到的，是 2004 年因杀害同学出名的大学生马加爵。他得过全国奥林匹克物理竞赛奖，高考成绩超过重点线 50 多分，学习能力不可谓不强，智商不可谓不高，但他自信心不足，无法控制自己的情绪，有一次在受到同学嘲笑之后，用非常残忍的方式杀害了 4 名同学，造成了无法挽回的悲剧。

我在前文曾经把理智和情感比作火焰和海水，但哪个是火焰，哪个是海水，有人在争论。我认为情感，或者说情绪是海水，它如潮水一般涌过来之时，理智的火焰分分钟熄灭。越来越多的心理学家发现，一个人在做决策的时候，起作用的常常是情感，而不是逻辑推理能力。高智商的人做学术研究肯定好使，但问题是有几个人的工作是做纯粹的学术研究呢？大家毕竟要在现实的世界内生活，要和不同的人打交道，这样看来，一个人要获得成功，情商比智商重要。

“情商”的概念于是应运而生。20 世纪 90 年代，作为最早系统阐述“情商”的学者，耶鲁大学的教授萨洛维（Peter Salovey）认为，情商最主要表现在两大领域：

1. 识别、管理自身的情绪，自我激励；

2. 识别他人的情绪，处理人际关系。

其核心就是情绪管理。要管理情绪，首先必须识别情绪，就是某种情绪一出现，你便能自我察觉，不仅能自我察觉，还能洞察别人情绪的变化。如果没有能力认识自己真实的情绪，察觉它们出现的苗头，那就只能听凭这些情绪摆布，管理和自我激励就无从谈起。

那如何察觉呢？这是属于情商的话题，我讲一点非常有效的方法和手段，当然和数据有关。

方法就是记录和量化。

这是美国杜克大学的心理学家威廉姆斯（Redford Williams）提出的一个识别、控制自己情绪的有效办法。当你有一种新情绪产生的时候，尤其是负面情绪，你就记录下来，例如意识到自己可能要生气，或者很沮丧，不管出于什么原因，当这个想法一露头，就用笔把原因和状态写下来。记录的过程实际上是一个思考的过程，很多情绪是天然产生的，但你主动关注并记录下来，它就被提交给了理性，也就是智商，你的大脑才有机会质疑这些想法，对其正确性进行思考。

记录，是驱除大脑混乱的第一步。就好像一台机器需要通过记录这个程序预热，理智才能开始工作。在威廉姆斯的基础上，我想加上的建议是，不仅要记录下来，还要量化。无论是生气、想骂人，还是想抽烟、偷懒、暴饮暴食，这些冲动、情绪和欲望都应该被量化，量化就是给它们打分，它们有多强烈？从 1 到 10 可以打几分？是要满足自己哪方面、哪个部位的需求？这种情绪和冲动如果得到满足会带来多大的收益？当你从各个角度去分析它、量化它的时候，你就会发现，慢慢地它不是情绪的一部分了，你越分析它，越量化它，负面的情绪和欲望就越可能被你击退。

为什么？我认为人类有一种本能，那就是渴望清晰，我们的大脑希望看到各种事情井然有序，而不是混沌一片，混沌、模糊其实代表一种威胁，但我们的大脑对此并不清楚，有时候会纵容混沌与模糊的存在。我有一个经验，有时候晚上睡不着，在床上翻来覆去，心里好像有事，很多人在这个时候仍然躺着，但我会坐起来，把心里的事找出来，并梳理清楚，然后明确告诉自己，这个问题有多重要，我将用多少时间、花多少力气去解决这个问题，当一切变得清晰，再上床我就能快速入睡。

数据代表清晰，高清晰是有效管理的前提。情绪就是一团乌云，你一量化它，它很可能就散了。善于使用量化的方法，就是数商高的一个表现，换句话说，善用数据，控制情绪的能力会提高，情商也将随之提高。

忘恩负义的原因是数商低

我们再通过人的记忆来讨论数据和情商的关系。

人生，在一定程度上是由记忆构成的。我们经历过的所有的时间和情境，最终都会转变成记忆。记忆就是脑海大数据。脑海大数据和电脑数据库里保存的数据相比，差别巨大，例如记忆是没有标明日期的，记忆的场景多了以后，人们就必须通过思考才能给记忆排出正确的顺序，而且记忆会逐渐模糊、渐行渐远，就像叶子一样由绿变黄，最终枯萎，落入遗忘的深渊。有些事明明发生了，但因为记不住，对一个人就像完全没发生一样。

心理学家认为，记忆就像一栋房子，大脑会不断地对它进行装修，可能是粉刷墙壁，也可能是更换地毯。每装修一次，记忆就变化一次。所以说，记忆很不靠谱。对同一个场景，一千人的脑海中会有一千种记忆，当时就各不相同，更别说以后还要修修补补。很多时候，人的情感也会影响记忆，把它捏成自己想要的样子。当我们回忆度假的夜晚，只会觉得越来越美妙；以前犹犹豫豫做出的决定，也会在多次回忆后变得越来越坚定。

还有选择性记忆。人们在获取各种信息之后，会倾向于记住与自己认知一致的部分，而过滤掉和自己现有观点不一致、相矛盾的信息。这一行为往往出于潜意识，非常自然地发生。例如，有人惊奇地发现自己每次看表时，时间点总是 2、3、4 三个数字的组合，2 点 34、3 点 24 或者 4 点 32。其原因可能是他自己的生日是 4 月 23 日，他对这三个数字敏感，并不是没有看到其他的时间点，而是看到之后选择性地遗忘了。

这些结论都有实验的证明。1973 年，美国的政治学家马库斯

（Gregory Marcus）请来了 3 000 人，通过问卷、访谈记录他们的政治观点。10 年之后，他再把同一批人请回来，问他们相同的问题，结果针对很多问题，这些人都认为自己的观点和 10 年前一样，但一具体询问比较，马库斯就发现他们的观点已经和 10 年前大相径庭了。马库斯证明的是，任何观点的变化都会引起情感上的不舒服，为了避免情感上的冲突，人类会无意识地把过去的记忆和现在的观点调整成一致的。

记忆如此不靠谱，但偏偏一个人的决策，很多都是凭借记忆做出的，这中间就必然产生很多问题。例如，人人都讨厌忘恩负义的人，形容这样的人的词也很难听，比如白眼狼、中山狼、过河拆桥、恩将仇报、朝秦暮楚等，但如果忘恩负义的真正原因是被动的“忘”，而不是主动的“负”，你说又该如何评判呢？

在民间流传的故事中，三国时期的吕布是一个忘恩负义的典型，他先投奔丁原，后投奔董卓，其实不管是丁原还是董卓都对他很好，但他反了一个又一个，而且理直气壮，一副不是他对不起别人，而是别人对不起他的样子。

人为什么会忘恩负义呢？很多人认为是利益使然。飞鸟尽，良弓藏；狡兔死，走狗烹。勾践逼死文种，刘邦杀了韩信，朱元璋几乎杀光了老臣，同患难而不能同富贵，都是因为怕这些手握兵权的旧属威胁到自己的权位。

但研究表明，大多数情况下的忘恩负义与人类大脑处理信息的机制有关。

简单地说，人脑处理不了自己的脑海大数据。人有眼睛和身体，但人脑记不住自己眼睛看到的事，也记不清自己亲身经历过的事。我们的大脑“内存”不足，CPU（中央处理器）也转得慢，我们确实接受过别人的恩、情、义，但这些记忆不可能得到相同的处理。当一个人在决策的那一刻，过去所有的恩义要素，并不能全部进入决策的通道，这条通道非常狭窄，其有限性决定了它只能提取大脑中最新的、印象最深的记忆，只有进入的素材才能成为影响决策的因素，而进不进入，不是个人主观决定的。

从这个角度上来说，忘恩负义和记忆力有关，是受限于生理结构的必然。再有，一般情况下，人类很容易忘记帮助过自己的人，却一辈子都会记住对不起自己的人，这也是因为后者在感情上的冲击更大，这是人性。所以要做到不忘恩负义，实在是一件很难的事。

不是忘记，而是不知道自己已经忘记，这产生了最大的问题。人

——图 4.10——

的这种生理特点甚至会被恶意利用。有句话说，谎言重复千遍就成了真理。这种极端的做法之所以在大众层面屡屡奏效，就是因为它利用了人类信息处理能力弱、相信最新信息的生理局限性。

全面记录可以提高情商

人类其实是惊人地健忘的动物，但对此很多人意识不到。

为了避免遗忘，人类不断发明记录的方法，从结绳记事到象形文字，从羊皮卷轴到纸质书籍，再从油画到照片。但在数字化的技术普及之前，无论是书籍、油画还是照片都无法永久保存，它们会发黄、破碎，在尘世中消磨殆尽，最终像人的记忆一样，完完全全地消逝。

我的女儿今年 14 岁，从她出生起我们家就拥有了数码相机，拍下了大量的照片和视频。最近的一天晚上，我和太太不经意打开了保存她视频的文件夹，她现在是小瓜子脸，小的时候却是圆脸，仰着头在我们住过的旧公寓里跑来跑去，稚嫩的声音呼唤着爸爸妈妈，老母亲听了禁不住一个个视频点开，我和她双眼盯着屏幕，如昨日重现，两人相顾无言，脸上都流满了泪水。

因为记忆，这个晚上，我们经历了一次意外的、深深的感动。从这天起，我们认识到这些数据的珍贵。我特意交代太太，一定要保存好这些数据，待女儿长大后交给她。

很显然，如果不是因为这些数据的存在，我可能不会有这么深刻的情感触动，也不会有如此丰富的人生感悟。

Facebook 有一个数据可视化专家叫费尔顿（Nicholas Felton），2010 年，他的父亲去世了，费尔顿设计了一种特殊的方式纪念他的父亲：将其一生数据化。费尔顿用了 5 个月将父亲的遗物分门别类进

——图 4.11 费尔顿制作的父亲生平数据图中的两页——

行统计，整理了他父亲 40 年生活中的 4 348 个记录，然后用这些记录制作了一份反映他父亲生平的数据图。

费尔顿将这份数据礼物赠送给家人和父亲的朋友，所有人为之感动。

生活中的费尔顿是一个数据量化狂人。他对数据极其痴迷，从 2000 年开始就用数据记录自己的生活。把自己每一年的经历都转化成数据，包括去过哪里，在哪里吃过东西等，制成一张张图表，命名为“费尔顿年报”，并发布到自己的朋友圈。他把摄影照片和信息制图糅合到一起，正在创造一种新的数据表达方式。

人的一生的的确确可以用数据来记录分析。想象一下，你的生活如果全部被记录、被分析又是什么样子和结果？会和你大脑中的印象和分析一模一样吗？

我的一位朋友，正在尝试将他新生女儿每一天成长的变化都录制下来。录制一天 24 小时的完整视频，一年只需要一块容量为 1 太的硬盘，价值不到 400 元，大小可以放进口袋。他为什么这么做？因为大女儿成长过程中的那些点点滴滴，他曾经相信永远也不会忘记的温馨片段，随着岁月的流逝，竟然一点点被忘记了。所以他决定一定要借助电脑记忆。

人脑是微分机制，电脑是积分机制。

随着记录手段的普及，人类必然会用越来越多的数据来记录自己、家人以及朋友的生活。从这一代人起，人的一生都可以被记录——以数据的形式，被记录在照片里、视频里、互联网上以及社交平台的文档里，而且可能永远保存。数据将会成为宇宙当中比石头、土壤还稳定的一种客观存在。

从前，我们是选择记录什么，未来，我们将选择不记录什么。事实上，当下数据爆炸的一个主要原因，就是个人生活被广泛记录。

这种生活的数据化，也是记忆的数据化。

几十年来，微软研究院的老研究员贝尔（Gordon Bell）一直在胸前挂着一部相机，镜头一直在工作，走到哪儿记到哪儿。他还随身带着一个可以捕捉身边各种声响的录音机，目的是把自己眼睛所见的图像、耳朵所听的声音都记录下来。麻省理工学院媒体实验室的罗伊（Deb Roy）则在家里安装了 11 个摄像头、14 个麦克风，记录了数十万小时的影像数据。

未来的一代人，很可能从母亲怀孕的那天起，就开始被记录：母亲对他的呢喃和期待，他小时候的牙牙学语和蹒跚学步，他一路成长的点点滴滴……这些记录，未来可用于情感分析、性格分析、成功路径分析，甚至犯罪学研究。关于人类成长和发展的许多精细、微妙的知识，将会大量出现。

我在《数文明》一书中曾经估算过，假如有一个摄像头对着一个人永不停歇地记录，那么一天将产生约 4 吉的数据，100 年将产生约 143 太数据。按照当前的硬盘价格，存储这 100 年的数据需要约 5 万元。如果再利用信息化手段将数据压缩，那么只需要花费 2 万元。也就是说，花 2 万元就能保存一个人完整的一生视频记录。

现在我们还很难把自己双眼所见、双耳所听的所有数据都保存下来。一是缺乏高效的工具，二是对很多数据，我们还很难判断它们有没有价值，有多大价值，以及如何实现这些价值。这确实是一个问题，在条件允许的情况下，最好的办法就是通过压缩技术用低廉的成本把这些数据存储下来，使之成为一个人储备的数据资源。

当我们把一切都记录下来，例如用照片和视频，那过去就变成了不可改变的数据，它不可能变得更好，也不可能变得更坏，它就在那里。从此，记忆可以清晰再现、随时查证。人类的大脑不再拥有重塑记忆的机会，而在过去，我们每个人都是在记忆当中不断重塑自己的。也因为共同的数据，原本只存在于各人各脑中的记忆，开始真正演变为人类共同的记忆。

我相信，未来每个人、每个家庭都会有自己的数据中心，而不是每个公司。这个新的数据中心就相当于人脑的外接硬盘，每分每秒都和人脑相连，或者说是人类体外的大脑，它也可以在云端，但随时可以被大脑调用。这会影响全体人类的情商，因为更完整的数据可以让一个人在做判断的时候依据的事实与情感尽可能地接近一致，现在你应该同意，保存数据的能力可以支撑更高的情商。

用好数据可以提升情商，一个数商高的人，可能情商也会更高。数商和情商，有冲突，也有交叉纠结的地方，但必须承认，数据不能解决人类所有的问题，理性、逻辑和精确，很多时候没有用武之地。这不是因为数据不够好，数据没有用，而是因为我们人类有很强的动物性，理性相当有限。一件硕大的由情绪感官编织而成的斗篷把我们罩着，理性仅仅是这件斗篷的花边。这条花边，有的人长一点、宽一点，仅此而已。人类的大部分活动是受欲望、感情和本能驱使的，我们的大脑不喜欢也不愿意使用数据。

但对一个高数商的人来说，要善于让数据成为“感觉的替代品”，即让数据帮助我们感觉自己的身体和周围的世界，让大脑直接处理数据，而不仅仅是直接处理情感和欲望。我们可以通过训练来提高数据在大脑中的地位，就像反复练习可以强化我们的肌肉一样，基于数据的反复练习也可以强化我们大脑中的“数据肌肉”，形成基于数据的反射思维，我们就能在更多的情境中让情感让位，主动使用数据，从而做出正确的判断和决策。大部分人做不到，你能做到，这就是高数商带来的竞争性优势。我们在后文还将阐述这个问题。

从下一章开始，我们将讨论历史上的高数商个体，看看他们如何通过测量、记录和创造性地使用数据来改变人类的生活，推动世界的发展。历史上有许许多多的高数商人物，我在我的其他著作中也有相当多的介绍和论述。在本书中，我们将聚焦 8 个主题故事，它们代表了商业、科学、军事、医学和社会管理等宏大领域的一些片段。讲述故事的初衷，不是为故事的主角树碑立传，而是发掘、学习他们的数据思维和方法，再现前人珠玉，以启数界，以育数林。

05

高数商民族：寻找地道的英国人

一次长达 20 年的追索

我们前面提过一本书叫《鲁滨孙漂流记》，这本小说流行了两百多年，很多人都读过。在作者笛福（1660—1731）的笔下，遭遇海难的鲁滨孙流落到一个荒凉的小岛，并在岛上度过了艰难、凶险、单调的 28 年。马克思也是这本书的读者，在《资本论》第一卷，马克思就这样转述了这个故事：

> 他从破船上抢救出来了表格、账本、墨水和笔，作为一个地道的英国人，鲁滨孙不久就开始记起账来。他的账本记载着他所有的使用物品，生产这些物品所必需的各种工作，最后还记载着他制造某一定量的产品平均耗费的劳动时间。

大约在 1995 年，我读大学本科的时候，读到了马克思的这段话，他带我重温了鲁滨孙荒岛生活的一些细节。当时我心里突然一动，有个疑问产生了，鲁滨孙流落到一个热带荒岛，眼看都活不下去了，还有心情抢救表格、账本，记起账来？马克思还说他是一个地道的英国人，难道一个英国人地不地道，要看他记不记账？

几年后，我读到了达尔文（1809—1882）的传记，惊异地发现，马克思颇为认同的“地道的英国人”，大名鼎鼎的达尔文居然就是一个。他也说自己特别喜欢记账，而且记了一辈子账。

作为进化论的创始人，达尔文是人类历史上最伟大的科学家之一。相传他小的时候喜欢观察昆虫，有一次在野外，他看到几只从没见过的昆虫，就左手抓一只，右手抓一只。这时候，又出现了第三只看起来更稀奇的小虫，达尔文想马上抓住它，又舍不得放掉手里的，他于是把右手里的昆虫放到嘴里，腾出手抓住了那只新出现的昆虫，然后紧紧闭着嘴一路跑回家，尽管那只昆虫在他嘴里蠕动，并放出又辣又苦的液体。

但令人感到意外的是，达尔文对记账的热情，居然像对昆虫和化石一样狂热。

他留下了很多会计账本。达尔文生前把自己的所有活动都详细记录在会计账本里，并为每一本账本取名。他的妻子艾玛则负责管理家庭账册的所有细节，记录包括食物、服饰、用人、娱乐、家具、车马、子女教育，甚至钢琴乐谱、音乐会门票等细碎支出的情况。

直到今天，你还可以通过这些留存的账本和记录一窥达尔文一家的秘密。例如，1867 年全年，达尔文一家最大的支出是买肉，共花费 250 英镑，其次是服饰 213 英镑。我查了一下资料，1895 年的 100 英镑的购买力约等于 2011 年的 10 825 英镑，而 1900 年前的英镑币值稳定，也就是说 1867 年的 250 英镑大约等于今天的 27 063 英镑，这是很大的一笔钱。达尔文出身金钱世家，相比于同时代另一位伟人马克思，他简直过着天堂般的生活。马克思 1849 年 8 月流亡来到伦敦后，虽然精打细算，可还是常常入不敷出，在伦敦生活的 34 年间，他生活得异常拮据，因为交不起房租，不得不一次又一次地搬家。

之所以做如此对比，是因为我曾经思考过一个问题，富裕如达尔文，还如此细致地记账，他是不是有“葛朗台”的嫌疑？到底是穷人还是富人更应该记账？

达尔文的儿子弗朗西斯·达尔文（Francis Darwin，1848—1925）曾经这样评价自己精于记账的父亲：

> 他记账时总是非常小心，会详细将各项账目分门别类，而且一到年底，还会像个商人似的平衡每一本账册。我记得他每付出一张支票，就会迅速把它记到账册之上，好像要赶在遗忘以前将它们入账一样。

当然，不仅仅是记账，达尔文爱好和坚持的，准确地说其实是记录。他坚持写日记，他的日记本也像账册一样，一边是事由，一边是所用的时间。他记录健康的日子、生病的天数以及花费在工作上的时间。他甚至计算自己和妻子花费了多少小时在玩游戏上。

达尔文的记录，已经有一套科学的方法了。身为一个自然科学家，他一直保持着透过个人观察来对现象进行总结归纳，然后得出结论的习惯。我们前面谈到过，人的记忆会衰减，大脑还有筛选机制，倾向于记住一些和自己一致的观点，而对与自己不一致的观点则会忘记得更快。达尔文显然注意到了大脑的这一秘密，他随身携带一本笔记本，非常注意搜集和自己固有知识体系不一样的事实和信息，一旦观察到这样的事情，他规定自己必须在30分钟之内完整记录下来，因为他知道，大脑很可能会“主动”忘记这些记忆。

在英国皇家学会内部的一份问卷调查中，达尔文毫不掩饰自己在记账领域的爱好和禀赋。在“特殊天分”那栏，他回答说：“除了记账、回信以及擅长商业投资以外，我没有什么特殊天分。我的嗜好就是要非常有条理。”

——图 5.1——

我大约是 2007 年在美国留学期间了解到有这样一份问卷调查的。老实说，那个地道的英国人的“梗”，又像琴弦一样在我心里拨动了一下。这也是历史上一次有名的问卷调查，问卷的设计者是高尔顿（Francis Galton，1822—1911），他也是一个大牛人，作为统计学的奠基人，现代遗传学、优生学的开创者，其研究领域之广令人咋舌。今天“次世代”年轻人们追捧的各类心理测试和问卷调查，就是高尔顿首创的。高尔顿这次问卷调查的目的，就是通过收集数据，证明个人的智力和成就和他的祖先究竟有没有关系，如果有，又具体是多大的关系。

对了，还有一点重要信息，高尔顿这位博学的绅士，是达尔文的表弟。他之所以做一次这样的问卷调查，其实是受了达尔文进化论的启发，既然我们身体的很多特征会遗传，那智力会不会遗传呢？据后人说，高尔顿既尊重达尔文，又不太服气，希望自己也能做出伟大的发现，比肩他的表兄。我在后续章节会专门再讲高尔顿，这里要事先透露的，就是高尔顿也是一个记录和数据狂人。他们俩的表亲关系令我一度怀疑，记账和记录是不是他们家族的一大标签？

当我试图把这个猜测的触角在历史的海洋里稍稍往前延伸一点的时候，我惊奇地发现这个猜测居然成立了，达尔文的外祖父韦奇伍德（Josiah Wedgwood，1730—1795）也热爱记账和记录，他生于18世纪30年代，换言之，如果说有“地道的英国人”，那达尔文至少是第三代了。

韦奇伍德是一名制瓷大师，一手开创了一个瓷器品牌，没错，就是英国那个国宝级瓷器品牌韦奇伍德。在欧洲的历史上，数百年来这个品牌总是与无数尊贵的家族连在一起。在叶卡捷琳娜女皇的皇宫，在伊丽莎白女王的加冕庆典，在罗斯福总统的白宫国宴，韦奇伍德瓷器一直是欧美各国皇室、大户家庭的瓷器首选品牌。时至今日，一套精美的韦奇伍德瓷器仍是国际上流社会的餐厅标配，也是普通平民家庭渴望得到的奢侈品，它让餐桌熠熠生辉，被奉为“瓷器中的爱马仕”。

在18世纪之前，世界上最好的瓷器来自我们中国。因为掌握了制瓷的核心技术，中国瓷器在全世界处于绝对领先的地位，几乎垄断了整个国际市场的瓷器供应，瓷器也因此成为中国的标志性符号。但沧海桑田、时势变迁，今天的中国瓷器已经是国际市场的“大路货”

了。从产量上来说，中国确实还是一个产瓷大国，但在世界上任何一个商场的高级瓷器柜台，都几乎看不到中国品牌。欧洲人占据着世界高端瓷器市场 80%~90% 的份额，其余份额由美国和日本瓜分。

韦奇伍德，就是促成欧洲瓷器崛起的一个关键人物。

他是名副其实的“创一代”。韦奇伍德 7 岁时父亲逝世，家庭随即失去经济来源，9 岁时他就去学陶艺。他真不是一个命运的宠儿，11 岁的时候他感染天花，导致从膝盖处截肢，从此少了一条右腿。

遭此重创，韦奇伍德再也不能在工厂当一名烧瓷工人了。但飞来横祸没有浇灭他对瓷器的热情，他羡慕中国，喜欢中国的瓷器，但一条腿残疾，不能随意走动，他就利用一切闲暇时间钻研瓷器的配方。

——图 5.2　韦奇伍德和他的瓷器——

韦奇伍德在 1759 年开设工厂，半生时间醉心于瓷器研发。他从模仿中国瓷器入手，不断推陈出新，为了制造出既美且坚的瓷器，韦奇伍德反复尝试将动物的骨粉掺入原料，一次次地通过实验调配骨粉比例和烧制时间，以寻找最佳配方。他一共进行了 5 000 多次烧瓷实验，并详细记录每一次实验的过程和结果。到 1774 年，他研制出了碧玉细炻器（Jasperware），这种瓷器不仅晶莹剔透，透光度高，质地也比一般瓷器坚硬。韦奇伍德请来了当时著名的雕刻家，在瓷器的外部雕刻各种浮雕和花样，立体浮雕的效果令人惊叹，每件作品都洋溢着浪漫与尊贵，成了欧洲瓷器的重要创新。

可以说，正是从这时候开始，凭借实验、记录和定量分析的方法，欧洲人不仅掌握了中国瓷器的成分和炼制方法，而且开始通过创新超越中国。除了韦奇伍德，还有一个德国人叫伯特格尔（Johann Friedrich Böttger），他从 1700 年开始，做过 3 万多次烧瓷实验，并记录了每一次实验的过程和结果，德国的迈森瓷厂至今仍保留着这 3 万次实验的数据。

也就是说，今天德国人想要还原几百年前的一件真实产品是很容易的事，因为有详细的记录，而中国要想一模一样地还原一件明清年间的瓷器，完全不可能，因为没有配方和记录留存下来。

中国瓷器行业的业态，是师徒之间口耳相传，或者家族父子代际传承。为了保密，吃点独食，中国瓷器行业以不记录、少记录为宗旨，防贼一样防同行之人。很多时候，师父只告诉徒弟要把握火候，加入适量材料，但要理解什么是火候，多少是适量，那就要靠悟性和机缘，要指望师父传授一个配方，徒弟是要用一辈子的忠诚服务和跟随来换取的。

因为没有记录，中国历史上的一些技艺非常高超的工艺和秘方，一碰到战争等动乱或意外，就失传了，后人只好重新再来。例如唐三彩、越州秘色瓷、宋代汝瓷、吉州窑等，你去网上搜索一下，这样的名单有一大串。

到 18 世纪 70 年代，韦奇伍德瓷器已经名满天下了，皇室、贵族这些上流社会的“树立品位标准的人”，莫不以使用韦奇伍德瓷器为荣。但韦奇伍德的经营并不是一帆风顺，他的企业也遇到过困难。有一年，韦奇伍德制造了价值 12 000 英镑的瓷器，但产生了 4 000 英镑的债务，韦奇伍德发现，生产的瓷器越多，公司的亏损也越多，接近入不敷出的边缘。他纳闷了，东西卖得好，却不赚钱，到底是哪里出了问题？

韦奇伍德最后发现，必须从记账当中寻找答案。他在前人的基础上，开创了工业制造领域的会计体系。

当时，记账已经是商业机构的标配，每一个企业都有会计，但制造型企业远远要比贸易型企业复杂，它涉及原材料的采购、运输、加工，机器的维修、损耗、折旧、更新，还有土地、厂房、资金周转等各种要素。在韦奇伍德的时代，这一切如何记录都没有成熟的规范。

韦奇伍德设计了一套跟踪成本与利润变化的工业会计系统。他把工厂日常运营的成本分成 14 个类别，包括付给零工、仓库和簿记、意外、租金、损耗及偶发费用等，他琢磨出一套方法来计算折旧、行政成本、销售费用和资本利息。他发现，生产成本的控制虽然复杂，其中的变化却“像时钟运转一样有规律”。说穿了，工业就是一台机器，如天体行星一般，有着固定的运转间隔和周期。

透过账本，他察觉到某些工人要比另一些工人更便宜、效率更高，他也发现，按件计酬的方式比按日计酬更有激励效果。他甚至根据销售记录来推算未来的销售金额，同时策划一些能在未来“增加销售额的手段”，例如他察觉到有钱人不介意多付一点钱，但一点点小的差价就足以吓跑“一般人”，所以他必须细分客户，分别制造一些能迎合富豪阶层、中产阶级和低收入家庭的不同产品，今天这些方法就叫策略性定价。

他的笔记本里，写满了各种“降低劳工成本”的笔记和附注，他发现，只有一个方法可以让自己清晰地了解成本，那就是持续不断地对账查账，他派出自己的亲信担任会计，协助清查，那些贪污欺诈的主管纷纷露出马脚。他在日记里写道：

这样，我每个星期就能收到邮寄来的账目了，这些账目必须根据我吩咐的方式做，而且数据的收集永远也不能间断。

——图 5.3——

韦奇伍德死于 1795 年，他的商业生涯经历了多次经济风暴，但他安然而退，给后代（当然也包括他的外孙达尔文）留下了大约 50 万英镑的巨额财富。他的智慧和成就我看也可以归纳为“记录和记账”，在合上他的传记之时，我的心弦还不平静，我确认了一些事实，但脑海中又出现了一些新的问题，记账究竟是怎么回事？这到底是一个家族的标签，还是一个民族的标签？

要回答这些问题，我需要继续追索。

如何记账，曾经是个大问题

我们在第 4 章提到，人类文明之初，无论是结绳记事，还是文字和货币的发明，都和一件事有关——记账，人类记账的历史可谓源远流长。

但你很可能不知道，虽然历史久远，但从最早用泥板记账之后的 5 000 年以来，人类记账的技术一直非常落后。直到 14 世纪末依然如此，全世界几乎所有的商人，一年到头辛苦经营下来，连自己到底赚了多少钱都算不清楚，也就是说，一笔糊涂账。

因为几千年以来，人们都只会记流水账。

什么是流水账？就是简单地按时间记录一笔账，它跟你写过的流水账作文是一回事。你可能玩过一款经典游戏叫《大富翁》，我们就用它来打比方。如果路过金贝贝的购物中心花费 20 000 元，请朋友吃饭花了 500 元，你可以这样记账：

吃饭支出：500 元；

购物支出：20 000 元。

这看起来很清楚，但生活并不是这么简单。有的时候，一笔账来了，你会很糊涂，不知道该不该记，如果要记，又该怎么记，因为它的性质是交叉的，它既可能是收入，也可能是支出，例如：

购买股票支出：5 000 元；

今天是信用卡还款日，还了 5 000 元，还欠 1 000 元；

今天向朋友借了 1 000 元现金，已经用了 200 元为公司垫付交通费。

买股票是支出，也是投资，这笔钱并没有真正花出去，那该如何记？类似的项目一旦记上去，月底的统计就不是简单的加减了。同样令人烦恼的还有上面列出的借款和垫付款，如果记，可能记重，如果不记，又可能漏掉了开支的项目。

这就是流水账的困境，它只能记录简单的收入和支出，对于借款、贷款、预支、定金、转账、报销等复杂的行为就不适用了：如果都记下来，就一定会记重，如果不记，又可能漏记，而对一个大公司来说，交易会像雪花一样飘来，一笔一笔核对，将是极其烦琐的工作。

这就是 15 世纪以前商业记账的真实情况。每个商人都有一本流水账，但业务一多，一复杂，就变成糊涂账了。具体赚了多少，赔了多少，商人是算不清楚的。

这对商业发展的限制实在太大了，因为账记不清楚，公司就只能小本经营，为什么呢？因为公司要做大，就要有合伙人，试想一下：如果算不清账，合伙人就会因为分红发生争吵，很多合伙人可以共患难，克服困难，一起打拼，但如果赚了钱分不均，结果就是互相红脸跺脚、一拍两散，古今中外很少有例外。中国有句古话，“不患寡而患不均”，西方也有一句话，“账目常清，友谊长存”，道理类似。

你可能会反对说，兄弟要讲情义，利益只能摆第二，历史上不就有这样的美谈吗？春秋时期的宰相管仲（约公元前 723—前 645），年轻的时候为了谋生，和好朋友鲍叔牙一起做生意，管仲拿不出太多本钱，出资少，鲍叔牙出资多，到了年底分红的时候，管仲却做主，自己给自己分了一半，这时候其他人不高兴了，他们抱怨鲍叔牙糊涂，而且举报管仲品行不端，说做生意钱还没入账，他就拿去垫付自己的债务了。

要说他们抱怨，还真没错，管仲收了钱不入账，又用于其他地方，在会计学里这叫“坐支”，是违规的行为。按股本比例分红，这也是基本的商业规则。但鲍叔牙斥责他的手下说，你们满脑子都是钱，就没发现管仲的家里十分困难吗？他上有老下有小，比我更需要钱，多分一点是应该的，这事你们以后不要再提。

——图 5.4——

你要明白的是，“管鲍分金”成为美谈，因为它是一个特例，特例不足以成为现实的参照。你必须清楚，合伙做生意，目标很清楚，就是要赚钱，分不均就会引发散伙的风险，经营就无法持续。你即使像管仲一样需要钱，也不能指望你的合作伙伴像鲍叔牙一样慷慨。正是因为过于强调道德，漠视规则，中国的商业文明长期以来不发达。

如何把账算清楚，把钱分公平？在全世界，是威尼斯人率先解决了这个问题。

12 世纪的威尼斯，已经出现了复杂的合伙和投资。出海前集资，回来后分红，一次航行就是一单生意。一艘船的货物可能来自十几个人的集资，然后被卖给几百个人，这几百人当中的几十人，可能又会二道贩卖，所得的钱又投到另一艘船的货物上，再被另外几百个人买走……如此一来，那最初的十几笔钱后来流向了哪里？那些最初的投资要怎样折算成财富，赚了还是亏了？

为了解决这些问题，一种新式账本开始在头脑灵活的威尼斯商人手中流行。到 14 世纪的时候，威尼斯商人在记账和计算方面，已经是世界领先。但当时的知识传播相当缓慢，威尼斯人也只管赚钱，并没有意识到自己的记账方法是全世界第一，直到帕乔利（1445—1517）出现，这种方法才被系统总结，逐渐传遍世界。

帕乔利是何许人也？

他是一名意大利修道士，同时也是一名数学爱好者，这个年轻人的第一份职业是家庭教师，在一名威尼斯大商人家里给孩子讲授数学。作为一名 20 多岁的数学老师，他很有趣，常常用“卡通语言”来描述数学问题，例如，有一个猫捉老鼠的经典数学题，就是帕乔利最早在他的书里总结的：

> 一只老鼠在 60 英尺[1]高的白杨树顶，一只猫在树下的地上。老鼠每天下降 1/2 英尺，晚上又上升 1/6 英尺；猫每天往上爬 1 英尺，晚上又滑下 1/4 英尺；这棵树在猫和老鼠之

[1] 1 英尺 =0.304 8 米。——编者注

间每天长 1/4 英尺，晚上又缩 1/8 英尺。试问猫要多久能捉住老鼠？

猫在执着地爬，鼠在拼命地逃，大树每天还在长高，现实生活中不可能有这么夸张的场景，但进两步退一步又是生活的常态。帕乔利的课上得好，孩子们喜欢他，大商人爸爸也愿意和他聊天。这位商人和帕乔利分享了许多商界风云和经商苦恼，他告诉帕乔利，商人是为数字而生的，他们在决策和行动之前，必须把所有的利害关系都换算成数字，然后放在天平上衡量。做生意就是要找到一切低价买入、高价卖出的机会，但大千世界变化多端，就算长 100 只眼睛、100 个脑袋都不够用，因此商人要用心观察，不停地记录和计算，记录得越清楚越好，即使有一万笔交易也不能怕麻烦！

换言之，一个商人必须是敏捷的记录员和精明的算术家。这些话在帕乔利的心中埋下了一颗种子，启发他思考商业活动和账目记录的关系。

启发帕乔利思考记账问题的第二个人是达·芬奇（1452—1519）。15 世纪 90 年代，帕乔利应邀到米兰宫廷讲学，他在这里遇到了达·芬奇。这个时候，达·芬奇正在为圣玛利亚大教堂绘制《最后的晚餐》。两人很快成了“好基友”，达·芬奇虽然对人体的几何和比例有着敏锐的直觉，但缺乏数学知识，帕乔利乐于分享，教他代数、几何和透视，达·芬奇则投桃报李，为帕乔利的新书配上精美的手绘插画。

达·芬奇是历史上公认的一位旷世天才，在艺术、科学、工程等诸多领域都做出了杰出的贡献，这里要强调的是，达·芬奇本人就是一位敏捷的记录员，他同时代的人回忆说，“达·芬奇有一种做记录的本能”，他在腰间挂了一个小本子，随时记录周边发生的事情和自己的观察，甚至动手画下来。直到今天，全世界的博物馆还保留着达·芬奇的 7 000 多页笔记，而这还不到他全部笔记的四分之一。

“在纸上做笔记”被后人认为是达·芬奇惊人创造力的一个重要来源。[1]

我在前面探讨情商之时，曾经谈到抵抗负面情绪最好的方法，就是把它记下来，并且量化它。在达·芬奇的时代，他只能记到纸上，今天我们可以记录到电子设备上，也就是把笔记变成数据，这样更加方便分析。达·芬奇的做法也后继有人，受他的启发，大发明家爱迪生（1847—1931）也随身带着一个笔记本，随时随地记录观察、灵感和创意。爱迪生去世以后，后人在他的房间里发现了 3 500 个笔记本，如果你认为这令人惊讶，那可能证明，你还不了解记录当中蕴藏的真实能量。

回到帕乔利。几年之后，米兰爆发了战争，帕乔利和达·芬奇又结伴逃往佛罗伦萨，这一对“好基友”朝夕相处，常常在一起讨论问题，从人体的比例、对称，谈到了数学中的二分、两极、二元对立和二律背反。

达·芬奇认为：“人有两面性，有善就有恶，有爱就有恨，它们不仅存在于我们的精神，也存在于我们的身体，很多时候，上就是下，宽就是窄。”

帕乔利回答说：“《传道书》上也说过意思一模一样的话，有生就有死，有种就有拔，有悲伤就有欢笑，有推翻就有建立……”

---

[1] 沃尔特·艾萨克森. 列奥纳多·达·芬奇传：从凡人到天才的创造力密码［M］. 汪冰，译. 北京：中信出版社，2018：100，101，546.

“对，整个物质世界都展现了这种二元性。”

达·芬奇的回应启发了帕乔利把“二元对立”衍生到世界万物，包括他正在思考的商务记账领域。他意识到，商人面对的利润和亏损，就是收入和开支的二元对立，这应该成为商业记录的支点。

怎么记呢？这时候，威尼斯人发明的记账方法已经传到了意大利，但并没有大面积流行，帕乔利开始对这种方法进行梳理和总结。

1494 年，帕乔利在自己的著作《算术、几何、比与比例集成》（也有人称这本书为《数学大全》）中，将这种方法命名为“复式记账法”。他这样总结了这个方法的精髓：每一笔商业来往都要以相等的金额同时在两个账户中进行双重登记，即有借必有贷，借贷必相等，如果全部的业务都这样记录，那么商人就可以建立随时结算的体系，即随便什么时候都可以算出一个利润的准数。

例如，你今天花了 5 000 元买了股票，用流水账的记法，你记下“买了 5 000 元股票”就行了。但如果用复式记账法，你必须同时记下两项：一项是从现金账户减少 5 000 元，记为“–5 000”；另一项是在投资账户增加 5 000 元，记为“+5 000”。

这两个不同账户里的 5 000 元，就是一借一贷，如果把“你”换成一家公司，借贷就变成了“负债”和“权益”。通过这种负债和权益的复式记账法，公司就可以清晰地追踪每一笔资金的流动和来龙去脉，计算它的回报率了。因为所有账户的借贷之和，即正数和负数之和必须为零，就像能量守恒定律，这种方法也特别方便在记录中找到错误。

帕乔利建议商人天天记账。在所有的家禽当中，帕乔利认为公鸡是最警觉的，不论春秋冬夏，它彻夜警戒，从不休息。商人就应该像

——图 5.5——

公鸡一样，时时保持机警，每天都要对账，如果一天下来账目不清、借贷不等，那是不能上床去睡觉的。

帕乔利对复式记账法的总结，推动了科学记账方法的大面积普及，后世将其称为会计学之父。

记账进入文化和家庭

欧洲各个国家和地区开始陆续建立大量的会计学校，先是意大利，然后是荷兰、苏格兰、英格兰等。在 16 世纪晚期，荷兰的阿姆斯特丹超越意大利的威尼斯一度成为世界会计的中心，复式记账法在实践中变得更加精深，荷兰也因此产生了全世界第一家股票交易所，以及后来世界闻名的东印度公司，有诗为证：

这就是名震一时的伶俐发明，
让威尼斯、热拉亚与佛罗伦萨，
以及西欧沿海地区得以繁荣富庶，
而此刻这项艺术也造就了荷兰的兴起与强大。

这项伶俐的发明和艺术指的就是复式

记账法。

继荷兰之后，英国也大面积普及复式记账法。据历史学家统计，1740年英国有十多所会计专科学校，而到了18世纪末，专门的会计学校超过200所，会计成为青少年未来从事商业活动的准备课程，这些学校向社会输送懂得科学记账的专业人才。也有历史学家认为，英国获得强大商业能量和工业崛起的主要原因，就在于它超越荷兰成了新的会计文化与教育中心。

英国人认为，只要去经商，就必须学会计。懂得会计的人才能管理自己的事务，才能追踪国际贸易与国家事务，才能成为社会的治理阶层。

因为掌握了娴熟的会计技术而走向成功的商人，历史上确实有很多。美国的钢铁大王卡内基（Andrew Carnegie，1835—1919）、石油大王洛克菲勒（John D. Rockefeller，1839—1937）都在自己的回忆录中谈到过少年时代学习记账的经历，洛克菲勒16岁参加工作，第一份工作就是记账。他在父母的教导下，六七岁的时候就有了一本专门的“记账本”。7岁的时候，他卖了一次自己饲养的火鸡，认认真真地把账款记了下来，写得一清二楚。他在自传中坦承，自己之所以后来能掌控一个庞大的石油帝国，是因为终身受益于记账的知识和分类账本。

洛克菲勒也非常关注数字。有一次他去考察一家工厂，这家工厂的主要业务是将煤油按5加仑（约19升）一桶进行罐装密封。洛克菲勒在一台机器面前停下了脚步，他问流水线上的专家，需要几滴焊锡才能封一个油桶，那位专家回答40滴。

“那试过38滴吗？”

专家摇摇头。

“那就试试吧，用 38 滴焊锡，然后将结果告诉我。”

这位专家经过检测，向他报告用 38 滴会漏油，但 39 滴就不会。从此，其石油集团所有炼油厂建立了一个新标准：用 39 滴焊锡密封油桶。洛克菲勒算了一下，这一滴焊锡每年为整个集团节省了 2.5 万美元。[1]

由于商业活动的普遍性，西欧国家也开始鼓励女性学习会计，人们认为女性学习了会计，有助于管理和保护自己的家庭，特别是寡妇不至于成为别人财务掠夺的猎物。2019 年 4 月，我应邀到上海国家会计学院交流，当确认这一事实的时候，我突然好像又听到了那根弦的声音，不，不是一根弦，那一瞬间，我仿佛听到了一首会计的合奏乐章。

要知道，这一点特别重要，因为真正改变一个民族的未来的，是千千万万双推动摇篮的母亲之手。当越来越多的女性学会了复式记账法，西欧家庭的很多儿童就可能从幼年开始，在妈妈的怀抱之中学习记账，这种启蒙的力量可以伴随终身。

这个没有夸大。美国的富兰克林曾经在他的自传中提到，他曾经在 1733 年和人合伙开办印刷厂，他负责出钱出设备，但不能亲自到场。他的合伙人在南卡罗来纳州，挺有学识的，为人也诚实，但对记账一无所知，一直经营不好。在这个合伙人去世之后，这家工厂由合伙人的遗孀继续经营。富兰克林发现，情况竟然完全变了：

> 她出生在荷兰，并在那里接受教育。我听说，那里的女子要把会计知识作为受教育的一部分。她不仅尽可能把过往

[1] 洛克菲勒 . 我将财富播撒人间：洛克菲勒自传［M］. 王晓玉，编译 . 呼和浩特：远方出版社，2017.

的账单搞清楚寄给了我，而且把以后每个季度定时给我的账单都搞得一清二楚，她的业务经营得很成功……我说出这件事情的主要目的是想告诉年轻的女子去接受这方面的教育，如果不幸守了寡，这门知识对她们自己和孩子，比唱歌跳舞更有用。[1]

不仅女性、孩子在学，这个时候的欧洲会计还是时代和社会的骄子，会计的这种地位，可以从当时的画家、小说家和哲学家的作品当中得到印证。

例如，中世纪留下了大量关于会计和账册的名画，画里的会计总是带着微笑，桌子上也总是摊开着账册，一副智珠在握的样子。这些画传递了那个时代一个重要的信号：一个优秀的会计，不仅可以获得商业的成功，甚至有能力掌控整个世界。

（1）

（2）

（3）

——图 5.6——

（1）《银行家和他的妻子》，桌上摆着账本。创作于 1514 年，现藏于卢浮宫。
（2）《一位商人的肖像画》，他在记账。创作于 1530 年，现藏于华盛顿国家美术馆。
（3）《基什肖像》，壁板上有书籍、账本，题签上面写道：任何欢乐都是由痛苦换来的。创作于 1532 年，现藏于德国柏林美术馆。

在法国大文豪巴尔扎克（1799—1850）的笔下，有死抠账本的

[1] 本杰明·富兰克林．富兰克林自传［M］．亦言，译．北京：中国友谊出版公司，2013：121.

葛朗台，还有用记账的方法来测量大众幸福程度的政治家。为了有效管理一个城市的居民，巴黎行政长官帕皮诺开发了一套“民情会计系统”，在这个系统里，所有居民的痛苦都被转化为数字，并被填写进一本账本，就像商人对不同债务设置不同账目的方法一样，系统为每一种不幸设立了一个账目，巴黎行政长官用这套方法来衡量居民的怨恨和怒气，以免他们造反，把怒气撒到当权者身上。

痛苦和欢乐也可以入账，这是不是有点量化一切的意思？

英国小说家狄更斯（1812—1870）笔下也有许许多多会计的角色和故事，据后人考证，狄更斯的父亲就是一名会计。在他的著作《大卫·科波菲尔》里，狄更斯借由男主角之口，讲出了他关于会计的终极经验——“人生就是一本大账本”：

> 记住，如果一个人一年收入 20 英镑，花费 19 英镑 19 先令，结局是幸福，但假如他花费 20 英镑 1 先令，结果就是痛苦！

狄更斯的这句话也表明了当时一种流行的看法，即复式记账法也可以用来衡量人类的“快乐和痛苦”。1781 年，哲学家边沁（1748—1832）就主张建立一个能计算快乐与痛苦的账目，将其中一边所有快乐的价值全部加起来，再将另一边所有痛苦的价值加起来，从这两者的差别，就可以判断一个人是否幸福。一个人不仅需要在财务上记账，也需要不断清点自己的人生账目。

当复式记账法在全社会普及，它就不再只是商人计算利润的工具，而成为大众制作“幸福痛苦量表”的一种方法，成为哲学家思考、计算个人幸福和价值的一种方法。生命的挑战其实和商业的挑战一样，都是要找出二元对立的平衡点，人生可以记录、分析的事情实在太多！

复式记账法在欧洲的广泛普及，对欧洲人的影响是非常深远的，它在不知不觉中塑造了欧洲人的性格、文化，甚至欧洲国家的国运。

追溯到这里，我认为马克思对“地道的英国人”的总结是令人信服的，勤于记账的特点确实属于全体英国人，这是高数商民族的一个表现。

黄仁宇找答案

复式记账法，就是对一个行为记录至少两次，听起来、看起来、说起来，这都平淡无奇，但这个小小的创新改变了世界。

因为记账准确，每一笔资本的回报率都可以追踪，每一个公司的运营情况都可以通过标准报表来透视和评价。这为所有的商业组织构造了一个孪生的信息系统，任何感兴趣的人都可以查看。这种透明度增加了投资者的信心，因为业务行为被记录，就可以被分析，整个经营也就可以被托管。这意味着公司的所有权和经营权因此可以分离，权益可以被更合理地分配，这些特点和功能为现代公司，特别是“股份制公司”的出现奠定了基础。

无记录，就无分析、无评价；无记录，就无权益的合理分配，无后续的股份制创新。

股份制公司随之在欧洲兴起，这也推动了世界贸易的第一波全球化。当时最成功的东印度公司是早期资本主义的象征，代表其公司形象的画像就是一个“左手拿着账本，右手拿着刀剑”的人，账本代表了他对利益的计算和追求，这是贸易的真正动力，而刀剑则代表武力，这是海上航行的护卫。凭借账本和刀剑，东印度公司把贸易做到了全世界。

15 世纪末，哥伦布发现了新大陆，人类开启了大航海时代，哥伦布曾先后 4 次横渡大西洋，这需要大量的融资和借贷。1492 年，当西班牙女王答应资助哥伦布出海之时，她给哥伦布的船队派去的第一名也是唯一一名心腹就是一名会计。亲兄弟明算账，这名会计负责记录航海的开支，计算出航行的成本，这是哥伦布的船队和女王分配航海收益的依据。

——图 5.7——

可以说，正是复式记账法，使这项风险投资有了技术基础。也可以说，没有复式记账法，就很可能不会有航海大发现了。有了复式记账法，人类才真正开始把“钱”当作资本来经营，可以追踪其收益和损失。账本成全了资本。

国家，也可以被理解为一家超大型的公司。既然复式记账法在商业公司的管理上这么方便，那为什么不可以用来管理国家呢？头脑灵活的欧洲人于是开始制作国家的“账本”：对整个国家的经济活动进行事无巨细的记录，对国家和社会的每一笔财富进行追踪，以此分析一个国家所有资本的增减变化、流动去向等，实现整个国家资源的数据化管理。

著名的经济学家熊彼特（1883—1950）认为，资本主义起源于复式记账法，复式记账法是资本主义“高耸入云的纪念塔”，还有学者甚至认为，没有复式记账法，就不会出现资本主义，是复式记账法创造了资本主义。

一句话：复式记账法是西方国家开启现代商业、走向繁荣的一块重要基石。

也不能说中国人不喜欢记账，对金钱的渴望东西方都是一样的。可惜中国的记账方法也是浅尝辄止，长期沿用的就是流水账，流着流着就无影无踪了。一直到 20 世纪的第一个十年，复式记账法才正式从日本传入中国，流水账的落后方法才被全面取代。可是这距离复式记账法最早被发明，已经过去了 500 多年。

这 500 年跟中华文明走下坡路的历史节点高度重合。

为什么会走下坡路？特别是近代两百多年，中国人饱受落后的屈辱，备受各种打击。曾经领先世界的中国为什么落后？不同的人，有不同的观点和看法。1997 年，华人历史学家黄仁宇（1918—2000）提出的“数目字管理”（Mathematically Management）曾经引起关注和讨论。

“数目字管理”主张跳出道德和法制，从数据和统计的技术层面去解释中国落后的原因，黄仁宇认为，资本主义的领先，集中体现在以事实为基础、以数据为核心的精确管理上。而中国最大的毛病在于：当西欧和日本都已以商业组织的精神，一切按实情主持国政的时候，中国仍然是亿万军民不能在数目字上管理。

因为缺乏数目字管理的能力，从 14 世纪起中国开始落后于西方文明。换句话说，记不清账、算不清账的中国开始糊里糊涂地走向衰落。

——图 5.8——

注：黄仁宇是国民党的一名军官，参加过抗日战争，在战争结束之后去美国求学。他从本科读起，46 岁时才在密歇根大学获得了博士学位。虽然中年才学成，但黄仁宇非常用功，笔耕不辍，在学术上几经波折，最后开创了一家之言。

我认为，复式记账法是小数据时代人类文明的一个瑰宝，这个方法科学地解决了对商业活动事实进行记录的问题。人类从此开始用量化的方式来看待事实、记录事实，这和远古时期人类发明数字和文字是多么的一致，它深刻地改变了英国人观察世界的角度，影响了他们的思维方式，塑造了一批又一批、一代又一代“地道的英国人”。这些人成了英国建设的中坚力量，推动这个国家一度成为雄霸全球的日不落帝国。随着本书后续故事的展开，你会发现：所谓的“事实”就是那些具有某些定量特征的客观现实，即事实是一定可以被量化的。

1990年、2000年、2007年，中国曾经举办过三届全国会计知识大比赛，三次比赛都是电视直播，参与人数不少，这对复式记账法在全社会的普及起到了重要的作用，但这些比赛多年才举办一次，业内人称之为“会计风暴”，即来得快去得也快。记账的风气和习惯，我们并没有普及普通家庭和个人，可以说，我们的整个社会还缺乏记账的启蒙，没有养成凡事记录的习惯。要完成这项工作，我们还需要做绵延细致的长期工作。我建议国家级的会计比赛复办，最好两三年办一次，对个人和家庭来说，要记的账，不仅仅是金钱账，还有时间账、任务账、道德账，生活就是一本需要记录和分析的大账，我们要在全社会普及复式记账法的方法和原则。

接下来我们要讲科学革命。复式记账法把商业体系变成了数据，紧跟着这个步伐，科学家开始把整个物理世界变成数据。你会看到，商业记账的方法，和创造经典物理学体系的哥白尼、开普勒，甚至牛顿所用的方法，并没有本质的不同，它们的核心都是“记录——用量化的方式记录”，这种方法不仅促进了商业社会的诞生，还催生了近代科学的出现。

下一章我们将继续阐述这种方法和精神的深刻内涵。

——思维拓展训练——

流水账最大的问题是：一笔交易来了，不知道该如何记，因为它既可能是开支，也可能是收入，处于模棱两可的地位！

我的经验是，使我们陷入麻烦的通常不是我们不知道的事，而是那些我们知道但不确定、模棱两可的事，模棱两可就是不确定，记录和量化最大的作用就是减少不确定。所以，凡是碰到模棱两可的事情，我们就应该尝试通过量化来让它变清晰。只有清晰了，才能有效地管理。

你有没有想过为你每天的日常生活建立一个记录体系？有哪些事情必须记录？有哪些事情可以记录，也可以不记录？除了金钱和时间，还有哪些记录可以量化？这些记录应该怎样分析？

06

数据与宇宙大发现

我们前面讨论了商业革命，在这之后，很多人会立即联想到 18 世纪开启的工业革命。

但在工业革命之前，还有一扇大门，正是它的开启，为后续的变化奠定了基础。

这就是科学革命。

科学革命起源于天文学，人类对科学的认知是从我们头顶的一片天开始的。天文学是一门古老的学科，人类观测天体、记录天象，算起来已有五六千年历史。早在远古时期，我们的祖先就把视线投向了天空。一方面，对星体的观察产生了历法，例如中国人熟悉的"二十四节气"；另一方面，人们相信星体的分布和变化是上天的信号，预示了人间万事万物的变化，东西方因此都发展出了专门的占星术，中国古代的小说中常常讲，如有彗星陨落，人间就有巨大的变故。

观测天体，就要确定各种星体运行的轨迹，所谓轨迹，就是一系列带有时间标记的位置信息。并不是所有的物体都会移动，但对一个会移动的物体而言，要研究它，就必须跟踪它的轨迹。

一代又一代人仅凭肉眼的观察，最后画出了一些主要星体运行的大致轨迹。

但当时最大的障碍，是我们的感觉，人类感觉不到地球在自转。欧洲人早就知道，地球很大，巨大的地球竟然在飞快地旋转，这个转动的速度（在赤道上是 466 米每秒）竟然比马跑的速度还要快几十倍，那地面上的人和其他的一切还能存在吗？它们为什么不会被甩出去呢？如果地球在转，那为什么飞鸟和云朵不会因为地球的高速旋转而落到后面呢？总之，所有人的感官都在告诉所有的人，地球和我们一样是静止的，如果有人说地球在动，那是严重违反人类直觉和常识的。几千年以来，除了极少数的先知，人类完全没有意识到自己感受到的静止其实只是一种假象，人类对这个假象一直浑然不觉。

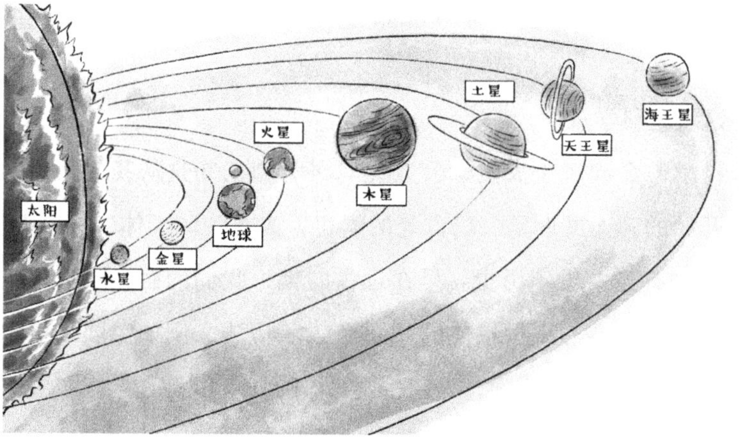

——图 6.1　太阳系主要行星的自转和公转——

但事实上，地球和其他行星都在万有引力的作用下，在椭圆形的轨道上以基本恒定的速度围绕太阳运行，同时地球又围绕自己的中心轴在自转，一天自转一周，转得很快。从地球上观察太阳系所有的星体，它们的运动轨迹都是地球自转和各个星体围绕太阳公转这两种运动的叠加，这种叠加使得确定各个星体真实的运动轨迹非常困难，这是当时阻碍天文学进步的第二个障碍。

于是，在这样的局限下，中国的古人产生了“天圆地方”的宇宙观，而在西方，地心说成了造物主存在的有力证据，任何动摇地心说的说法都被视为对上帝的挑战，被打上异端邪说的标签。历史曾经陷入黑暗之中，直到波兰天文学家哥白尼（1473—1543）提出日心说，科学的历史才真正翻开了篇章。

天文学的故事可能有很多细节你已经相当熟悉，但迄今为止，这一宏大历史篇章还非常缺乏从数据视角的解读，本章正是希望填补这一历史留白。

叛逆者为何如此温和

哥白尼是波兰人，他是一名职业神父，在教堂里度过了一生大部分平静、舒适、优越的时光。给他带来巨大声誉的天文学发现和著作，都是他利用业余时间完成的。作为一名教堂的管理者，他要记账，哥白尼还曾经专门研究过货币，提出过一套货币改革方案。可以说，正是教会的稳定生活让他有时间追求天文学的知识。他就住在他工作的教堂旁边，家里的楼顶就是他日夜仰观天象的地方，只要天空没有云彩，即使在寒冷的冬夜，哥白尼也会穿上大衣，戴上棉帽，在寒风中通宵达旦进行观测。

受限于当时的条件，他的仪器非常简陋，都是自己手工制作的，他将其中三件命名为：三弧仪、捕星器和象限仪。

20 多岁的哥白尼曾经想办法证明地球是圆的。在波罗的海，他

注：当时的天文观察通过简单的几何原理，用角度来估算天体之间的距离，在这个基础上，第谷后来发明了六分象限仪。

——图 6.2——

一次又一次在岸边观察帆船，有一次他请求一名船主在帆船桅顶绑上一个光源，他凝视着帆船慢慢驶远，“随着帆船的远去，那个亮光逐渐降落，最后完全隐没，就好像太阳下山一样”，如果大地是平的，帆船就不可能一点一点降落，类似的观察使他确信：不仅地面，就连海面也是圆的。

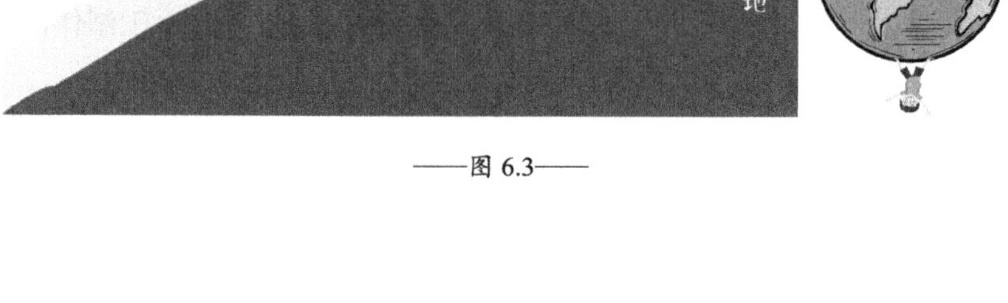

——图 6.3——

地面是圆的，那站在球底的人怎么不会掉下去呢？海面也是圆的，水怎么不会流走呢？这在当时严重违反了普通人的直觉，这些反问也没有人能清楚地回答，所以大家对这种主张都斥之以“荒谬”。

直到哥白尼 49 岁的时候，麦哲伦领导的船队从西班牙出发一直向西航行，然后从东面返回，这才真正证明了地球真的是圆的，而且宇宙中没有任何东西托着这个圆球，这真是太令人惊讶了！

但真正的争议和分歧还不只这些。

当时，人们都笃信“地球是宇宙中心”，这是古希腊的大天文学家托勒密（约 90—168）提出来的，已经流传了一千多年。历史上也曾经有微弱的不同意见，例如菲洛劳斯和阿利斯塔克（公元前 315—前 230），他们认为地球不仅自转，还和其他行星一起围绕太阳旋转，太阳才是宇宙的中心，但是几乎没有人相信。

凭借自己的观测，哥白尼确信阿利斯塔克的论断。他还从古希腊的毕达哥拉斯获得启发，笃信“事物的本身就是数字”。哥白尼提出，地球围绕太阳旋转，同时在自转，但恰恰是地球的自转，使人们产生了一种熟悉的错觉，即整个宇宙都在围绕地球运转。

他是如何得出这一论断的呢？

哥白尼认为，人类很难相信地球在转动，地球不仅自己在转，还在围绕太阳转。但是如果地球是静止的，那就意味着宇宙中很多星体都在围绕地球转动。如果我们担心地球会因为转动而四分五裂，那我们为什么不替其他星体担心呢？

“他为什么不替运动比地球快得多并比地球大得多的宇宙担心呢？……运动把天穹驱向越高的地方，运动就变得越快。反过来说，随着运动速度的提高，天穹会变得更加辽阔，就这样，速度使尺寸增大，尺度又引起速度变快，如此循环，两者都变成无限大……如果硕大无比的宇宙每24小时转一周，而不是它微小的一部分——地球——在转，那就会令人惊讶了。因此，地球在运动比它静止不动的可能性更大。”

哥白尼从行星运行的速度得出推论：一定是地球在运动，而不是整个宇宙围绕着地球运动。这个判断是天才式的，非常雄辩。到了19世纪，后人提到这一段历史的时候，打了一个形象的比方说，你见过整个炉灶围着烤肉转的厨房吗？一定是烤肉自己在旋转啊！

但这是马后炮，直到今天，又有谁见过地球在自转，同时又在围绕太阳旋转呢？飞机飞得再高，我们连地球是圆的都看不到，更别提看到地球在转了！

哥白尼是凭借数据得出这样的推断和结论的。如果没有数据，人类到现在可能都无法了解太阳系的真相，因为这个真相，我们的肉眼永远看不见，我们也永远感觉不到。

40岁的时候，哥白尼把他的观察写成了一本小册子，在自己的朋友之间流传。很明显，这些观点有悖于哥白尼终身服务的教会。哥白尼明白自己的观点对教会是挑战，必然引来仇视，他不想当一名激烈的叛逆者，所以直到快死的时候，他才决定正式出版他的著作《天体运行论》（*De Revolutionibus Orbium Coelestium*）。

1543年5月24日，是他生命的最后一天。他在弥留之际摸到了出版商刚刚送来的新书封面，然后与世长辞。

在《天体运行论》这本书当中，哥白尼详细记录了从1497年至1529年间50多次观测的数据，其中包括日食、月食，还有火星、金星、木星和土星的方位等，哥白尼观测得到的数据精确度相当高。例如，他计算得出的恒星年时间为 365 天 6 小时 9 分 40 秒，比今天的精确值多约 30 秒，误差只有百万分之一；他得到的月亮到地球的平均距离是地球半径的 60.30 倍，和今天 60.27 倍的准确值相比，误差只有万分之五。在字里行间，即使今天的读者也仍能感受到哥白尼对精确观测和数据的渴望。哥白尼清楚地知道，只要有数据，就能发现更多的真相，但受限于当时简陋的观测仪器，即使增加观测的次数，也无法获得更有价值的数据。

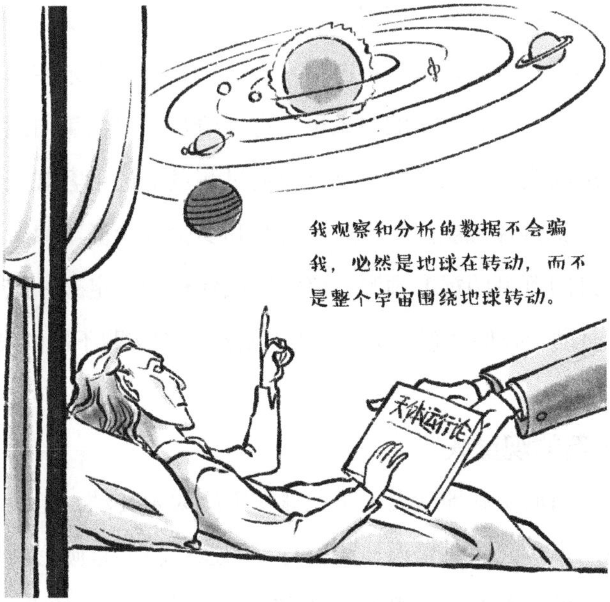

——图 6.4——

之所以说哥白尼开启了科学革命，是因为他开创性的工作激起了连锁反应。他启发了第谷、开普勒和伽利略，这些人的贡献又为牛顿（1643—1727）的工作奠定了基础。牛顿后来提出的三大运动定律和万有引力定律，破解了整个太阳系的秘密，完成了整个经典物理学的构建。今天的科学界普遍认为，哥白尼的《天体运行论》是科学革命的起点，是现代科学的象征，这不仅仅因为他提出了新的宇宙观，更重要的是，其理论构建中凸显了通过观测获得数据，进而使用数据这种方法的重要性。

哥白尼是第一名现代意义上的科学家，但在那个时代，无论科学家还是数学家，社会地位都远远不如哲学家。虽然哲学家仅仅用形而上的逻辑来对天空和星体的本质进行解释，但他们反而看不起科学家和数学家，批评科学家和数学家仅仅用数据对表面现象进行数学的描述。

在科学革命之前，科学跟占星术、宗教和哲学混杂在一起，说不清楚谁是谁，科学和数学的关系也没有理清楚，但在哥白尼之后，这种情况逐渐改变。所谓科学，就是要通过测量，记录客观现象，通过分析数据去获得客观规律，再通过观测和实验来验证规律，最后把规律用于对世间万事的精准预测。请大家记住科学的定义，这一点非常重要，它有助于我们理解下文即将展开的东西方文明不同的发展路径。

最精准执着的观星人

虽然哥白尼正确地指出了是地球在围绕太阳转动，但他大大低估了太阳系的大小，同时错误地认为行星的运行轨迹是圆形的。这样一来，哥白尼的一部分观测数据就不能完全符合他提出的日心说架构，即它们是矛盾的，哥白尼无法自圆其说。这给了很多人嘲笑他的理由。

要解决这些问题，当时的天文学家意识到需要获得更多的数据，其中最为执着的是丹麦天文学家第谷·布拉赫（Tycho Brahe，1546—1601）。

第谷非常崇拜哥白尼，他曾经派专人去走访哥白尼在弗龙堡的旧居，并带回来哥白尼用过的仪器。当第谷第一眼看到捕星器，他的心头一阵剧烈震颤，他拿起来上下端详，不敢相信哥白尼竟然用这么简陋的仪器发现了天体的奥妙。他毕恭毕敬地把哥白尼的画像供在上位，并写下这样的句子盛赞哥白尼：

> 巨人力大无比，能搬山填海，雷的劈击却能制服他。哥白尼，他一个人把地球的所有山岳举了起来迎向群星，雷的劈击也不能把他制服。和传说中所有的巨人相比，他不知要坚强多少、伟大多少、幸福多少！

把山岳举起来迎向群星，说的就是哥白尼的判断：地球自己在转。

今天的我们，可能对哥白尼在宗教信仰和科学发现之间的温和妥协感到不解，但哥白尼的勇气事实上已经十分惊人。要知道，当时对哥白尼进行讽刺和诘难的，是整个社会，不仅仅包括如马丁·路德和加尔文一类的宗教名人，还有一系列的科学巨匠和文化名人，例如莎士比亚、培根、蒙田等，他们都嘲笑哥白尼是“占星术的暴发户，一个试图反对整个天文学的傻瓜”。即使在哥白尼死去之后的半个世纪，全世界总共也只有寥寥几十人相信日心说，1597 年，哥白尼已经去世 54 年，伽利略在写给开普勒的信中这样评价他：“哥白尼仅仅在少数人心目中获得了流芳百世的不朽名声，却被许多大傻瓜终身嘲笑。”

第谷崇拜哥白尼的精神和成就，也认同日心说，但他认为地球本身不存在自转，他知道当务之急就是获得更多的数据。1576 年，第谷说服了丹麦国王，花了一大笔钱在丹麦海峡的汶岛建设了当时全世界最好的天文台。第谷此后坚持了 25 年的夜间观察，并把这些数据全部记录了下来。

长时间的观测是极其枯燥的，但第谷不厌其烦，他对着一颗恒星观测了 6 年，获得了其极为精确的位置数据，然后以它为基准，测量出了另外一千多颗恒星的位置。

贾格尔的成功来源于观察和记录，但他仅仅观察了一个星期；第谷观察了 25 年，而成功还不属于他，后来证明第谷只是一名铺路人。

——图 6.5　第谷在前人基础上发明了六分象限仪，提高了观测和计算的精度——

第谷留下的观测数据，是天文学历史上不可磨灭的重大贡献。他的肉眼观测精度之高，前无古人后无来者，正是因为这些数据，天文学从对古代数据的依赖当中解放了出来，消除了一系列由于错误数据导致的错误结论。后人评价说，第谷编纂的星表数据已经接近了肉眼分辨率的极限，同时代的其他人都望尘莫及。他去世后不久，伽利略就制造出了望远镜。可以说，第谷是人类历史上最后一位，也是最伟大的一位用肉眼观测天空的天文学家。

——图 6.6　今天的汶岛天文台遗址——

在数据丛林跋涉 8 年

当第谷在丹麦建设了最好的天文台时，科学革命的另一个重要人物——开普勒（1571—1630）正在一所高中教书，他也是日心说的支持者。1596 年，开普勒把自己的思考写进了一本书《宇宙的奥秘》（*Mysterium Cosmographicum*），并且给第谷寄了一本。第谷被里面的数学计算公式和几何推理打动了，他邀请开普勒担任他的助手，但开普勒谢绝了。一直等到 1599 年，第谷被聘为皇家数学家，开普勒这才投奔了第谷。

开普勒笃信数据和数学公式，不仅在科学研究中是这样，在日常生活中也如此。他有 10 个孩子，在他第一个妻子病逝之后，他决定续弦，他相信要找到最好的妻子是有一个公式的，他的方法是“面试”11 位候选人。在他每次见到一位女性之后，他都做记录。这个记录是一系列观察的集合。例如，他见到第一位候选人后，记录下这位女性“口臭”；第二位女性“有着超乎她身份的奢华”……他将所有的观察记录列成一个表，然后评分，最后从中挑出一位他喜欢的，这也是整个公式的“最优解”，但这位得分最高的女性居然完全忽视开普勒的数学公式，她拒绝了成为开普勒夫人的尊荣。最终，开普勒只能选择一位得分较低的结婚，在数学上这叫次优解。

开普勒没能得到理想的婚姻，他与第谷的相处也不愉快。第谷出身名门贵族，而开普勒是一个普通平民，两人的价值观和生活习惯都不一样，他们曾经争吵反目，甚至分道扬镳，但第谷爱惜开普勒的才华，最后还是邀请开普勒回到了他的身边。

两个人冲突还有一个重要原因，就是第谷不肯和开普勒分享他的数据。开普勒曾经断言，如果把第谷所有的数据给他，他只要 8 天就可以证明天体的运行轨道和规律。我猜想，第谷应该是想把发现宇宙最大奥秘的机会留给自己。他让开普勒观察、计算火星的运动轨迹，只给了他很少的数据。开普勒也意识到他最需要的就是数据，他给朋友写信说："第谷非常富有，但第谷不知道如何使用他的财富，大部分富人都是这样。因此，我要想办法夺取这些财富。"开普勒在信中继续解释说，他认为的财富，不是金钱，而是数据。

1601 年，第谷因病去世。他所有的继承人都在争夺他留下的财产，只有开普勒盯着那些数据。对他来说，第谷的遗产中最有价值的就是数据。最终，开普勒获得了这些数据，但他是如何获得这些数据的，则是至今都没有结论的一桩公案。1605 年，开普勒在一封写给朋友的信中坦承："第谷去世后，我利用了他的继承人缺乏警觉，小心翼翼地获取了观测的数据，或者说占有了这些数据……"

在某种程度上说，开普勒是幸运的，没有第谷 25 年彻夜观察搜集而来的数据，他不可能得出后来的发现。

但现在他有了第谷的数据，是不是很快就算出了星体运行的规律和轨道呢？事实证明，开普勒完全低估了其中的难度。在第谷去世后，他整整工作了8年，直到1609年才发表了他的震世新定律。

这是世界上前所未有的最细致、最精确的数据，开普勒要回答的核心难题是：行星到底在一个什么样的轨道上运行？一开始，开普勒认为通过他的数据分析，一定可以证明在前人的理论当中至少有一种是正确的，或者是哥白尼的日心说，或者是托勒密的地心说，再或者就是第谷本人提出的第三种学说，那就是地球是不动的，太阳围绕地球旋转，其他行星围绕太阳旋转。

但他没有想到的是，这些理论没有一个完全正确！

无数个夜晚，开普勒面对一张张布满数据、铺满桌子的恒星运行表，这是一个数据丛林，他竭力寻找一条与数据相符的真正轨道，年复一年，他想尽办法，反复尝试了70多种曲线。我们前面谈到过，真正的困难在于，太阳系的星体都在围绕太阳公转，地球自己还在自转，地球上的一切观察看到的都是两种运动的叠加，开普勒后来想到一个很好的办法，解决了这个问题：火星围绕太阳运行的周期是686.98天（地球日），这叫一个火星年，即每隔这么长时间，火星就会回到天空的同一个位置。这就相当于火星不动，把每天取一次的地球位置数据变成每686.98天取一次的地球位置，这样就可以描绘出地球运行的真实轨迹。在得到地球精确的轨道之后，他又反过来，让地球不动，即地球每365天就会回到同一个点，把每天取一次的数据变成每个地球年取一次，观察其他行星的运动轨道。

这无疑是一个聪明的方法，通过固定、转换参照，开普勒减少了研究中的变量，用这个方法开普勒画出了一个又一个行星的运行轨道。开普勒真正要感谢的还是第谷多年搜集的数据，后者一共搜集了20多个火星年的数据，没有它们，开普勒有再好的方法，也无法实现。

在计算的过程中，开普勒坚信第谷的观测数据是正确的，反复用数据去检测自己的曲线，根据这些曲线，他得出了一个惊人的结论：只有让行星沿着椭圆的轨道，而不是圆形轨道运行，哥白尼、第谷以及数百年来留下的数据才能得到一个完美的解释。但在此之前，2 000 多年的传统天文学都告诉人类，行星运行是以圆为基础的，而且是匀速的，这意味着，开普勒必须和这个 2 000 多年的传统决裂！

告别正圆，引入椭圆，这次决裂所需要的勇气又是巨大的，但所有的数据和这个假设都吻合，开普勒坚信它是正确的。因为正确地勾

（a）椭圆作法
椭圆上的任何一点到两个定点的距离之和保持不变

（b）火星轨道：椭圆的偏心率为 0.6

——图 6.7——

画了行星运动的轨迹是椭圆而不是圆，开普勒随后又确认了太阳所在的位置并非椭圆轨道的中心，而是在椭圆的一个焦点上，地球的转速也并非恒定，它靠近太阳时速度加快，远离太阳时速度减慢。这就是开普勒第一定律和第二定律。

开普勒的方法就是“用数据研究科学”，即从数据层面寻找规律，他的最终发现甚至可以说是通过数据“凑”出来的。用这种方法发现的规律，可能人类也无法解释，即知其然而不知其所以然，但这些规律可能带来巨大的启发，接下来，开普勒还是用这个方法，又发现了行星绕太阳运行一周所需要时间的平方与行星离太阳距离的立方成正比，这就是开普勒第三定律的主要内容。

这三大定律的发现，基本解释了整个天体的运行规律，开普勒因此被后人称为“天空立法者”。

我们来看看发现第三定律到底有多难：假设地球距离太阳的距离为一个单位，地球绕太阳公转一周的时间为一年，其余任一行星距离太阳的距离记为P，其公转周期记为R，第三定律可以表达为：$P^3=R^2$。

开普勒当时得到的直接观察就是表6.1的前两行，上面记着，对水星而言，太阳的距离是0.388 0个单位，水星公转周期是0.240 9年，其他行星都有一个数据，你可以依次读出来。

假设你现在就是开普勒，要从前两行的数据中找出规律来，对着它们看上几个小时，你会发现这些数据太凌乱，没有任何头绪，可能完全没兴趣，洗洗就去睡了。但如果这时候把视线放到第三行和第四行，你一眼就可以发现那里上下两个数是多么接近啊，有的甚至完全相同！

但在谜底没有揭开之前，哪怕想到肝肠寸断，你又怎么能发现

P^3 和 R^2 竟然会相等呢？

表 6.1 行星公转周期和与太阳相对距离的关系

	水星	金星	地球	火星	木星	土星
行星距离太阳（P/天文单位）	0.388 0	0.724 0	1.000 0	1.524 0	5.200 0	9.510 0
绕日公转周期（R/年）	0.240 9	0.616 0	1.000 0	1.880 9	11.863 1	29.456 6
P^3	0.058 0	0.380 0	1.000 0	3.540 0	140.608 0	860.058 0
R^2	0.058 0	0.379 5	1.000 0	3.538 0	140.730 0	867.690 0

当时，开普勒的工作几乎没有人理解和支持，他不知道经历了多少次尝试和失败，但他坚信自然界一定是有数字规律的，记得吗，这是古希腊毕达哥拉斯学派的基本主张。他把这些数字在加减乘除中不断转换，在屡败屡战之后，才逐步逼近、发现这个规律。你可以想象，中间有多少艰辛。在发现第三定律之后，开普勒曾经写下这样一段话：

> 这就是我 16 年前强烈希望探求的东西。为此我才和第谷合作……现在我终于揭示了它的真相，认识到这一真理，这已经超出了我最美好的期望。大功告成，书已写出，可能当代就有人读它，也可能要到后世才有人读它，甚至可能要等一个世纪才会有读者，但就像上帝等了六千年才有信奉者一样，这我就管不着了。

但行星为什么不借助任何力量就能够沿着恒定的轨道不停地旋转，并且速度会有变化？运行一周所需时间的平方和距离太阳距离的立方又为什么会成正比？开普勒没有办法回答，直到 1687 年，英国大科学家牛顿才给出了一个答案：任何两个物体之间都会有吸引力，这就是万有引力，引力的大小和两个物体的质量成正比，和它们之间距离的平方成反比，即物体之间的距离越远，它们之间的作用力就越小。万有引力的发现完全契合了开普勒当年的推断。

正是万有引力维护着行星的运行，如果我们在地球上发射一个物体（如卫星），只要火力足够大，它就可以不返回地球，而在太空围绕地球无限地运动下去。万有引力也解释了地球上很多物体的运动，人类终于明白了，为什么地球在高速运转，人们不会被甩出去，又为什么站在球底的另一端，人们不会掉下去。牛顿把驱动行星旋转运动的力和地球上的力联系起来，从此，天空和大地在科学定律当中得到了统一，科学革命迎来了第一个高潮，科学的发展进入了加速阶段，这之后各种进步、发明、创造蜂拥而至，不胜枚举。

牛顿的最终发现解释了天体运行的规律，那是不是人们就“知其然，又知其所以然”了？我觉得也不是，因为牛顿本人也无法解释引力究竟是如何产生的，他只是给出了这种力如何相互作用的量化公式，究竟引力为什么会产生，他本人当时拒绝提出任何假说，而希望其他人去研究，这是他在《自然科学的数学原理》中的原话：

> 迄今为止，我们已经用万有引力解释天空和海洋的现象，但是还不能追溯到这种力的根源……我未能从现象中发现万有引力种种特性的根源，我也不做任何假设，因为凡是不能从现象推断的东西都只能叫假设，而假设，不论是形而上学还是物理学的，不论是玄奥的还是机械的，在实验哲学中都是不能存在的……对我们来说，知道万有引力确实存在并按照我们解释的定律起作用，大大有助于解释天体和海洋的一切运动，这就足够了。

可以看出，科学研究的另一条路径，即从基本原理的层面出发，给自然界和人类社会的各种现象一个完美的解释，这有多难！这种方法可以直击本质，当然最为理想，但大部分情况下，我们面对的是一个未知的世界，它有无数种可能，你又怎么知道自己的判断是离日心说更近，还是离“天圆地方”更近？你凭什么能看破现象，直达本质呢？

我认为，面对复杂的新问题，开普勒的模式往往更为有效。天文学是物理学的一个分支，物理学的目标就是寻找万事万物的规律，规律的最高形式就是定律，而定律的根基是数。开普勒专注于观察数据层面的变化，辨别各组数字之间的关系是互相吸引还是互相排斥。这样他离事物的规律就更近，开普勒的发现不是偶然的。

人们一般认为，数字通常很枯燥乏味，让人产生画地为牢、生搬硬套的感觉，会局限我们的想象力，但开普勒的经历证明，一个人要有想象力，但仅有想象力而没有数据分析能力，是难以获得伟大的科学发现的。

惊人的预测和成功

天色已晚；

天文学家在那人烟罕至的山顶

搜索茫茫宇宙，

研究远处金光闪闪的小岛般的天体。

他断言，那颗放荡不羁的星星，

“将在10世纪后的这样一个夜晚回归原处”。

星星将会回归，
甚至不敢耽搁一小时来嘲弄科学，
或否定天文学家的计算；
人们会陆续死去，
但观察塔中的学者
会一刻不停地勤奋思索；
纵然地球上不复有人类，
真理将代他们看到那颗行星的准确回归。

这是诺贝尔文学奖得主、法国诗人普吕多姆（Sully Prudhomme，1839—1907）的一首诗作《约会》，普吕多姆用抒情、奔放的文字和韵律，称赞了天文学家不可思议的预测能力，天文学家预测 1 000 年后这颗星体将回到这个地方，就像一个约会，即便那个时候预测的人早已经化为尘土，但星星仍然会如约准确抵达。普吕多姆的诗带给我们穿越宇宙时空的悸动，同时让我们惊叹，400 多年前的人类居然可以将广袤宇宙中巨大星体的运行计算到如此精准的地步。

根据新的轨道和规律，开普勒可以预测星体的运行了。1629 年，开普勒预言：1631 年 11 月 7 日将会出现一个非常新奇的天象，这一天，水星将会运行到地球和太阳之间，三者将会连成一条直线，在地球上将会看到一个黑色的小圆点横向穿过太阳的圆面，这个小圆点就是水星的投影，这个现象被称为“水星凌日”。

但开普勒没能亲眼看到他的预测成真，他于 1630 年 11 月 15 日在经济拮据中死去。

1631 年 11 月 7 日这一天，普吕多姆《约会》这首诗中描绘的景象出现了，虽然预测者已经死去，但法国天文学家伽桑狄（Pierre Gassendi，1592—1655）在巴黎用望远镜观测到了水星这个小黑点在太阳的圆面上由东向西徐徐移动的全部过程。

就在开普勒的三大行星运动定律提出后不久，望远镜这种新的工具也出现了。1609 年 11 月，伽利略第一次把望远镜对准了星空，通过望远镜他看到很多新的奇妙景观，包括月球上的高地和环形山阴影，他还看到木星有 4 颗卫星，它们都在围绕木星旋转。伽利略的这个发现是对哥白尼理论的重要支持，意义重大，因为当时有一种反驳言论说，地球如果围绕太阳转动，那月亮怎么可能跟得上地球呢？伽利略证明了其他天体也有自己的“月亮”（即卫星），并不是所有的天体都在围绕太阳转。这样一来，地球根本谈不上是宇宙的中心。更难得的是，伽利略计算了木星那 4 颗卫星的公转周期，他观测得非常细心，数据也相当准确，和现代测量几乎没有差别。

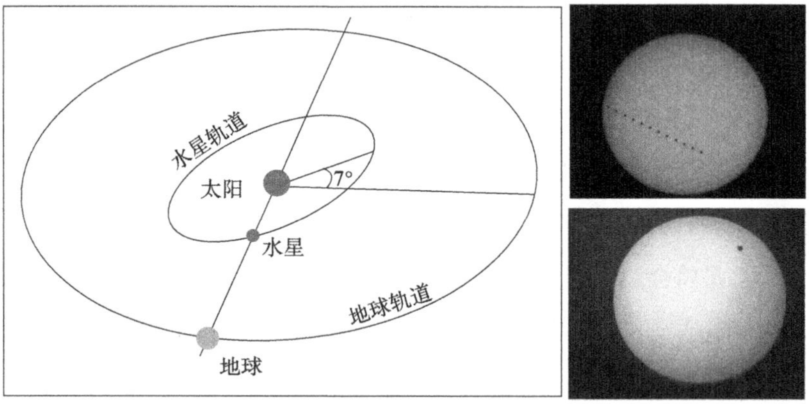

——图 6.8　水星凌日的原理——

注：水星和地球各自都在绕日运行，但两者的轨道不在同一个平面上，而是有一个 7 度的倾角。二者只有两个交点：升交点与降交点。因此，只有水星处于轨道上的这两个交点附近，而太阳、水星、地球三者又恰好排成一条直线时，在地球上才可以观察到太阳上有一个小黑点在缓慢移动。

伽利略最早成名，是因为制作望远镜。他和英国的大文豪莎士比亚出生在同一年（1564 年），他逝世后一年，牛顿出生（1643 年）。伽利略反对用定性的传统方法来解释自然现象，认为这很容易走向天马行空的玄学，不会增加人类的知识，他认为大自然中是存在数量关系的，他的目标是寻找独立于定性解释之外的定量关系，即用数学公式来描述大自然。他本人也非常善于观察这种定量关系。

表 6.2　伽利略的观测结果与对应的现代精确值

木星卫星	周期（伽利略测量）	周期（现代测量）
木卫一	1 天 18 小时 30 分	1 天 18 小时 29 分
木卫二	3 天 13 小时 20 分	3 天 13 小时 18 分
木卫三	7 天 4 小时 0 分	7 天 4 小时 0 分
木卫四	16 天 18 小时 0 分	16 天 18 小时 5 分

有一天伽利略在教堂参加活动，看到吊灯在摆动，他很快注意到，吊灯摆动一段大弧和一段小弧所用的时间非常接近，那个时候还没有表，他于是把住手腕上的脉搏，利用自己心跳的次数来计算吊灯完成一次摆动所需要的时间。他验证了这条规律，用今天的语言来说，就是一个单摆完成一次摆动所需要的时间与摆的振幅无关。这条规律推动了摆钟的产生，拉开了现代钟表制造业的序幕。人类有了现代钟表，才能对时间进行准确的计算和测量。

伽利略终生都在倡导这种定量分析的方法，他把这种方法写进了自己的作品，这是整个科学革命的思维模式。如果说哥白尼揭开了科学革命的大幕，开普勒使用了量化的方法，那伽利略则总结了这种方法，他被后人称为“现代科学方法之父”。

科学的最大特征就是量化。因为伽利略，在千年之后，欧洲重新接续了古希腊的科学传统。从伽利略开始，一个“质”的世界真正开始转变为“量”的世界，现代科学真正开始起跑了！

1781 年，天文学家发现了太阳系第七颗行星，命名它为天王星。这颗星很暗，运行的速度也很慢，因此不容易被发现。根据开普勒和牛顿的公式，天王星运行的轨道很快被计算了出来，但在随后的观测中，天王星常常偏离它的轨道。天文学家于是推测，它的旁边应该还有一颗未知的星，这颗星的引力，导致天王星偏离轨道，虽然望远镜根本看不到这颗星，但根据轨道数据和万有引力定律，这颗新星的位置被推算了出来。1846 年，人们就在这个位置发现了一颗很不显眼的星，这就是太阳系的第八大行星：海王星。如果不是在既定的位置去寻找，这颗星可能永远不会被注意到，海王星的发现再次创造了科学史上的奇迹。

1801 年 1 月 1 日，意大利的天文学家皮亚齐（Giuseppe Piazzi，1746—1826）突然在天空中观测到了一颗新的小行星，但观测时间非常短暂，之后再也找不到这颗星，也就是说数据非常少。数学家高斯（Johann Gauss，1777—1855）根据皮亚齐的观测资料，只用了一个小时就计算出了这颗新星的运行轨道，并预测它下一次出现的时间和位置。这一年的 12 月 31 日夜里，天文学家用望远镜对准了高斯预言的那一片天空，不出所料，这颗星如奇迹般出现在镜头当中，这就是太阳系中最小的，也是唯一位于小行星带的矮行星：谷神星。

这个成就同样震惊了整个欧洲。1862 年，几乎用同样的方法，天文学家又发现了天狼伴星。

回顾科学革命的开启历程，我认为有一点是很清楚的：科学的路径，开始于观察和搜集数据，在科学发现的大路上，我们首先需要大量的数据。我们占有的数据越多，就越有可能得到正确的发现，我们前进的方向是从数据到规律，从数据层面洞察、分析、总结规律，最后揭示事物的本源性原理，在科学探索的大路上，很少有人能够逆行。

——图 6.9——

只有文字，没有数据的后果

哥白尼开启的科学革命，是由第谷、开普勒、伽利略、牛顿接棒完成的，我每每读到这几代人的努力，都禁不住惊叹于他们对数据的执着和发现，但我也常常唏嘘不已，为什么呢？

要说天象观察，中国古代是走在世界最前列的，中国有全世界最丰富、最系统化的天文观察记录，既然如此，那为什么没有产生类似西方这样的科学成果？

也许下一个故事可以让你品出端倪。

1572 年 11 月 11 日傍晚，第谷吃完晚饭外出散步，他突然发现，一颗耀眼的星出现在他熟悉的夜空，像灯塔一样明亮，而前一天它还不在那儿，他感到非常吃惊：

> 我好像怔住了，呆呆地站着，对着天空仰视了许久，我的眼睛专注地凝视那颗恒星，它位于古人称为仙后座的那几颗恒星附近，在我确认了这个位置从未有过任何恒星之后，我不由得为这个不可思议的东西感到非常困惑，甚至怀疑自己的眼睛。

第谷看见的东西，我们今天称为“超新星”，也就是一颗恒星走到生命尽头时发生的大爆炸。银河系里几乎每年都会出现超新星，但肉眼能观测到的非常少，非常稀罕，从 1800—1900 年人类才仅仅观测到 5 次。

但第谷发现的这颗超新星，中国的天文学家也看到了，而且比第谷还早发现 3 天，《明史稿》是这样记录的：

> 明隆庆六年冬十月丙辰，彗星见东北方，至万历二年四月乃灭。

明隆庆六年冬十月丙辰即 1572 年 11 月 8 日，这段记录表明，这颗星我们不仅比第谷早发现 3 天，而且一直追踪到次年的 3 月，比第谷多观测一个多月。

现在可以肯定，第一个观察到超新星的人不是第谷，而应该是中国人，因为更早，在 1054 年 7 月 4 日，中国宋代的宫廷天文学家杨惟德就记载过在蟹状星云中出现了一颗明亮的超新星。

——图 6.10——

伏睹客星出现，其星上微有光彩，黄色。谨案《黄帝掌握占》云：客星不犯毕，明盛者，主国有大贤。

这个大概的意思，就是说有一颗新的星星出现了，这表明要有大贤人出现了！

中国对天象的记录，可以追溯到公元前 14 世纪甲骨文时期。在几千年天文观测的记录当中，科学家已经鉴定，关于超新星的记录有几十条之多。

第谷发现超新星之后，西方的天文学家很快发现中国在超新星的记录方面有丰富的资料。1846 年，法国学者把中国的天文记录资料翻译了过去，做什么用呢？欧洲的天文学家在对历史上所有超新星进行计算、预测和推断之后，用中国的记录来验证他们的计算。❶

既然中国的记录这么有价值，那现代天文学为什么没有在中国萌芽呢？

一直到明清，中国人对宇宙的解释还是“天圆地方”，认为天是圆的，地是平的、方

❶ 以上中国天文记录对世界的贡献，参见：席泽宗．从中国历史文献的记录来讨论超新星的爆发与射电源的关系［J］．天文学报，1954（2）．席泽宗，薄树人．中朝日三国古代的新星记录及其在射电天文学中的意义［J］．科学通报，1965（5）．

的，从来没有中国人发现地球是圆的，连地球是圆的都还没有认识到，就不要说各种星体的关系和运行轨迹了，当然更谈不上提出一个基于逻辑和数学的宇宙体系了。

早在古希腊时代，亚里士多德就证明了地球是圆的，他发现随着位置的移动，人们看到的星空是不一样的。例如，在不同的 A、B 两点，人们看到的北极星高度就不一样，在 B 点看到的要比 A 点的高出很多。中国人也注意到了这个差别，唐朝的天文学家僧一行就测量过这个差别。到了元朝，郭守敬还组织过一次大规模的北极星出地高度的测量，他在全国选取了 14 个地点进行测量。虽然有了这些数据，但他们还是压根儿没想到大地是球形的。

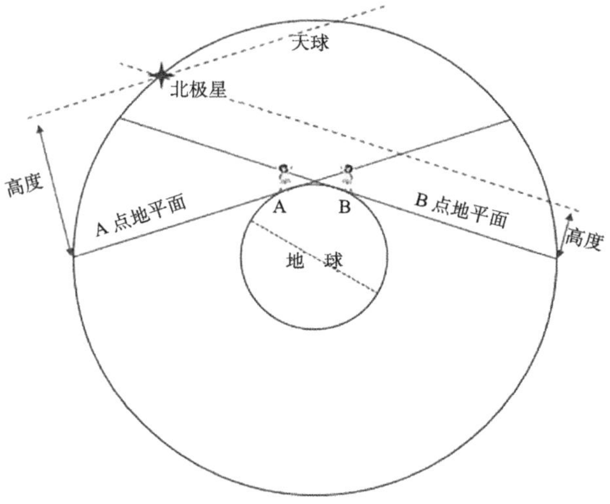

——图 6.11 为什么在地球上不同地点看北极星会有不同的高度——

有人说，中国人迷信，只知道用天文来卜卦，我认为这说不通，古代的欧洲人也喜欢占星，占星也是卜卦。在《三国演义》中，诸葛亮仰观天象，便知自己危在旦夕；司马懿夜观星相，便知诸葛孔明气数已尽。写出天文学权威性典籍《天文学大成》(*Almagest*)的托勒密，还写过一本流传千年的占星术著作《四书》(*Tetrabiblos*)。开普勒在业余时间，也以编辑占星术的书籍赚钱。可见占卜算卦，是东西方共有的文化现象。但为什么除了北斗问卦，中国的天文学家没能发展出接近于科学革命的理论?

这个问题和著名的李约瑟难题可谓异曲同工。“尽管中国古代对人类科技发展做出了很多重要贡献，但为什么科学和工业革命没有在近代的中国发生?”这是英国学者李约瑟(Joseph Needham，1900—1995)在其《中国科学技术史》中正式提出的。

原因可能有很多，我的答案是，文化传承和政治制度决定了这一切。中国儒家的传统，只关注个人道德，而不关注自然法则，例如孔子从不讨论大自然，不谈论日月星辰和风雨雷电。儒家学派认为，是道德的力量让君子成为君子：即使不知道任何大自然的知识，君子也还是君子；就算通晓天文地理，小人也还是小人。统治者希望老百姓安于天道，忠于他们的统治，如果让老百姓去钻研各种道理，事情就可能会搞乱，所以统治者不鼓励老百姓主动思考。在中国古代，一切机构都是为皇帝服务的，皇帝自称“天子”。按皇家的解释，天象是天上的父亲给地上的儿子传达的旨意，所以要设置专门的机构、委派专门的天文官员来记录。这些官员的任务，是通过天象来推测上天的指示、国运的兴衰，制作一年一度的日历，通过发布天空中出现月食、日食、彗星的预告，来证明“天子”懂天意，是用天授的权力来统治国家的。如果耽误了天象观察，是会被砍头的，所以中国历朝历代的天象记录都比较完整。

受限于这个目标，中国的天文记录都是文字记录，我们从来不重视，也根本没有引入数字规范。没有数字，中国最多只能算是有天文，但没有天文学。

持续的天文观测和记录很重要，但在天文记录中形成数字规范更加重要。我们知道，仅仅用语言、文字和图形来描述这个世界是不精确的，也是远远不够的。例如，有人问姚明有多高，如果回答说“很高”“非常高”“最高”，别人听了只能得到一个抽象的印象，因为每个人对“很”“非常”和“最”有不同的理解，但如果回答说“2.26米”，就一清二楚。

你可以用语言描述一个事实，用文字描述一个事实，用图片描述一个事实，用录像描述一个事实，但最准确的还是用数字描述一个事实。

有了数字，例如找到像12、24这样的数字来对应宇宙现象，才可能从中寻找数学关系，最后用精准的数学语言提炼出一个规律，这就是科学的方法论。这种数字传统，衍生自古希腊，我们都很熟悉阿基米德在浴桶中发现浮力定律的故事，物体在液体中获得的浮力大小，等于它所排开的液体的重量，这就是对数字分析方法的运用。哥白尼、开普勒和伽利略这些天文学家，重拾了古希腊的精神，在足够的观测数据之上，运用数学的方法来构建天空星体的运动模型。没有准确的数据，当然就不会有计算和模型。

在所有的科学当中，为何人类率先在天文学上获得突破呢？因为我们每个人随时都可以把视线投向天空，重复“观测、记录、根据记录提出模型、用模型预测、再观测记录、校正模型”的过程，而且从地球上看，太阳、月亮以及可见的星体都周而复始，以同样的规律、可预见的方式运行，这为高精度的观测、获得数据提供了可能。

从以上分析不难得出结论，认识太阳系真正奥秘的任务不可能由古代中国人完成。一句话，数字数字，古代的中国人精于字而拙于数，是文商高、数商低啊。

——思维拓展训练——

1. 你有没有听过本福特法则（Benford’s Law）？ 20 世纪 30 年代，物理学家本福特发现，在日常生活当中，以“1”开头的数字比以“2”开头的数字多，以“2”开头的数字又比以“3”开头的数字多，如此一直到“9”。这个发现令人惊奇，因为大多数人会认为，从 1 到 9，以每一个数字开头的数字出现的概率相同。

这条法则已经在很多领域得到了验证，例如在报纸上，以“1”开头的数字大概占 30.1%，以“2”开头的占 17.6%，以“3”开头的占 12.5%，以“4”开头的占 9.7%……以“9”开头的只占 4.6%，各种财务报表也符合这个规律。1995 年，有一个财务金融报表的数据不符合本福特法则，引起了再三的审计，最终证明，其中确实存在欺诈行为，造假人被绳之以法。请你解释本福德特法则为什么会存在。

2. 在哥白尼、第谷和其他很多天文观测者进行了几个世纪的艰苦观测和记录之后，像开普勒这样的天文学家历尽千辛万苦才在前人的数据当中找到了数字层面的规律，再后来牛顿出现，才把这些规律归纳简化为真正的定律。

开普勒的发现，可以说是用数字凑出来的，但这恰恰说明，善于在记录当中找到数字规律，是数商的重要维度。下面是一个有规律的数串，请按其规律为这个数串的空白处填上两个数字：

1，1，2，3，2，7，4，13，8，21，32，__，__。

07
测量未来

是有 N 种可能，还是一切注定？

我常常想念许倬云先生。在匹兹堡住的时候，我常去他的寓所聊天。有一次聊到“西学东渐”，他的一段话曾经给我启发。

西学东渐起于严复（1854—1921）。1897 年，他翻译了赫胥黎的《天演论》，这本书开启了西学东渐，自此中国社会开始不断翻译、介绍西方的思想，至今已延续一百多年。

我认为西学东渐并没有完成，还要继续做。许先生是历史学家，他习惯于回头看，他回答说，西学东渐的工作，前人做了很多，但前人产生的一些谬误，也实在难以纠正，有一些小小的不准确，对后世影响很大。

他举了一个例子，是关于“revolution”这个英文单词的翻译的。这个词被当时的知识分子译成了“革命”。革命这个词的中文源于西周，《周易》云：“天地革而四时成。汤武革命，顺乎天而应乎人。”革是指变化，命指天命（而不是人命），在传统中文里，革命就是秉承天意的意思。

在英文当中，“revolution”有多个意思，其中一个是“旋转”，源于天文学，其准确意思是“围绕某一中轴的圆周运动，止于其所始”，暗含复归之意；还有一个含义是“发生根本的改变”。

但“revolution”这个词传到中国之时，被译为了“革命”，而且受法国大革命的影响，专指法国式的革命。对法国人来说，革命是用激进、决裂、暴力的方式推翻政府和政权，重组国家的政治、法律和社会结构，全然没有“旋转和复归”的意思。

当时孙中山要推翻清廷，自称为革命党，在他们的宣传之下，“革命”一词更加窄化，成了专门指代“牺牲一些人的生命，武装推翻一个政府”，而且这样的“革命”在大众的语境中还被赋予了正义、进步、神圣的含义，完全不容否定。

这样的思想大潮汹涌澎湃几十年，直到“为有牺牲多壮志，敢教日月换新天”这样的豪情诗句出现，西方“revolution”一词的真正含义就被完全淹没遗忘了。

我这里讲的并不是许先生的原话，他当时提纲挈领，只用几句话勾勒了一下，很快反问我，如果当时的知识分子不那么翻译，中国近代史的发展轨迹会不会就由此不同？

一个单词的翻译会不会改变历史的走向？

我理解他的意思，如果当时的翻译换一个词，更准确一些，如果中国大众对“革命”的理解更温和一些，把“革命”视作一种循环、复归，在执行层面不那么决绝、激进，历史的进程或会改写也未可知。

要回答这个问题，另外一个单词的翻译可能会给我们很大的启发，这就是“evolution”，它和“revolution”只差一个字母。

长期以来，“evolution”被翻译成“进化”，其实也是谬种流传。

准确的翻译应该是“演化”，进化是有方向的，一般指从低到高，而演化没有，演化是四面八方皆有可能，达尔文的理论被翻译为“进化论”，是错误的，应该叫“演化论”。虽然一字之差，但谬以千里。

达尔文的原意是，生物随时间、环境发生的改变是没有一个固定方向的，是随机的，有些物种的特征在很长的生物历史时期保持相对稳定，并没有产生很大的变化。所以谈不上是“进”还是“退”。

进化是确定论，未来和下一刻有一个注定的方向，而演化是不确定论，未来有很多种可能。我们考察未来的时候，总会把它想象成一条不断延伸的链条，但真实的情况是，这样的链条不止一条。未来是好几条甚至好几十条可能发生的事件组成的链条，它们都在向前延伸，每一条都是一种可能性，现实只不过是其中一条真的发生了、实现了，从众多可能性转变成唯一结果的过程，这就是历史和现实的进程。这次发生了这种可能，如果历史可以重演一遍，那发生的可能是另一种可能。如果你同意历史是演化，而不是进化，那你就可能完全同意许先生，一件小事可能改变历史的大方向。

在未来变成现实之前，人们都知道下一刻有多种可能，各种不同的事都可能发生，最后发生的结果只是众多可能性中的一种。也就是说，有的事本来可能发生，但最后没有发生。但未来一旦变成现在，我们就会获得一种错觉，以为现在的一切都是必然的，并会本能地、不由自主地去为当下发生的事寻找因果关系，似乎发生的一切都在情理当中，没有任何偶然。我们往往会忘记，在那一刻其实有多条链条同时存在的可能性。如果我们把现实看作很多可能性的一种，把下一刻和未来看作一个可能性的分布，每一种可能性都有可能发生，它们是随机的，又是偶然的，我们认同了这种可能性，那下一个问题就是：各种可能性的大小是多少呢？当我们想一一量化它们之时，“概率”的问题就出现了。

概率是对未来各种可能性进行量化，未来就是概率的分布。有了概率，人类就可以用数据对未来的可能性进行推算，对未来进行预测，这标志着最大智慧的开始。

要讲数商，不可以不谈未来，也就是不能不谈概率。要提高数商，就要增强对概率的理解。概率的产生和赌博有关，说起来你可能难以相信，正是对赌博的研究，开创了这门重要的学科：概率论。更具体地说，没有对轮盘和骰子的研究，就没有概率论。下面我们就讲述概率论创立之初的故事。

居然赌出一门大学问

这是 1654 年的一个晚上，在一个高大气派的法国府邸里，正举行着一场盛大的社交晚会，富人名流鱼贯而入，人们端着酒杯，带着笑脸，彼此攀谈。很显然，有一位男子正是谈话的中心，他就是闻名欧洲的大数学家帕斯卡（Blaise Pascal，1623—1662），很多贵妇人对这位数学家青睐有加，围着他争先恐后地请教一些问题，但帕斯卡显然心不在焉，他的父亲刚刚去世不久，他为此怏怏不乐，庄园的主人很关心他，把他请来正是让他散散心。

这时候，一个男人也走了过来，他叫德梅尔（Chevalier de Mere），是法国社交圈的一位知名人士，他很健谈，也是一名资深赌徒，看见女人们围着这位数学家，正问着一些不咸不淡的肤浅问题，而帕斯卡已经有点不耐烦，他有心想拯救这场谈话。

“帕斯卡先生，”他举起酒杯向人群的中心致意，“像您这样伟大的数学家，肯定正在关心很多抽象的几何问题，但在这样的社交活动上，您也要吸一吸人间的烟火，例如讨论一些通俗的问题，话说有一个问题它已经困扰了我很久，我很想听听您的见解……”

是一个什么样俗气的问题，要向数学家请教呢？这激起了旁人巨大的好奇，大家一下子都安静下来了。

“你们知道，政府已经明令禁止大家玩赌博的游戏了，但大家觉得那个非常好玩，仍然在玩，他们玩到兴头上的时候，常常会碰到警察来敲门。”

什么，警察敲门，肯定是有人告密！

警察不是也睁一只眼，闭一只眼吗。有好几个人插话说。

“各位，在警察来了之后，他们就常常会碰到一个无法解决的难题。”

这时候围过来的人更多了，他们看见德梅尔正侃侃而谈，而帕斯卡在一旁侧耳倾听，可见这个话题是如此吸引人心，所有人都想听他继续讲下去。

“我事先声明，这个人并不是我。那是一个晚上，两个男人玩了一场抢三分的游戏，他们都是有钱人，那笔赌注之大，惊动警察是一点都不奇怪的。”

“抢三分？”

“你问什么是抢三分？就是先拿到三分的人获胜，具体的游戏规则今天就不细讲了，正当有一个人拿到了两分，另一个拿到一分时，突然有人跑了进来，大喊了几声‘警察到门口了’，游戏于是立刻停了下来，两个人拿着钱，匆匆忙忙地往后门逃。”

“啊，那你们被抓住了吗？”围着的人迫切地提问。

“我已经说过这不是我的亲身经历，”德梅尔大声回答说，但接着他的脸上又泛起一丝狡黠的微笑，“但老实说，我们真的跑出了一身汗。”

女人们都瞟了他一眼，然后发出一阵哄笑声。

“等他们跑到安全的地点之后，开始商量如何分配赌金。拿到一分的人认为游戏是被迫中断的，所以赌金只能对半分，拿到两分的人认为自己差一点就能拿到全部的赌金了，所以无法接受对半分的方案。请问帕斯卡先生，您能不能从数学上给他们提出一个合理的分配方案呢？”

人群的眼光又转到了帕斯卡身上，听了这个问题，这位数学家的精神早就振作了起来，他已经两眼放光。

——图 7.1——

“德梅尔先生，这问题太有意思了，可以肯定的是，对半分是错误的。”

“那分成三份，得两分的人拿两份。”人群当中有人插嘴说。

帕斯卡沉吟了三秒，马上表示，这也不是正确的方法。

“那究竟怎么分才是正确的方法？你们那天晚上最后是怎么分的？”有人问。

大家的目光又回到了德梅尔的身上。

德梅尔耸了耸肩，说因为没有找到科学合理的方法，那两个人至今还没有分呢！

帕斯卡摇了摇头，好像又咬了咬牙，立刻表示，他一定会想出一个科学的方法来解决这个问题。

德梅尔提的这个问题非常有名，叫“赌金分配问题”。

其实，在这场对话发生的60年前，有个人已经提出了类似的问题，就是前面我们提到的会计学之父帕乔利，在帕乔利写的那本《算术、几何、比与比例集成》里，有很多有意思的算术题，其中有一道是这样的：

> 有一个赢者通吃的双人对战游戏，每局的得分是10分，先得到60分的人获胜。A、B两人正在玩游戏，突然因为不得已的原因，游戏不得不中断，游戏中断的时候，A的得分是50分，B的得分是30分。请问奖金应该如何分配？

这个问题和德梅尔提出的问题本质上是一样的，帕乔利书里的答案说，应该按5∶3的比例分配，那么他的答案对不对呢？我告诉你，帕乔利这回也错了。

准确地说，直到1654年，全世界还没有任何一个人能够提出一个科学的解决方案。

德梅尔当然也没有想到，帕斯卡的这一承诺，就为日后开辟了一门新的学科：概率论。

帕斯卡带着这个问题一回到家，就立刻给他的好友费马（Pierre de Fermat，1607—1665）写了一封信。这个费马也是一个奇人，他是一名律师，但喜欢在业余时间研究数学，他一生都没有受过专门的数学训练，但他得出了许多专业数学家都难以企及的发明和发现，被后人称为“业余数学之王”。

帕斯卡和费马通过书信来往一共讨论了 4 个月，然后两个人各用一种方法找到了答案，于是 1654 年这一年，概率论正式诞生了。特别要说一下的是，帕斯卡跟费马一生都没有见面，这个新的学科和领域是通过书信的讨论开拓的。

当时书信是最快捷高效的远距离交流方式。这个时期，在欧洲的知识分子中出现了利用书信进行交流的热潮，这一阶段被称为书信共和国（Republic of Letters）。一个科学家如果有想法想告诉他的朋友，就出钱找人印刷几百封信，然后再发出去。当时很多思想和学术上的创新，就是由名人在书信当中讨论激发形成的，有人甚至留下了上万封书信。

帕斯卡在信中用简洁的语言重新归纳了这个赌博问题：

> A 和 B 两人轮流抛硬币，正面先出现三次的话就是 A 赢，反面先出现三次的话就是 B 赢，胜利者可以获得全部的奖金，但当正面出现两次、反面出现一次时，游戏不得不终止，请问要怎样分配奖金才最公平？

他们的方法不是按过去的输赢分配奖金，而是分析未来的可能性。费马用最“业余”的语言解释了这个过程：硬币最多还要抛两次就能判定胜负，让我们想象一下，实际上抛两次就会出现4种可能性：正正、正反、反正、反反，出现每一种可能性的大小是一样的，只有出现最后一组情况“反反”时，B才可能获得奖金，也就是B赢的可能性是1/4，因此奖金应该按3∶1的比例进行分配。

至于帕乔利提出的游戏，你可以用同样的思路想一下，他们需要再比三局，三局将会有8种可能性，而只有一种可能是B赢，所以奖金分配应该是7∶1，而不是帕乔利提出的5∶3。

帕斯卡很快用数学语言描述了这个过程，这个从来没有人能解决的“赌金分配问题”，第一次在数学上得到了解决，帕斯卡也因此被认为是概率论的第一创始人。

德梅尔的故事并没有完，在得到帕斯卡关于“赌金分配问题”的答案之后，这位资深赌徒非常信服，马上在朋友圈推广帕斯卡的解决方法，大家一听，都茅塞顿开。德梅尔又乘兴向帕斯卡提出了一个“骰子问题”，这个问题也困扰他已久，帕斯卡又和费马开始写信讨论。

德梅尔说，一个骰子掷出6点，与两个骰子同时掷出6点的可能性，相差6倍。

既然如此，一个骰子掷4次掷出6点的可能性，与两个骰子同时掷24次（即4的6倍）掷出两个6点的可能性应该是一样的，但是根据他长期在赌场上的经验，两者的可能性并不一样，前者的可能性略大于1/2，而后者的可能性则略小于1/2，这是为什么呢？德梅尔感到深深不解，于是他向帕斯卡提出这个问题。

用今天概率论来总结这个问题就是，一个骰子掷4次掷出一个6点的概率，与两个骰子掷24次掷出两个6点的概率，究竟谁大谁小？

帕斯卡在计算这个问题时，着实花了不少心思，这一次他又拿出了完整的数据计算。这里就要引出一个概念“对立事件”，对立事件是指两个不可能同时发生，但必有一个发生的事件。至少掷出一次6点的概率，它的对立事件就是一次6点也没有掷出，具体可以这样来算：

掷4次得到至少一个6点的概率

=1–掷4次没有一个6点的概率

$=1-(5/6)^{4}$

$\approx 0.518 > 1/2$

掷24次得到至少一次双6点的概率

=1–24次没有一次双6点的概率

$=1-(35/36)^{24}$

$\approx 0.491 < 1/2$

真相来了。注意，0.518确实是略大于1/2，而0.491又确实是略小于1/2，这证明了德梅尔的感觉是完全正确的，0.518和0.491这两个数字之间的差异相当小。德梅尔只凭自己在赌场上的观察就得出这两个概率存在差异，这简直令人无法相信，他需要多少次的观察呢？今天的概率论也能给我们一个准确的答案，大概是10 000次，这证明德梅尔嗜赌如命，在赌桌前不知道花了多少时间，当然，这也说明德梅尔非常专注，他光靠自己的眼睛观察和大脑直觉就能得出这样精确的结论，他的观察和洞察能力之高，数感之强，实在令人叹为观止。

知道这个微小的差别有什么用呢？德梅尔可以利用这个差别来押注，例如他可以和别人赌“一个骰子连续掷4次，掷出至少一个6点的可能性”，他知道概率略大于50%，而别人认为这是随机出现的结果，是一半一半的运气。德梅尔可以采用大量投掷骰子的策略，而不是把宝全部押在仅仅几次的投掷上，赌的时间越久，骰子投掷的次数越多，他的赢面就越大。

这也注定了他必须在赌桌前流连盘桓，成为一个赌场的囚徒。

人性不相信概率

现代赌场的运营已经完全是靠概率的了。你下注的次数越多，庄家的赢面就越稳定、越大，赌徒并非一次都不可能赢，他们完全可能侥幸赢两把，但赌一万把，一切基于侥幸的波动都会抹平，庄家一定赢，即久赌神仙输。

这也是为什么赌场要提供 24 小时服务，限定赌徒每次的下注额不能太大，他们要把赌徒尽可能留在赌场，让他多次下注，只要下注次数足够多，赌徒就必输无疑。你赢是靠运气，偶然的，赌场赢是靠概率，必然的。

很多人都听说过这个道理，但为什么那么多人还是乐此不疲地走向赌场呢？这是因为他们都不相信概率，他们相信“说不清，道不明”的运气，每一个赌徒都相信运气会站在自己这边，直面运气，立刻翻牌，看看运气究竟站不站在自己这一边，这会带来极强的刺激。还有些人是真懂概率，但他们又坚信自己能够战胜概率——这是人性，你想想也可以理解，如果人类对自己交好运都缺乏信心，那么整个世界岂不是会死气沉沉？

我们前面讨论过，概率意识在大部分人的思维里是非常薄弱的，人们对概率普遍认识不足。当我们听别人谈论一个具体概率的时候，我们好像只是在听一个数字，无法获得对它的正确理解，相比于一个具体的场景或事例，后者对我们的影响更大。

1972 年，心理学家做过一个经典的实验。他们把人分为两组，告诉第一组的参与者他们肯定会遭受一次电击，而告诉第二组的人他们有 50% 的可能性会遭受一次电击，然后通过心跳、神经和出汗等指标测试两组人的紧张程度，结果发现两组人的紧张程度没有区别，当把第二组遭受电击的概率下降到 20%、10%，甚至 5%，再做实验的时候，两组人的紧张程度还是没有区别。[1]

这个实验说明，对于什么是概率，绝大部分人也缺乏直观的理解，这个数字只要不是零，对他们就没有区别，当然，还有另外一种可能，那就是我们的感情非常粗放，无法把自己的紧张程度按 50%、20%、10% 进行调节。

还有一个实验，用更直接的结果证明了人们对概率的无视。这是学者爱泼斯坦（Seymour Epstein，1924—2016）设计的。在这个实验中，有两个装有很多糖果的碗，第一个碗中有 9 颗白色的糖和 1 颗红色的糖，在第二个碗中有 92 颗白色的糖和 8 颗红色的糖，参加实验的人可以选择任何一个碗，闭着眼睛从中随机抓出一颗糖，如果抓到红色的糖，一颗就可以让他赢 100 元，两个碗赢钱的概率显而易见，第一个碗是 10%，第二个是 8%，但仍然有相当多的人选择了第二个碗，理由是，他们看到那个碗里有更多的红色糖。他们事后解释说："我选择了有更多红色糖的碗，因为它看起来有更多的获胜机会，虽然我意识到它同时也盛有更多的白色糖，赢的概率较小。"

医院的很多医生对此非常清楚，因为这是他们安慰病人，让病人接受手术的一大绝招。例如，某一手术的成功率只有 60%，也就是说

[1] 罗尔夫·多贝里.清醒思考的艺术［M］.朱刘华，译.北京：中信出版社，2016：101.

10 个人中有 6 个手术成功，4 个不成功，这个概率可不高，但医生已经掌握了一个诀窍，百分之百可以留下他的病人。他只要对新来的病人说，上一个病人手术很成功，恢复得很好，一个犹豫不决的病人听到这句话，会立刻感到松了一口气，因为这句话告诉了他一个眼前发生的实例，一个具体的场景，这个实例和场景的说服力很强，令他很容易就会忽视手术成功率只有 60% 的事实。

——图 7.2——

光靠人性是战胜不了赌场和疾病的。也有赌徒赢了赌场的事例，但他靠的绝不是运气，而是概率。

记得我们一开始讨论的贾格尔吗？他不是一名职业赌徒，一辈子就进了一次赌场，却赚了大钱，贾格尔靠的就是概率。记得麦金利吗？他在大学毕业之后，加入了“麻省理工 21 点小组”，在全国各地赌 21 点，赚了一些钱，同时也对数学产生了兴趣，才去读博的。

贾格尔怎样赢钱你已经知道了。我们下面讲讲 21 点，这是除了轮盘和骰子之外，另一种在世界各地的赌场都非常流行的游戏。所谓 21 点，大家很多人都多少知道一点，就是抓牌比大小，玩家可以拿任意数量的牌，但如果手上牌点的总数超过了 21，就算爆了，爆了就是自动输了，即便随后庄家爆牌也算玩家输。

要赢钱，还是要靠概率来算牌。如何算牌呢？

简单地说，就是前面出过的牌会影响后面牌出现的概率。如果用一副牌（52 张，除去大小王）来玩 21 点，这个就很好算，例如发牌员发出牌来，你拿到两个 10 点（10 点包括 10、J、Q、K），庄家亮牌也是一个 10 点，翻出底牌来还是 10 点，那么下一轮 10 点出现的概率就不再是 4/13（即 16/52），而是 12/48，即 1/4。同样，其他点数出现的概率也不是 1/13，而是 1/12。随着游戏的继续，牌在减少，每张牌出现的概率就可以越算越准。到最后一轮，如果你记性好，你就能完全算出对方的牌和点数，当然你就可以押更多的筹码。

上面举的是最简单的情况，牌桌上一般会有五六副牌，甚至更多，所以需要记忆和计算的数字量很大，而且游戏很快，很容易算错。

麦金利参加的“麻省理工 21 点小组”在 20 世纪 90 年代名噪一时。其中最有名的一个人叫马恺文（Jeff Ma），是一个华裔，他和班上一帮同学在反复操练算牌的技术之后，从 1995 年开始出征美国各地的赌城，跟庄家大玩 21 点。

他们的玩法有套路：一到赌场，小组成员便四散开来，在不同的赌桌上算牌，以便锁定胜算最大的桌子，一开始他们只下小注，或者不下注，因为这时候在算牌。他们根据算牌结果来判断后面的可能性，一旦确认某张牌桌后面胜算很大，其他人就一起围拢过来，通过下大注赢钱。马恺文的团队有时候一晚上能赢 100 万美元，现金塞满整个行李袋，不能拖运，只能扛着上飞机。他最后挣了上千万美元，江湖人称“赌圣”。2008 年，好莱坞把他的故事改编成了电影《决胜 21 点》。

算不算牌，差别当然很大。有人统计过，如果不算牌，和赌场的庄家玩 100 把，赢钱的概率是 49%，即 49 把赢，51 把输；如果玩 10 000 把，那只有 1/3 的把数赢钱，2/3 的把数都输钱。玩的次数越多，赌场的优势就越明显。马恺文曾经坦陈，算牌只帮他提高了 3% 的胜算率，但有没有这个 3%，差别巨大。

当然，赌场很快识破了马恺文的套路和他们的身份，“马恺文们”自然成了各大赌场最不受欢迎的人，即使他们化妆进入，也会很快被认出并遣送出来，马恺文只好金盆洗手，转做培训。

就此而言，赌博显然是不明智的行为，不值得提倡。开赌场，摆明就是割低数商群体“韭菜”的，高数商的人应该看透这个基于概率的把戏。好赌的人尤其要从观念上强化免疫力，要知道，赢得赌博最好的方法，就是完全不参加赌博。

中国为什么没有产生概率

一个问题来了，赌博在中国和欧洲一样普遍，甚至在中国的历史还更加久远，为什么中国没有产生概率论呢？

从有记载的人类历史开始，赌博就开始在各个国家和地区盛行。中国自古以来就有对随机事件做出预测的传统——从商代的甲骨占卜开始，再到周代的《易经》，占卜人投掷龟壳和草秆，然后对它们的排列位置进行解读。据说卦是我们的祖先伏羲发明的，到了周文王手里发扬光大。算卦当然也算一种赌。后来的骰子、赛马、斗鸡、走狗、麻将、扑克，这些流行的游戏本质上都是赌。

但在中国的历史记载里，几乎没有任何关于概率思想的记载。

民间流传有一则“狄青占卜”的故事。北宋大将军狄青率军南征，部队士气低落，大军路过桂林城南一座大庙，有人告诉狄青，当地百姓认为此庙菩萨非常灵验。狄青一听，心生一计，吩咐部队停止前进，亲自进庙参拜。他在焚香行礼之后，从口袋里取出一百枚铜钱，在菩萨面前占卜说：“我把这一百枚铜钱抛撒在地上，如果这次出征能大获全胜，就请菩萨让铜钱全部正面朝上。”

从前的铜钱，一般都是正面铸字，反面铸图，一百枚铜钱抛撒下去，要全部正面朝上，这几乎是不可能的事。这一抛岂不是要动摇军心？左右纷纷上前劝阻，狄青一概不听。就在众目睽睽之下，他屏气凝神，把铜钱抛了出去。当时数百人围观，一一看来，果然一百枚铜钱个个朝上。消息传了出去，顿时军心大振，部队最后打了胜仗。故事最后揭晓了真相：原来这一百枚铜钱都是特制的，正反两面都是字。想必狄青和当时的铸币官关系不错，没少用这个方法糊弄群众。

我们知道，启发欧洲数学家开启概率论的一个具体例子就是抛硬币，帕斯卡拿到德梅尔的问题之后，把问题转化为了抛硬币的场景。中国人也抛硬币，也留下了这样的场景和故事，一百枚铜钱个个朝上，当时的人们也认识到这种可能性很小，要说已经非常接近认识概率了，但几千年来，就是没有中国人想过这种可能性究竟有多小，怎么去量化它，没有人迈出这一步啊。

另外一则记载，讲的是宋代著名女词人李清照的故事，她曾经发明了一种同时抛掷三枚骰子的游戏，叫“打马”，并枚举记录了这种游戏结果的不同组合，但她也没能继续下一步，也是关键的一步：量化各种组合的可能性，用频率求概率。

中国古代的数学家，都没能实现这一步跨越，必须承认，中国古代没有产生概率的思想。有可能中国的赌徒也知道如何计算自己的赢面，但这种经验没有转化成理性的论述或者更高级的数学知识。

原因在哪里？可能是偶然，更可能是必然。概率是对不确定之事发生的可能性进行量化的学问。中国古代有句话：人算不如天算。我们的习惯和传统是，只要把一件事归咎于天意，就可以不求甚解了，有什么必要对天意进行量化和计算呢？如果概率被研究清楚，许多占卜也就失去了意义，没了市场，不能糊弄人了。这样的结果，当然很多人不喜欢。

但更可能的是，我们缺乏数字化的思维，我们没有用数字量化万事万物、格物致知的传统，我们习惯于模糊和混沌的思维，没有量化的、锐利的头脑。头脑是圆的，数据思维却是方的，因为它有棱角和线条。

那你会反驳，概率有什么用呢？不就是用于赌博和游戏吗？我们没有发明不也挺好吗？

当然不是这样，概率不只用于赌博。2020 年的春天，中国暴发了新冠病毒肺炎的大疫情，要检测这种病毒，要用到咽拭子核酸检测，你肯定听说过，伴随着这个检测结果有一系列名词：阴性、阳性、假阴性、假阳性，这些名词都带着一个比例，即概率，它们代表了你被真正感染的风险，我们来看一个例子。

> 假设某种疾病由 xyz 病毒引起，该病毒的携带者发病率为 1/1 000，即 1‰，假设现在有化验方法可以 100% 地检测到 xyz 病毒，但是使用这种化验方法的假阳性率为 5%，也就是说，如果一个人携带 xyz 病毒，通过化验就一定可以被发现，但是，一个健康的未携带病毒的人接受这种化验，有 5% 的可能性被误诊为 xyz 病毒的携带者。
>
> 现在，从人群中随机选取一人进行检测，结果是阳性，阳性意味着受检者可能是 xyz 病毒的携带者，那么在完全不考虑个人信息和病史的情况下，这位受检者真正携带 xyz 病毒的概率是多少？[1]

大部分人的答案是 95%，但正确的答案是大约 2%，算错的人会极大地高估携带病毒的可能性，从而增加恐慌，把自己吓到半死。

正确的计算步骤是这样的。1 000 人中有一人携带病毒，这个人被检测出的概率是 100%，假设其他 999 人也接受检测，有 5% 的误诊率，即有 999 × 5%≈50 人会被检测出携带病毒，所以说如果 1 000 人接受检测，那化验结果为阳性的会有 51 人，但在这 51 人当中，只有一位是真正的 xyz 病毒的携带者，所以随机选一人做检测并测出携带病毒，但其真正携带病毒的概率仅为 1/51，即大约 2%。

2% 和 95%，几乎是天差地别，人们之所以会算错，是因为我们习惯于把所有的概率都当作具体的、实际的数字来处理，但是概率是一个比率，而不是一个数字。

当我们用概率预测整个社会的风险时，它就可能构建一个产业。

---

[1] 基斯·E. 斯坦诺维奇．超越智商：为什么聪明人也会做蠢事［M］. 张斌，译．北京：机械工业出版社，2015：148.

在帕斯卡创建概率论之后，欧洲人很快就把它应用到了金融创新之上，例如保险。这个行业的本质，其实就是“赌”，它赌的是未来可能发生的事，人寿保险就是赌你死在什么时候。人寿保险最早在欧洲兴起的时候，很多人反对，这不是拿命来赌吗？他们认为人的生存是上帝的旨意，如果拿去计算和打赌，那是亵渎上帝。但这种观念最后被击败了，当英国社会跨过这一步，商业社会就大大进步了。接下来我们就讲这件事。

从死亡中琢磨出的新行业

1662 年，英国的国王查理二世收到了一封申请信，这份申请要求册封格兰特（John Graunt，1620—1674）为英国皇家学会的会员。皇家学会是在那之前两年成立的，是全世界最早的学术团体组织，后来成了英国顶尖科学家的俱乐部，对每一个入选人而言，它都是莫大的荣誉。可是这位格兰特先生，却是一名经营皮毛生意的商人，没有接受过高等教育，册封一名连学都没怎么上过的商人为皇家学会会员，这是没有先例的。

但查理二世在看了这个人的成就之后，批准了这份申请，皇家学会也立刻投票通过了这个决议。查理二世还叮嘱学会说，如果再发现类似的商人，不管有什么样的争议，一定要把他们吸纳进皇家学会。

这是一段不拘一格选人才的佳话。当然，这首先和英国皇家学会的宗旨有关，这个学会在成立之初就规定：学会的宗旨是认识事物本身，而不是咬文嚼字，全体成员必须说话率直，用词精确，要尽量像数学那样简单明了，“宁愿用手艺人、乡下人和商人的语言，而不用那些学者、诗人的语言”，英国之所以能崛起，成为科学和实验之国，这个学会起了很大作用。

那么格兰特到底凭什么获得国王和学会的青睐，他是一位什么样的人呢？

格兰特的成功人生也从记账开始。他从小在一个商店做学徒，由于机灵勤快，学会了记账，慢慢自立门户，成为一名成功的商人。除了记账，格兰特的第二个过人之处，是他非常强的速记能力，他是一个虔诚的基督徒，能用很快的速度完整准确地把牧师的布道词记录下来。

这些能力，都是数商极高的表现，但他没有接受过正规的教育，完全靠自学获得这些本领。

格兰特住在伦敦。当时的伦敦，受到黑死病、鼠疫等传染病的不断袭击，有大量人口死亡，因此伦敦从1527年开始就建立了死亡名册。到1603年，死亡报告表已经是一周统计一次，当一个社区有人死亡，政府就会派出一位老太太来到死者的家里，收集死者的资料，记录死亡的原因。

这些数据并不完全准确，有很大的随意性。只要死者的家属请老太太喝一杯酒，死亡的原因就可以由“梅毒”变为“肺结核”，为死者家属守住一些颜面。

格兰特梳理了80多年的记录，把看起来一团混乱的表格汇总起来，做成了几张清晰的大表，然后得出了106条令人一目了然的结论。1662年，他把这些基于数据的发现写成了一本90多页的小册子《对死亡公报的自然和政治观察》，这本小册子被呈献给了查理二世，这才有了开头的一幕。

这106条结论有很多只是对现象的总结，很难说有什么深刻的社会意义。国王看了，却觉得很有意思，因为这些结论勾勒了一张社会大图，历史上从来没有人这样总结过。例如：在英国男性比女性多，但医生接诊的男女病人比例是 1 ∶ 2；女病人虽然多，但死亡人数又是男性多于女性；绝大部分人不是死于急性病，而是死于慢性病；只有 7% 的人是因为年老自然死亡；每 2 000 个死亡者当中有一个死于谋杀，每 4 000 个死亡者当中有一个死于饥饿；有些疾病不分季节，一年到头都可以致人死亡，如天花和痢疾，另外一些致人死亡的疾病却有显著的时令性。

如果仅仅凭借这些结论，格兰特写得再多也难以在历史上留下名声，也不太可能打动查理二世，获得他的批准，进入皇家学会。

真正闪亮的“珍珠”是一张表格，一张可以体现死亡法则的“人口存活数表”，上面记录了在不同年龄段活下来的人。

这张表比 80 多年的记录走得更远，给后世带来极大的启发。这不是一张昙花一现的表，它是后来整个英国人寿保险业的基础。从这个意义上来说，格兰特就好像数据领域的哥伦布，他为近代统计学的开拓立下了标志性的功勋。

他的创新在于，统计了每一个年龄段的人口数以及生存的比率。例如，格兰特发现，能活到 16 岁的，100 人当中只有 40 个，而活到 76 岁的，100 人当中才有 1 个。这是他从样本数据中得出的一般性结论，后来这被称为“推断统计”。

通过这张表，人们才认识到，看似孤立的、没有规律的个体死亡事件，放在群体当中就会呈现出某种规律。这个群体越大，观察的时间越长，规律就越明显。只要掌握了这个规律，就能预测一个地区居民的死亡事件，这些发现后来就成了现代人寿保险体系的基础。

表 7.1　格兰特梳理的人口存活数表

年龄（岁）	每 100 人当中活下来的人数（人）
0	100
6	64
16	40
26	25
36	16
46	10
56	6
66	3
76	1
86	0

人寿保险体系，关键在于确定保费。其中的道理，用简单的话说就是，如果人人都活到八九十岁，保险公司却按照六七十岁的平均寿命做保险订单，保险公司肯定是赔不起的。同理，如果社会平均寿命才七十岁，保险公司却按八十岁来计算缴费额度，那么，保险公司太“黑”了，保险可能卖不出去。人们按照格兰特的思路，在死亡率和利息的基础上，计算出了每个年龄段的人寿保险价格，也就是生命保险的现价。

一直到今天，人寿保险费率的计算，遵循的还是格兰特的思路。在人口学定义中，通常以 10 万（或 100 万）人作为 0 岁的生存人数，然后根据每一年当中的死亡人数、每一年末的生存人数，来计算各年龄段人口的死亡率、生存率，列成一张类似的表格，直至此 10 万人全部死亡为止。表上记载的死亡率、生存率就是决定保费的依据，可以说如果没有这张表格，人寿保险就无从展开。

——图 7.3——

考虑到格兰特梳理的数据跨度有 80 多年，他的工作，很可能就是人类历史上最早的大数据工作。

格兰特是第一个对伦敦人口做出推断统计的人，他的工作后来吸引了大物理学家哈雷（就是发现哈雷彗星的科学家）。哈雷放下了自己计算星体的工作，开始为全英国的人口编排一份“生命数表”，这张表使用的是英国全国的死亡记录，可以用来查阅某个指定年龄的人还可以活多少年，即活到某个年龄的概率。例如，在他的表中可以查到，20 岁的人在一年内死亡的概率是 1/100，而 50 岁的人在这一年死去的概率是 1/38，根据这个概率可以确定保险的年金。因为这张表不断完善，伦敦成了全世界人寿保险的源头和中心，开始向外输出经验和制度。

人寿保险对个人来说就是“赌”，但对整个社会来说，可以说是一种储蓄。灾难保险的实质是一种成本的分摊，保险增加了个体、家庭、行业，甚至城市抗击风险的能力，一个没有保险的社会是非常脆弱的。

1666 年 9 月 2 日，伦敦发生巨大火灾，全城被烧毁一半以上，损失约 1 200 万英镑，20 万人无家可归。整个伦敦都快垮了。

这场火，让很多人损失惨重。格兰特的店面也被烧了，他的生意从此一蹶不振。灾难的不可预知性使人类开始思考用什么样的方法才能将损失降到最低。正因为这场火，英国的商人开始抱团取暖，共同应对天灾人祸。

另一个商人出现了，他还是一名牙医。1667 年，牙科医生尼古拉·巴蓬在伦敦开办个人保险，经营房屋火灾保险，第一家专营房屋火灾保险的商行出现了。

人类开始用概率抗击风险，现代保险制度由此诞生。一百多年以后，1805 年，英国人在中国广州开办了中国第一家保险机构。但购买保险的大众意识和做法，还需要再等一百多年，才被中国社会真正接受。

等待社会科学的开普勒

格兰特编制的人口存活数表，还成了后世一个重要学派“社会物理学”（Social Physics）的源头。1687 年，牛顿发表了他享誉一生的论文《自然科学的数学原理》，通过万有引力定律和三大运动定律，他统一解释了宇宙天体和地球上万物的运动规律。受物理学知识大爆炸的启发，社会物理学派认为，所有的社会活动，应该就像天体运动一样有规律可循，其规律可以通过记录的数据来发现，就像格兰特的人口存活数表所展现的那样。谁生谁死难以预料，但每个年龄段的死亡比率非常恒定，这就是规律。心理学、经济学和社会学都应该以物理学为参照，寻找各种社会现象背后的法则和规律。

比格兰特晚一辈的德勒姆（William Derham，1657—1735），是一位制造钟表的专家，也是英国皇家学会的会员。也许是钟表看多了，德勒姆产生了一种联想，他坚信社会也是上帝的杰作，整个社会像钟表一样有规律地运行。德勒姆发现男性比女性出生率略高，其比例大约是 14 ∶ 13，他解释说，这是因为男性要参加战争，要承担额外的死亡风险，所以上帝做出略高的安排；在正常年代里，每年死亡的人数，都会略略低于出生的人数，正是因为上帝巧妙地安排了现存

——图 7.4——

人口与死亡人口的数字关系，人类才能一个一个来到这个世界，却毫不拥挤。

格兰特和德勒姆，一个是皮货商，一个是钟表匠，两人的身份不免让我们对当时英国皇家学会会员的遴选标准产生敬意。确实，英雄不问出处，只要真的有成就，做出的贡献足够大，一个人是什么出身又有什么关系呢?

等到另一个数据奇人凯特尔（Adolphe Quetelet，1796—1874）出现的时候，社会物理学算是有了第一个掌门人，也迎来了第一个高潮。凯特尔是比利时人，他年轻的时候多才多艺，写诗、演戏、画画无一不能，但他最后对数字产生了兴趣。他选择了人类社会的三组数字进行跟踪和统计：犯罪、自杀、离婚。他发现观察面越大，个体的共性就越清晰。就个体来说，单个行为都是令人疑惑的、不确定的、不连贯的、无法则可循的，但是一旦加总全社会的情况，就能发现人群之中稳定的、连续的规律，这种规律可以通过一个国家对这些事件的记录来证明。

凯特尔检查了不同城市、不同月份、不同温度之下的人口出生率和死亡率，在监狱和医院中调查不同年龄、不同职业的人在不同季节的死亡率，然后发现了一些令人震惊的规律。无论在哪个大城市，伦敦或者巴黎，无论经济好坏，萧条也好，繁荣也罢，人类自杀的比例几乎是恒定的，年复一年，在一个或两个时间单位之内，人们会看到大致相同数量的自杀者，死法都是投水、上吊、使用火器、使用锐器、跳楼或者服毒等，就像存在一种引力吸引人去自杀一样。至于犯罪，也同样令人震惊，人类各种类型的犯罪数量，每年的总数几乎处于一个恒定的状态，即年度差别很小，数量非常稳定，他做出论断说：

> 同样的犯罪案件，每年以同样的次数重复发生，并且以同样的比例引起同样的惩罚，这个现象是最奇怪的事实之一……社会包含着一切可能发生罪恶的根源，还有一切罪恶可借以发展的条件，从某种意义上说，是社会给犯罪准备了场地，罪犯则是犯罪的工具。[1]

除了自杀、犯罪，还有人试图对疾病发生的规律进行总结，向格兰特的死亡数表学习，想制订一个疾病数表，最终可以“像对待寿险、火险和航海保险一样对待疾病”。一开始，多数人认为，生死、犯罪和爱情受自然规律的支配，但疾病不是这样的，对一种疾病可以总结发病的规律，但对另一种不行。但随着数据的增多，人们发现确实有规律可循。东印度公司建立了一个大卷宗，从 1823 年开始对伦敦地区 2 461 名员工进行记录，逐个登记他们生病的时间、天数和病种，记录达 10 年之久。此外，部队还保存了大量士兵生病的记录，有人在研究之后发现，一个 32 岁的人，每 8 个星期的工作日就有一天生病，一年恰好有一周生病，而一支部队所有士兵的生病总时间和频率，每年都很齐整。[2] 这些规律的发现，都导致越来越多的人相信，疾病的发生也是可以测量的。我们知道，这种测量的结果，就是今天的健康险，以及基于某些特定疾病的大病险。

这些发现十分可贵，研究对象是整个国家和社会，其中已经蕴藏着今天大数据的理念和方法了。当时的研究者已经认识到，一些事件看起来是随机的，但如果在更大的规模上观察它们，其频率就会接近于一个恒定的比率。这个比率就是帕斯卡在前文提出的“概率”，即

---

1. Ian Hacking. The Taming of Chance [M] . Cambridge: Cambridge University Press, 1990: Chapter 13.
2. 同上 , Chapter 6。

偶然中包含着某种必然，这也是“大数定理”的最早雏形。具体地说，在单个个体身上发生的事件可能是没有任何规律的，但要把它们记录下来，从一年的数据、一个地区的数据，可能也看不出太多的章法，但随着跨年度、跨地区的数据越来越多，群体的行为特点就会在数据上呈现出一种“秩序、关联和稳定”，即这些行为一加总，就会受一种严格的规律支配。

他们因此呼吁建立全国的统计体系，对全民工作生活的情况进行记录。当时的知识精英相信，在大范围、大跨度的记录中，就一定能发现如自然定律般的社会规律，范围越大，记录越细，时间越长，规律可能就越多。这些记录就是社会科学的天文望远镜，这些望远镜一旦造好，就等社会学的开普勒出来总结“人世间的三大行星运动定律”了。

这里我摘选1682年欧洲一位政府官员关于要建立国家统计体系的一段论述，你一读就知道，关于大数据的梦想，其实300多年前他们就有了：

> 为了获得一种精确的规律呈现，统计要伴随一个人整个的人生。它负责记录这个人的出身、受洗、疫苗接种、中小学教育，以及其间的成功和勤奋，离开中小学以及随后而来的高等教育和发展，而且一旦他长大成人，他的体格以及他服役从军的能力，这些都要记录。统计学还伴随着他以后的人生道路，记录这个人所选择的职业，在什么地方成家以及如何管理他的家庭，他何时结婚，娶了什么人为妻。不论事情是向好的方向发展，还是向不好的一边倾斜，统计学都要注视着他。如果他经历了沉船，遭受过物质、道德或者精

神的打击，也照样要记录，只有当这个人死去，统计才能停止——在他死后，统计学还要确认他去世的准确年龄，并记录下他的死因。[1]

当然，一直到今天，这个梦想还没有实现。全世界还有一些学者在追随和发扬社会物理学，今天的社会活动，也远比 300 多年前复杂得多，人们还在等待社会科学的开普勒。

社会物理学致力于寻找社会层面的规律，这种规律如果无处不在，而且像钟表一样，那就是一种历史决定论。这种观点的代表人物是拉普拉斯（Pierre-Simon Laplace，1749—1827），他有一段非常形象的论述：

> 宇宙现有的状态，我们可以视之为其过去的果以及未来的因。如果有一个“智者”，他能知道某一刻所有自然运动的力和所有自然物体的位置，假如他也能对这些数据进行分析，那宇宙里从最大的物体到最小的粒子的运动都可以用一条简单的公式来表达。对这位智者来说，没有任何事物会是含糊的，未来只会像过去一样出现在他面前。[2]

拉普拉斯所说的“智者”，被后人称为“拉普拉斯之妖”。按照牛顿和拉普拉斯的理论，一切都是注定的，前一刻的状态决定了后一刻，只要我们有足够的数据，就完全可以预测历史的下一秒会发生什

---

[1] Ian Hacking. The Taming of Chance [M]. Cambridge: Cambridge University Press, 1990: Chapter 4.

[2] 英语原文为：“We may regard the present state of the universe as the effect of its past and the cause of its future. An intellect which at a certain moment would know all forces that set nature in motion, andall positions of all items of which nature is composed, if this intellect were also vast enough to submitthese data to analysis, it would embrace in a single formula the movements of the greatest bodies ofthe universe and those of the tiniest atom; for such an intellect nothing would be uncertain and thefuture just like the past would be present before its eyes.” Pierre-Simon Laplace. A Philosophical Essay on Probabilities [M] . Mineola: Dover Publications, 1951: 4.

么。万事万物，包括人类，都受规律的支配，人类的思想、行为和他们的心脏一样，都像上了发条的钟表一样工作，沿着预定的轨迹运行，一切皆有定数，一切皆可预测。我们现在之所以不能预测，是因为我们没有掌握足够多的关于万事万物前一刻的记录和数据。

在本章的开头，我们就讨论了进化和演化，它们其实也代表两种历史观：一种是决定论，即一切都是确定的，拉普拉斯就是决定论的代表，抱有这种观点的人，认为人类只要足够聪明，努力地搜集数据，就可以预测未来；另一种历史观认为历史可以是演化的，它发展的每一刻都有多种可能，很多时候是随机的，我们能期待的最好结果就是用概率这种工具把各种可能性表示出来。就此而言，当我们面对不确定的未来时，概率教会我们如何做出决策，它是我们的生活指南。

我个人倾向于支持演化论，人类社会不是钟表，人类有主观能动性。但无论你选择相信哪一种，即使是拉普拉斯的方法，预测未来也需要数据。数据表示的是过去，但表达的是未来。

最后我想指出的是，早期的这种“大统计”研究，也可以被称为大数据的萌芽，它们已经体现出了一种整体和集体的思维，即超越个体，从全社会的角度，长时间跨度地分析社会的规律，集体主义、整体思维和系统思维本来是以中国为代表的东方文化所擅长的，西方的传统是个人主义、自由主义，但率先在整个大社会层面当中发现规律的是西方，而不是东方，原因又在哪里呢？这个问题，我特别想听听你的观点和意见。

——思维拓展训练——

观察、理解概率最好的一个地方就是赌场。事实上，赌场经营的科学性和稳定性远远高于其他类型的企业。如果你去一个赌场，挑战赌场老板说：“咱们赌一把最简单的掷骰子，如果你大，你赢一个亿；如果你小，你把赌场输给我。”你猜老板会怎么说？他百分之百会拒绝你，他靠概率稳稳地赚钱，为什么要和你赌？做赌博生意的人，竟然也鄙视用赌博的方式来做生意！这是对低数商群体活生生的一种讽刺。

如果你想明白了赌场中发生的很多现象，那它们同样可以指导你的生活和未来。已经有很多研究证明，是否具备概率思维对能否正确看待未来极为关键。一个人越喜欢概率思维，预测未来的准确度就越高。

1. 你有一个朋友告诉你，他最不喜欢听到飞机上介绍“机长已经成功飞行一万小时”这样的广播，因为按照概率，他都已经安全飞行一万小时了，这一次出事的可能性岂不是更大？你觉得他说得对不对，应该如何安慰他？

2. 有一个项目，要完成它有十个步骤，每个步骤都有九成的把握可以成功，整个项目成功的可能性有多大？（如果一件事情成功的概率貌似很大，你可以先把它拆解成几个步骤，用这个方法对部分和整体进行分析。）

   A. 大约 35%　　B. 大约 50%　　C. 大约 5%　　D. 大约 90%

3. 有越来越多的女性胸部患上肿瘤，这些肿瘤可能是良性的，也可能是恶性的，恶性的就是癌症。研究表明，在 100 名胸部有肿瘤的患者当中，大概只有一名患者的肿瘤会转化为癌症。医生一般通过 X 光检测来判断肿瘤的性质，如果检测结果是阳性，就意味着肿瘤将引发癌症。但是 X 光检测并不完全准确，其准确率是 85%，即它可以准确地判断 85% 的恶性肿瘤为阳性。当一名女性的肿瘤 X 光检测结果是阳性，她患上乳腺癌的概率大约是多少？

   A. 大约 85%　　B. 大约 50%　　C. 大约 5%　　D. 大约 1%

08

实“数”求是：抗疫要数据，更需要数商

这一章，我们关注如何用数据来对抗危机和灾难。

2020 年年初，全球各地陆续暴发新冠肺炎。截至 5 月 1 日，全球新冠病毒感染人数已经超过 350 万，死亡人数约 25 万，这场突如其来的灾难成了 21 世纪以来人类面临的最大挑战，其影响甚至超过了 20 世纪 30 年代的大萧条。截至本书出版，疫情何时彻底终结仍未可知。

疫情的终结有赖于疫苗，但疫苗的开发需要最少一年的时间。除了疫苗之外，人类对抗瘟疫，数据就是第一支点，也是最有用、最高效的工具和武器。

举个例子，新冠病毒的传染性很强，当一个人被确诊感染之后，我们就要知道他去过哪里，和谁接触过，因为他接触过的人可能会被他传染，成为新的传染源，感染更多的人。以前我们只能靠询问，但遭受感染的人此刻正在被病魔折磨，可能很紧张，也很虚弱，自己记不清也说不清去过哪里，这时候大数据就可以发挥大作用了！

主管传染病的是公共卫生防疫部门，他们可以通过电信运营商

和互联网公司获取这个人近14天的行踪轨迹，即每天他从哪里到了哪里，在每个地方停留多久，用过何种交通工具，包括日期、航班与车次，还有公交卡、网约车、出租车司机等，都有数据和记录，根据这些信息，可以寻找他可能密切接触过的人，对他们进行隔离，以切断病毒的传播渠道。此外，药店也有发烧药和咳嗽药的销售记录，买药、乘车也可能留下手机支付的数据，这些数据也可以辅助公共卫生防疫部门追踪和决策。

疫情初期，中国的数字地图公司纷纷绘制出了人口迁徙大数据地图，这些地图可以回溯春节前后武汉将近500万人的流动情况，即他们从哪流动到了什么样的地方，这对疫情的防控起到了很大的作用。

中国是疫情暴发最早的国家，也是疫情控制最快的国家，一个重要的原因，就是重点地区封城、全民禁足，即有效地隔离。

在疫情快要结束的时候，人们要复工上班，要在同一个办公室上班，如果有人携带病毒，那会引起群体性感染，是非常危险的。手机健康码于是应运而生，用的就是上面的原理，每天进入办公楼的时候，有人给你量体温，你一提交自己的个人信息，你的个人轨迹就在大数据的平台上和其他数据进行碰撞，如果你和确诊的患者乘坐过同一班列车或者公交，去过同一个地方，系统就会提示你需要重点关注，可能需要隔离。

当然，在整个疫情的防控期间，也有数据应用不到位的地方。我注意到，一开始对疫情传染渠道确定说是飞沫，后来，有专家说通过眼睛也可以传染，接下来，又说通过气溶胶、接触，还有粪便的渠道传染。中间有一段时间，大家的注意力转向了公共设施，例如电梯按钮、扶手、火车上的洗手间等，因为怕传染，甚至连电梯里的按钮也不敢按，其间有近两个月，传染渠道一直说不清楚。一方面，人类对新型传染病的认识需要时间；另一方面，也有对病例的数据搜集不详尽、不彻底，分析不到位的因素。

其实数据在流行病的防治过程当中有非常久远的应用，历史上有过很多成功案例。现在我就要和你讲一个我心中的数据英雄，他用数据谱写了人类抗击流行病历史上的第一段数据传奇。这个故事发生在工业革命的早期。

不明其理就会做蠢事

工业革命，是人类历史上划时代的变革，它在英国率先发生，但你现在肯定想不到，当时的英国首都伦敦，作为全世界首屈一指的大城市，真实情况是个什么样子。

毫不夸张地说，它是一个被粪坑包围、恶臭弥漫的城市。你记得英国作家狄更斯的《双城记》一开始的那句名言吗？“这是一个最好的时代，也是一个最坏的时代”，这个描述很无奈，但又很准确。

说起来这和抽水马桶的发明有关。18 世纪末，英国人发明了抽水马桶，从 1800 年到 1850 年，抽水马桶快速普及。坐上马桶，粪便一冲而走，这感觉非常好，但马桶的普及也带来了灾难性的后果，因为当时的城市，即使像伦敦一样先进，也没有一套与之相配的现代污水处理系统。大多数抽水马桶只是把污水和粪便排到了和房子邻近的粪坑当中，而这些粪坑需要淘粪工人来清理，粪便还要用马车来运输。

这个时候的伦敦，正处在快速城市化的进程当中。据 1851 年的人口普查，伦敦有 240 万人口，全世界人口数量第一，但当时的伦敦城市面积只有 90 平方英里（约 233 平方公里），人们挤在狭窄的公寓里，排泄物就沉积在邻近的空间当中。到粪坑来拉粪便的马，就是当时最主要的交通工具，这些马也会随地排泄。这样一来，整个伦敦城弥漫着粪坑、下水道、作坊、锅炉以及牲口穿行街道散发的臭味。

恶劣的给排水条件导致饮用水和污水互相渗透，后来人们才知道，正是这个原因造成了一种烈性传染病的大流行。

这个病就是“霍乱”，当时，霍乱无药可医，染上就是等死，而且症状十分恐怖：患者全身肌肉痉挛，肚子剧痛，同时不停地上吐下泻。一个人体内的水分最后会被排干，整个过程中，患者的神志都很清醒，差不多就是眼睁睁等死。

对英国来说，霍乱也是随轮船和贸易而来的舶来品。1831 年前英国从来没有霍乱，但这之后，欧洲其他地区暴发霍乱，英国也会出现零星的病例，再之后，就是大面积暴发，一共有过 4 次，每次都有数以万计的人死亡，其中 1848 年至 1849 年尤为惨烈，死亡人数高达 5 万人，这引发了大面积的恐慌。

但当时人类一直搞不清楚霍乱大面积暴发的原因。主流的观点就是“瘴气论”，这个观点认为城市里的恶臭空气是霍乱的源头，很多人主张用除臭剂来阻断霍乱的流行，当时的宣传是：“吃热喝热，睡好穿暖，不要在通风的地方睡觉和休息！”可以设想，当霍乱流行，家家紧闭门窗，希望借此逃脱死神的收割。

但事实上，霍乱是通过受污染的水来传播的。1880 年，德国的微生物学家科赫（Robert Koch，1843—1910）在显微镜下发现了霍乱弧菌，霍乱患者的排泄物中含有这种细菌，而饮用了含有霍乱弧菌的水就会感染霍乱。所以预防和控制霍乱，最关键的就是保护水源。

因为不知道真正的原因，伦敦城干过蠢事。当地的政府组织民众进行垃圾大清扫，结果把带有霍乱弧菌的污水倒进了泰晤士河，这些病菌随着饮用水又进入了家庭，导致霍乱再扩大，死的人更多。可以说，因为没有真正了解霍乱传染的原因，伦敦城的人们是在自己给自己挖坑，越清扫越糟糕，人们在不知不觉中集体赴死。

直到斯诺（John Snow，1813—1858）出现，这个错误才得以扭转，斯诺运用数据和夺走数十万人性命的疾病展开斗争，在人类历史上，他是第一人。[1]

难以战胜的人类感觉

斯诺是一名医生，其本业是麻醉。1853 年，维多利亚女王的王子出生，就邀请他担任麻醉师，为皇家服务在当时是很高的荣誉，斯诺算是一名皇家医生。

当时的麻醉术，刚刚出现不久。没有麻醉术时，在医院的手术室里，常常会传出病人惨绝人寰的哭叫之声。1846 年，美国的牙医莫顿（William T. G. Morton，1819—1868）发现可以用乙醚作为麻醉剂，以减轻手术中病人的痛苦，这种方法很快就传到了伦敦。

斯诺发现，乙醚很神奇，但麻醉效果常常不稳定：有的时候非常完美，整个过程病人都处于昏睡状态，但有的时候病人会在手术中间突然醒过来，还有的时候病人根本就不会入睡。他推测根本的原因在于剂量，之所以难以控制剂量的多少，是因为乙醚在不同温度之下密度相差很大。这意味着在不同的温度下做手术，乙醚的使用剂量不同，例如在寒冷的冬天，乙醚的使用量就应该比炎热的夏天少，大部

---

[1] 本章斯诺的故事主要参考了中文书籍：史蒂芬·约翰逊．死亡地图：伦敦瘟疫如何重塑今天的城市和世界［M］．熊亭玉，译．北京：电子工业出版社，2017.

分医生都没有意识到这一点，意识到了的，在实际操作中也是凭经验控制用量，没有标准可循。

斯诺尝试解决这个问题，他制造了一款乙醚吸入器，它通过控制水温来控制乙醚的密度，进而控制病人的乙醚吸入量。为了得到精确的数据，他把刚发明的吸入器固定在自己脸上，释放出乙醚气体，几秒钟之后他的脑袋就耷拉在桌子上。等他一醒过来，尽管双眼迷离，他马上拿起表记下失去知觉的时间。他发现温度每升高 20 华氏度，乙醚的剂量就应该增加一倍。斯诺把不同温度之下乙醚的强度和用量制成了一张表，以供医生使用。

如果说，贾格尔拥有对数据的信仰和机警，达尔文把记录当作一个常年的生活习惯，第谷拥有几十年如一日的执着，开普勒有不厌其烦、长夜战斗的精神，你会看到，斯诺不仅严谨细致，他还有一种大无畏的精神，愿意也敢于用自己的健康和生命去换取数据，他是一位真正的“数据英雄”，是人类历史上第一位配享这 4 个字的医生。对于斯诺，我不忍也无法仅仅用“数商”两个字来评价分析他。

1831 年，伦敦暴发了第一次霍乱。小灾进城，大灾离城，在巨大死亡阴影的笼罩下，城市的居民都成群结队向乡村逃亡。这个时候，斯诺还是一名学徒，他目睹了出城的人流造成交通大拥堵，人走城空，正常的生活被传染病快速摧毁，这些场景令他刻骨铭心。

他是一名麻醉医生，这种传染病跟他关系不大，但医者仁心，他开始关注研究这种病。

当时的人们都传言，霍乱是通过空气传播的，城市里无处不在的臭味和瘴气是这种传染病的根源。

伦敦市政府的户籍办有个统计学家，叫法尔（William Farr，

1807—1883），他的职责就是记录人口的最新变化，例如出生、结婚和死亡。这个法尔非常了不得，他在户政部门工作了30多年，建立完善了伦敦的人口出生和死亡记录体系，他也是我们上一章提到的对疾病进行测量的主要倡导者。在他接手霍乱疫情统计之前，办事员会记录死者的姓名、地址、年龄和死因，但死因往往很笼统。法尔认为，增加记录的变量就会增加数据的价值，他将疾病分成27类，并劝说医生在报告死亡病例的时候，从这27类疾病当中选出一个死亡的原因，所以经他统计的数据，不仅有年龄、地址和职业，还有具体的死亡病因，这给伦敦的医生和卫生机构提供了一个新的制高点，使他们有能力追踪、调查城市流行病发生的时间、地点，分析其模式和原因。

法尔对死因的记录方式后来成为世界各国普遍采纳的模式，但当时法尔也笃信瘴气论，他认为，污浊的空气会郁集沉积在低处，更高的地方空气更好，因此居住在高处的人感染霍乱的可能性要小。为了证明这个推测，他在收集霍乱死亡案例的时候又增加了一个要求，记录病人居住地“海拔高度”这个数据项。

大霍乱期间，法尔每周都发布伦敦市的死亡报表。这些数据好像真的显示出，高一些的地方病人更少，更加安全。

1848年，伦敦暴发了第三次大霍乱。斯诺发现，霍乱患者的最初症状都是腹泻呕吐，“如果真的是瘴气传播，那为什么最先被感染的不是鼻子和肺，而是肠胃？又为什么一家人当中会有幸存者，接触病人的医生也不会被传染？”

斯诺断定，霍乱一定是经口腔进入肠胃的。他推测这极有可能是因为喝了不干净的水。但用当时的科学设备，看不到水里的微生物，被霍乱弧菌污染的水，看起来完全和正常的水一样，仍然纯净透明，斯诺无法说服身边的人相信他的判断。

凡是这个世界的事物，表面看起来越是普通日常、容易明白，要对它们的来龙去脉做出解释、分析和证明就越难，越需要非凡的能力和思想。

斯诺需要的，显然是更多的证据。他深入病区，挨家挨户敲门询问患者和喝水有关的信息。他发现了一个惊人的事实，1848 年至 1849 年霍乱暴发期间，伦敦市共有 7 466 人死亡，其中 4 001 人都居住在泰晤士河南岸，这就意味着南岸的死亡率接近 0.8%，是市中心区的三倍，而伦敦西边和北边的死亡率仅仅是 0.1%。

对此，瘴气论的流行解释是，泰晤士河南岸聚居了大量的劳工阶层，污浊的空气导致死亡率更高。

——图 8.1——

斯诺认为这个解释是错误的，他举出反证说，伦敦东区比泰晤士河南岸聚居了更多的民工，是全伦敦最贫穷、最拥挤的地方，但死亡率只有泰晤士河南岸的一半。斯诺认为真正的原因是，南岸的伦敦人都饮用泰晤士河的水，而北岸伦敦人的饮用水来源并不仅仅限于泰晤士河，而是有多个来源，他分解了各个来源，发现死亡的数据和供水的路线有高度相关性。

斯诺的调查数据表明，饮用A公司水的家庭有1 263人死于霍乱，而饮用B公司水的家庭只有98人死于霍乱。当然，单纯比较死亡的绝对人数是不公平的，因为有些地区住的人多，有的地区住的人少，斯诺又拿每1万户的死亡人数做对比，结论是饮用A公司水的家庭，每1万户死亡人数是B公司的约8.5（315/37）倍。

表 8.1　斯诺进行的饮用水源分析

	家庭数（个）	死亡数（人）	每1万户死亡人数（人）
饮用A公司的水	40 046	1 263	315
饮用B公司的水	26 107	98	37

饮用不同供水公司的水，每1万户死亡人数就会有高达8.5倍的差距，这究竟是什么原因？斯诺又追踪了两个公司的水源，他发现，A公司在流经伦敦市中心的泰晤士河下游取水，而B公司在上游取水，而当时的泰晤士河，已经被霍乱患者的排泄物污染了。

法尔对斯诺的观点半信半疑，他提出：要测定水源对霍乱的影响，必须要有两组居民，这两组人生活在同一海拔高度，活动于同一空间，吃的东西一样，日常活动也要相同，仅仅一方面不同，那就是喝的水，但在现实中的伦敦，显然找不到这样的实验条件。

但斯诺认为，实验已经摆在我们面前。两家公司的管道都通向所有的街道，进入几乎所有的院落和小巷，无论贫富，无论房子的大小，两家公司都等而视之地提供自来水服务，而接受不同公司服务的客户，他们在生活条件或者职业方面也无明显的区别，特别是他们都被同样的“瘴气”围绕，为什么有的犯病，有的没事呢？

1849年，斯诺把这些调查和发现编写为一个小册子《霍乱的传播方式》，正式提出水污染是霍乱流行的真正原因：“再也设计不出比这更好的实验，让我们彻底地检测水对霍乱的影响了，整套实验设计就现成地摆在研究者面前，而且这一实验的规模也非常大，多达30万不同性别、年龄、职业阶层和地位的人，从上流人士到底层穷人，被分成了两组，他们不仅不能主动选择，而且在大多数情况下对这种选择毫不知情。”一组得到了干净的水，而另一组得到了被污染的水，所以斯诺得出结论，水源不干净，才是霍乱传播的真正原因。

斯诺的论断是天才式的，他在“随机对照实验”的概念还远没有产生的时代，就在现实中发现了一次科学实验。我们后文会阐述，科学的实验机制要到20世纪初才被统计学家确立。但斯诺这些论述只有很少的人相信，这个小册子总共才卖出去几十本。大众对瘴气论深信不疑，毕竟，嗅觉是人类一种最原始的感觉，人类相信自己的感觉，就像哥白尼时代的人类相信地球静止一样。人类对感官的迷信可谓根深蒂固，只有一流的头脑才能将数据当作“感觉的替代品”，通过数据来感知我们自己的身体和外部环境。

斯诺告诉法尔，为什么光看死亡人数，瘴气论好像很正确。那是因为在海拔高的地方，人口的密度往往低，因此死亡的人口总数更少，但真正的原因不是这些地方远离瘴气，而是居民远离了泰晤士河下游，水源较为干净。他甚至得出结论说，如果 A 公司将其取水口移到泰晤士河上游，那么就可以挽救 1 000 多人的生命！斯诺最终说服了法尔，在他的统计当中增加了一个新的变量：死亡者的饮用水源。

都是数据分析，为什么只有斯诺才能洞察真正的因果关系？我想这来源于他对事实和规律持之以恒的细致追踪。在很多时候，流于表面的观察都无济于事，最高水平的成就来源于一步一步的追踪和死磕。近半个世纪以来，中国社会一直倡导“实事求是”。事，就是事实；是，则是规律。实事求是即通过事实分析发现事物的规律。斯诺的方法，可以总结为实“数”求是：把事实记录下来，再通过全面细致的数据来寻找规律。

数据英雄的逆行

1854 年的秋天，大霍乱第四次席卷英国，8 月 31 日暴发，3 天就有 127 人死去，10 天之后，死亡人数攀升到 500 多人，其中一个叫宽街（Broad Street）的居民区死亡案例最多、最集中。

这时候的斯诺，每周第一时间就阅读法尔的死亡报表，关注死者的饮用水源，希望在表格和数据中寻找到线索。

虽然法尔收集了供水的来源，但根据这部分数据斯诺做不出任何判断。为什么呢？

这是因为整个伦敦有 10 多个大公司在为城市的不同地区供水，各个公司的地盘互相交错，供水管杂乱无章地交织在一起，仅凭地址无法准确判断供水公司。

斯诺左思右想，无计可施，为了得到这些数据，他最后决定一家一家上门走访。

斯诺走了多少路，我们今天已不可得知。但他很快又碰到了新的困难，即使挨家挨户去敲开每一个患者的门，得到的数据也还是不完整、不准确，因为很多住户根本不知道自家的用水是哪个公司提供的，房子可能是租的，水费可能是由房东支付的，就算是自己付的，也找不到公司的收据，名称还是不清楚。

苦心人，天不负，斯诺又想出了新办法解决这个问题。他在走访中发现，某一个公司的水所含的盐分是另外一个公司的4倍，根据这个差别就能判断水的来源，这样一来他碰到不知道自己供水公司的住户，就取一小瓶水样，在瓶上注明地址，然后带回去检测。

斯诺搜集数据的执着让人感佩。在大多数情况下，数据都没有现成的。搜集数据太难了，就像在风中奔跑，搜集随风飞散的柳絮一样，你需要逐风而行，东奔西走。但对高数商的人而言，这一点是共性：他们都愿意展开搜集数据的行动，都愿意为之付出极大的努力，包括精力和时间，搜集数据所用的精力、体力和时间，可能是分析数据的数倍之多。第谷和开普勒就是最好的例子。

在死亡案例高度集中的宽街，斯诺发现，“几乎所有的死亡案例都发生在一个街头水井附近。只有10个死者的住所靠近另一个街头水井，而其中有5个死亡家属确认，他们一直使用那个水泵，有3户距离这个水井远一点，但死亡的孩子所在的学校就在这个水井附近”。

在这条街上，他还发现，有一家啤酒厂和一家感化院没有一个人死亡。他实地走访了这两个地方，发现啤酒厂和感化院都有自己独立的水井，而且啤酒厂的工人平常只喝啤酒不喝水，斯诺更加确定，水就是人们感染霍乱的最终原因。

现在，让我们设想一下，一个小区暴发了有史以来最为凶险的传染病，惊恐的居民在一片混乱中成群出逃，马车拉着家当往一个方向走，但一名皇家医生选择逆人流而上，挨家挨户去敲门了解死者的生活细节，他走进的每一间房子，都还笼罩在葬礼的阴影和哀号当中。

——图 8.2——

斯诺不仅追踪每一起霍乱死亡的病例，还创新了记录的方法，他将死者的地址在地图上标注成一个一个的点，当所有代表死亡的点都标注上去之后，地图呈现的信息立刻清晰起来：霍乱绝不是像空气一样平均分布在这个地区的，死神的阴影有浓云密布的地方，它是从一个点发散出去的，这个点就是水井！相比于数据，人类的大脑更愿意接受图表，当面对人群，高数商的人一定要想办法把数据转化为图表。

9 月 8 日这一天晚上，是新一轮霍乱暴发的第 10 天，在政府组织的紧急会议上，斯诺展示了自己的数据和发现，并建议立即封闭宽街上的水井，以此切断霍乱的传播。

这在当时，是一个异常艰难的决定，因为如果斯诺搞错了，那些备受死神折磨的家庭，还将没有水喝，没有水用，这无异于雪上加霜；如果他是对的，这个举措就将挽救无数的家庭和生命。斯诺在会议上发言并展示了他的图表，这张图表发挥了巨大的作用，市政理事会最后经过投票采纳了斯诺的建议，当局立即拆除了宽街水井的水泵手柄，以控制水井的使用。

宽街霍乱引发的死亡，由此慢慢地平息下来。

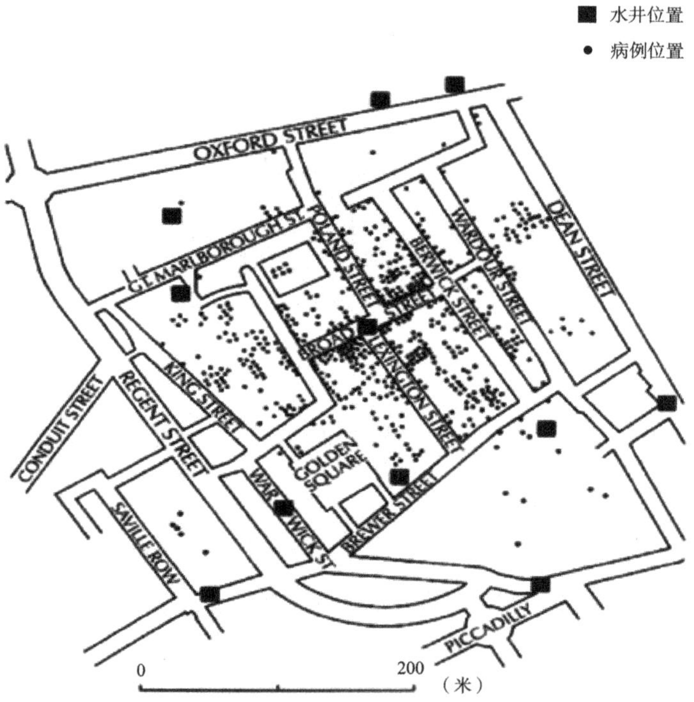

——图 8.3　水井和霍乱的传播——

注：这幅图出现在今天的各种教科书中，它已经成为数据可视化的一个标志性作品，它展示和代表的并不仅仅是绘图技术，而是收集数据的科学原则和大无畏的精神。

后续调查证明，1854 年这一场霍乱起源于宽街 40 号的一名女婴，她被确认感染了霍乱，她的母亲把她的尿布水直接倒进了家门口的化粪池，化粪池的秽物渗透到土里，距离这个化粪池不到 3 英尺的地方，就有一口公用水井。

这名女婴的父亲随后也感染了霍乱，并在 9 月 19 日去世。在丈夫病倒后，这位母亲又开始朝化粪池中倾倒污水，如果当局没有拆除宽街上的水泵手柄，后果将不堪设想。

也就是说，斯诺的判断有效地阻止了霍乱的再一次暴发。

在我看来，斯诺是敢于逆行的英雄，是一名有头脑的英雄。所谓数据英雄，就是一个人有足够的勇气和专业的判断，为真正解决问题起到关键的、压倒一切的作用，如果没有斯诺的行动，伦敦霍乱的局面和后果将会完全两样。

现代流行病学的开创人

这之后，越来越多的人逐渐接受斯诺的观点：霍乱是通过污水传播的。

伦敦市政府也因此开始下决心建设一套现代化的新地下水道，把污水处理和生活供水系统彻底分离开来。

但在这个工程完工之前，1866 年 6 月，伦敦又暴发了一次霍乱。这一次政府立刻按照斯诺的思路，张贴出通知，要求居民不能饮用任何没有煮沸过的水，随后调查发现，在首例死亡案例的发现地，那户人家有抽水马桶，其马桶的排污管道距离一家供水公司的水源仅仅几英尺之遥，而高达 93% 的死者都是这家供水公司的用户。

由于迅速切断了污染源，这场霍乱很快平息，越来越多的人信服斯诺的判断，著名的医学杂志《柳叶刀》发表了评论文章：

> 斯诺的调查富有成效，位列现代医学调查的榜首，因为他的严谨分析和归纳，霍乱经污染水源传播的理论得到了证实。他对人类做出了莫大的贡献，因为他，我们才能找到霍乱传播的源头和途径并迎战，斯诺给我们带来的福音，我们应该铭记不忘。

但在这段评价发表几年之前，斯诺已经离开了人世。他是病死的，时年 45 岁，据称他的早逝跟他年轻时做实验吸入了太多的麻醉气体有关。今天，斯诺被全世界尊称为“现代流行病学之父”。流行病学，就是为了遏制不明原因的流行病而产生的学问，其中的关键，是为流行病之所以流行找出真正的原因。斯诺是这一门学问的开创者，从他的故事你可以看到，寻找真正的因果关系，是一件高难度的事情。我认为，斯诺之所以能戴上后人给予的这顶桂冠，关键在于他对数据的细致、严谨、执着和信靠的态度。

斯诺的故事并不是孤例。19 世纪 40 年代，维也纳总医院流行产褥热病，很多孕妇在医院中死亡。这个医院的产房有两个部门，一个部门由医生给孕妇接生，而另一个部门只有助产士接生。但奇怪的是，由医生接生的部门，死亡率是 12%，而由助产师接生的，死亡率是 3%，两者相差巨大。当时有一名医生叫塞麦尔维斯（Ignac Semmelweis，1818—1865），他注意到了这组异常的数据。1847 年，一名教授在给一名死于产褥热的妇女做尸检时不慎划伤了手指，随后死亡。塞麦尔维斯由此断定，孕妇死亡的真正原因是医生的手上沾染了不干净的东西。他于是游说医院出台一项新的规定，医生在对孕妇进行检查之前一定要用氯液洗手。在实施这个规定之后，两个部门产妇的死亡率大幅降低，分别下降到 1.27% 和 1.33%，医生终于做得比助产士更好了。

但塞麦尔维斯的做法同样不为当时的大众和同行医生所接受，因为人类那时候看不到细菌，大部分人认为塞麦尔维斯是可笑的，直到塞麦尔维斯死后 15 年，人类才从显微镜下看到导致产褥热的链球菌。

塞麦尔维斯被后世称为“母亲的救世主”。但如果你生活在塞麦尔维斯的时代，你会相信他的推断吗？高数商群体的一个特征，就是能用数据代替感官来进行思考。

——图 8.4　纪念斯诺的水泵和酒吧——

注：你如果去伦敦，现在还可以看到当年拆除了手柄的水泵，它在布罗德维克街（Broadwick Street）上。隔街相对，有一间以斯诺的名字命名的酒吧。

1868 年，整个伦敦市的地下水道体系建成使用，伦敦的恶臭渐渐消失，饮用水的质量逐步提高。这套系统一直使用到今天，至今还是伦敦污水处理的中流砥柱。

1892 年霍乱再次来袭，德国汉堡成为重灾区。

当这个消息通过电报传到英国，伦敦的市民无比焦虑，因为在这之前的 60 年里，只要汉堡发生霍乱，病菌就会越过英吉利海峡传到伦敦。但这一次，新的地下水道真正成为一道防线，完全把病菌隔离了。自此之后，对伦敦而言，霍乱彻底成为历史，再也没有在英国流行。

1892 年德国汉堡的这一场霍乱，带走了当地近一万条生命。这个代价相当巨大，因为汉堡的人口只有伦敦的 1/7。在 19 世纪 70 年代，德国汉堡也学习伦敦，修建了一套现代化的地下水道系统，但是后来发现其系统设计有缺陷，没有保证污水和生活用水完全分离，这正是导致霍乱再次暴发的原因。

中国人对霍乱的理解和治疗

在历史同一时期，中国正处于清朝，我们当时对霍乱这种疾病的解读和治疗，只能用一团乱麻来形容。

霍乱传入中国的最早时间，学者并没有定论，但比较一致的看法是，1820 年，即清嘉庆二十五年，世界性的霍乱传入中国，其强传染性和导致死亡的惨烈程度，也引起医生和民众的巨大恐慌。

据记载，当时的疫情非常惨烈，广东、福建、台湾等沿海地区是重灾区，霍乱感染者十之八九，都没有办法救治，棺材销量剧增，奔丧探亲也可能感染疫情。

传统的中医认为，霍乱的表征为肠胃疾病导致的吐泻，其原因是饮食不节制、阴阳失调。对于严重吐泻所造成的脱水症状，中医解释说，“霍乱而转筋者”乃是“冷气入于筋故”，血气虚弱和阴阳失调。例如光绪年间，名医徐士銮著《医方丛话》一书，就分析了节气、地理环境、个人易感体质、饮食习惯与感染霍乱瘟疫的关系。他认为南方“地卑气薄”是导致居民多发吐泻痧症的重要原因。

基于以上的解释，中医的治疗方法主要有以下四点：一是刮，邪气有进去的地方，必然也可以出来，“肩、颈、脊、背、胸前、胁肋、两肘臂、两膝弯等处，皆宜用棉纱线或苎麻绳或青线或瓷碗口，醮菜油自上向下刮之，以红紫色绽方止，项下及大小腹软肉处，以食盐研细，用手擦之，或以指醮清水撮之”；二是灸，以灯芯草蘸油点燃刺激身体的若干穴位，或者“炒盐适量，用布包后熨灸心腹，待热气透达后，又以一包熨灸背部，待手足回温后，再服神香散一钱，寒重则再服”；三是洗，“生大蒜，杵烂，贴两足心，或吴茱萸一两，研末，盐卤和，涂两足”；四是针刺，刺血泻邪，即用针刺某些穴位，把邪血放出来。[1]

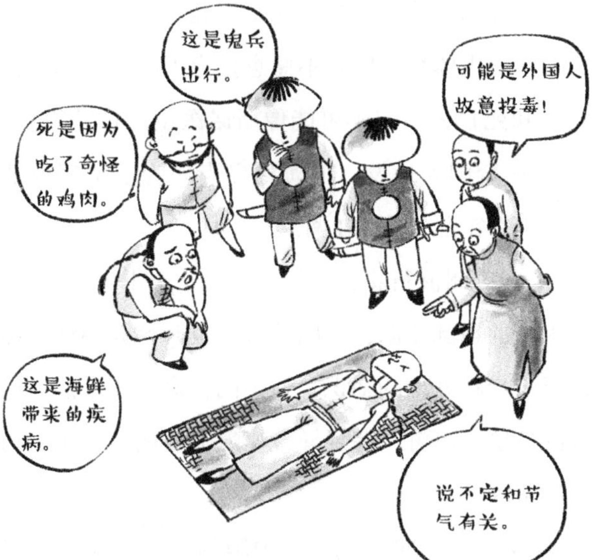

——图 8.5——

[1] 袁恺等. 从《随息居重订霍乱论》探析王孟英治疗霍乱之中医外治法［J］. 云南中医中药杂志，2018，39（5）.

除此之外，民间到处都流传着各种稀奇古怪的猜想，有人指出天有异象，“四月朔，日月合璧，五星联珠”，有鬼兵出行；在江浙地区有鸡翅生爪的传闻，“民间盛传鸡膀生爪，三爪可食，四五爪不可食，食之杀人”，以致民间争先恐后杀鸡；还有人猜疑是海鲜鱼类及瓜果等饮食致病，有“巨鱼”入港，“人多脔而食之，灾后未几，遽发大疫”，或者“甜瓜剖之有血，食之立病”；而在山东等地，外国传教士较多，又产生了纸人作祟、外国人投毒水井传播疫情的谣言。[1]

究竟死了多少人呢？对不起，根本没有细致的数据和统计，很多地区都只记录死了数万人，到底多少，完全是笔糊涂账，只能说成千上万。

也就是说，数据的追踪和统计无从谈起。当时的中国，没有建立一套成形的公共卫生体系，国人不愿意把家人的死亡信息公开，因此对全面的疫情和死亡人数，不可能像斯诺医生那样获得实际的统计。1932 年，霍乱在全国大暴发，上海租界当局为了掌握疫情，不得不规定，每报告 1 例霍乱，酬银 1 两。

到 1885 年，广州流行霍乱。这个时候，德国的科赫已经确认了其病源就是水中的霍乱弧菌，中国的报纸也开始介绍西医流行病学如何对霍乱进行治疗和处理的知识，但中国大众对霍乱病因的讨论，还是聚焦在脏乱环境、海鲜、蔬果导致瘟疫流行的讨论上，可见传统的思维如何根深蒂固。

直到 1904 年，广州霍乱流行，中国的第一个女西医张竹君女士（1876—1964）指出患者呕吐秽物污染了江河水源，扩大了疫情传播，

[1] 单丽．清代霍乱病因认知（1820—1911）——以中医和地方文化为中心的考察［J］．地方文化研究，2018（6）．

她建议当局用船从广州郊区运水供市民饮用。她的建议被政府采纳，两广总督派出 4 艘退役军舰，拖载 40 条水船运水供广州市民饮用。几周之内，疫情就被控制下来，这成为中国流行疫情防控历史上的经典案例。

我们前面提到了李约瑟之问，中国为何不能产生现代科学。这个李约瑟难题，成了近一百年以来中西比较研究的热点话题。大科学家爱因斯坦也曾讨论过，他认为，形式逻辑体系和通过科学实验发现因果关系，是近代科学得以发展的两个基础，和西方相比，古代中国在这两个方面都非常薄弱。

过程往往更能揭示真相，细节常常更能说明问题。本章斯诺的故事，讲的就是他如何通过数据搜集、分析和逻辑推理对抗灾难，拯救人类的生命，他实“数”求是的数据思维，给后世的流行病学打下了深刻的烙印。我认为，斯诺给后代展示的，不仅仅是一个高数商的抗疫思路，还有大无畏的英雄行为，他是历史上为数不多的真正的数据英雄。

对于李约瑟之问，大家心中可能各有答案。但我相信，这个故事一定有助于我们理解中华文明的短板和它伟大而坎坷的征程。

——思维拓展训练——

很多人读了斯诺的故事，会强烈地感觉到这好像一个侦探在破案，因此斯诺被后世冠上了“数据侦探”“侦探医生”的美名。这种感觉还真没错，伟大的侦探都要有一种本领，那就是通过蛛丝马迹来判断因果关系，这当然需要数据。福尔摩斯在面对一宗疑案时，曾经情不自禁地喊出声来：“数据！数据！给我数据！巧妇难为无米之炊。”今天警察要破案，核心能力就是大数据分析。下面两道题帮助你思考如何像侦探一样找到真正的因果关系。

1. 在一个小镇上，有一个警察局长发现，当冰激凌的销量上升的时候，当地的犯罪率也会上升。他把当地冰激凌的销量和案件的数量关系制作成一个散点图，这些点竟真的清晰地表明了两者的上述关系。你认为下面哪几个说法是正确的？

   A. 控制并减少小镇冰激凌的销量，可以降低犯罪率

   B. 这是两种独立的趋势，不过碰巧同时出现而已

   C. 冰激凌和犯罪率不是因果关系，而是相关关系，因为天气变热，犯罪会增多

   D. 虽然控制冰激凌的销量不能减少犯罪，但可以用冰激凌的销量预测犯罪

2. 氡是一种放射性气体，它可以从地基渗透到建筑物中，并在房屋关闭的时候累积相当高的浓度。有医生认为过浓的氡气会导致肺癌。在美国科罗拉多州，氡气很常见；在中国香港氡气不常见。研究人员对比了两个地方的肺癌发病率，发现基本相同，因此得出结论说，氡气不是导致肺癌的原因，你认为：

   A. 凭借这组数据可以得出这个结论

   B. 凭借这组数据不能得出这个结论

09

一个高数商模范生的超级成就

第 5 章说到达尔文有一个表弟，叫高尔顿。他设计了一份问卷，寄给达尔文，请他作答。

还记得这份问卷吗？他要求达尔文回答一系列关于背景、生理特征、教育和兴趣的问题，并对比达尔文和他父亲的差别。高尔顿不仅把这份问卷寄给了自己的表兄，还寄给了英国皇家学会的 200 多名成员，通过问卷这种方式进行大规模数据收集，他是历史上的第一人。

高尔顿为什么要做这次问卷调查呢？说起来他是受了他表哥达尔文的刺激和启发，1859 年，达尔文发表了他的震世名著《物种起源》。这本书最重要的一个观点就是，人不是上帝创造的，而是由猿猴进化而来的，各个生物种类在大自然中物竞天择、适者生存。达尔文的论据绝大部分都是各个物种有形的特征，高尔顿由此推想，人类除了身高外貌这些有形的特征之外，一些无形的特征，例如智力和心理，很可能也遵循一种代际之间的特殊规律，即上一代会影响到下一代，每一代人都会受遗传的影响。

他的这些想法，给后世带来巨大的影响。

达尔文认真细致地填写了他表弟的问卷，他列明了自己的身高、发色、眼珠的颜色、政治倾向与宗教信仰，在左边一栏按条目列出了他自己的特质，右边一栏则列出了他父亲的特质。达尔文回答自己的性情是“有点神经质”，而父亲的性情则是“自信”，自己“非常好学”，而在父亲那一栏，他坦白写道：“不是很好学，思想的包容度也不强，但他是奇闻逸事的大收藏家。”

不难发现，达尔文这位天才级的人物，并不认为自己的才华遗传于他的父亲。达尔文认为遗传对智力的影响实在是非常小，大部分人的智商相差不大，他曾经用这样的话专门回答了高尔顿的询问：“一个人到底能取得多大的成就，主要取决于他的热情和专注程度，这两个因素才最为重要，而不是智商。”

后来证明，“智商”是一个非常“危险”的话题，如果智力可以遗传，那就是“龙生龙，凤生凤，老鼠的儿子会打洞”。高尔顿确实被后世称为遗传学、优生学的创始人，他的学说和主张后来也被纳粹采纳，甚至被歪曲成为判断种族优劣的理论根据之一。虽然和高尔顿当初研究的初衷并不一致，他也并不知情，但这在一定程度上影响了他在后世的名声。

虽然受到纳粹的拖累，但高尔顿仍旧在历史中灼灼生辉。除了遗传学家、优生学家，他还是一名探险家、发明家、气象学家、统计学家和心理学家，戴在他头上的高帽子委实很多。科学史上像他一样涉猎广泛的人不少，但能在每个领域都做出贡献，第一名拿到手发软的人确实不多，究其原因，我认为是他数商极高，堪称一个高数商的模范生。

高尔顿从小就是一个行动主义者。16 岁的时候，他的父母想让他成为一名医生，把他送进了一所医学院学习。高尔顿非常好奇各种药的机理，他想通过自己亲自尝试每一种药物来检验它们的作用。他翻开药典，打算从字母 A 开始，一种一种试，结果他在字母 C 停下来了，因为他碰到“croton oil”，即巴豆油，这是一种强力泻药，吃了就会不停地拉肚子，这一次恐怖的经验让他最终放弃了尝试整个药典的计划。

这令我想起神农尝百草的故事。神农氏本是三皇之一，相传出生在烈山的一个石洞，而且牛头人身。由于特殊外形和勤劳勇敢的品质，他长大后被推选为部落首领，因为他的部落居住在炎热的南方，称炎族，大家就称他为炎帝。神农氏为了找到最好的医药，誓言要尝遍所有的草，最后因尝断肠草而逝世。

他们都敢想敢做，都有一种对真理的执着。其实，所谓创新，更重要的是“创”，而不是“新”，先要敢创，才能出新。创才是原因，新只是结果。

高尔顿 22 岁的时候，他的父亲去世了，给他留下了一大笔财产，他马上离开医学院，走向了社会。受到达尔文搭乘“小猎犬号”环球考察的启发，他去了非洲，花了很多时间在那里游历探险，猎杀非洲南部荒野的狮子、大象和犀牛。他把游历探险的经历写了出来，这给他带来了巨大的声誉，当他返回英国的时候，在大众的印象里，他已经是一名小有名气的探险家了。

但这名探险家有一点很不一样，他非常相信测量和数据，甚至用这种方法对女人的身体进行探索。他在撰写的游记当中，曾经谈到自己在 1850 年游历南非时，碰到过一名霍屯督女人，她非常漂亮，身材一流，线条几近完美，令高尔顿赞叹不已。

眼前出现一个美女，高尔顿的第一反应居然不是去认识她，向她表白或求爱，而是想去对她身体的那些完美部位进行测量。但这明显是一个唐突的行为，不可能得到对方的同意，而且高尔顿也不会说霍屯督这个种族的语言，于是他立即拿起身边的六分象限仪，也就是第谷发明的那个仪器，从远距离开始测量这位美女的身段。他在游记里是这么记录的：

> 我崇拜的对象就站在一棵树下，一直不停地全方位地转换着方向，恰如希望被人崇拜的女性那样……我从各个角度对她的身材进行了一系列的观察，包括自上而下、正反向交叉、对角线过渡等。我小心翼翼地画了个轮廓，以便详细地标注，生怕出一丁点儿的差错，做完这些之后，我壮着胆子

——图 9.1——

拿出软尺，从我刚才站立的地方丈量到她刚才站立的地方，由此测出了直线距离和夹角距离，随后我用三角算法和对数算法计算出了最终结果。[1]

游历探险始终只是他的业余爱好，这种奢侈刺激的生活之所以可能，是因为他财力雄厚。但高尔顿没有沉迷其中，达尔文的发现和成就刺激了他，他也想成为一名科学家。结果在数据的带领下，他进入了一个又一个领域，在这些领域当中，他对测量乐此不疲。凭借数据，他一次又一次实现了自己的价值。

第一个领域是气象预报。天气预报在今天看来再平常不过了，但在 19 世纪以前，如果有人说他可以预测天气的变化，那就是天方夜谭，会引来一阵哄堂大笑。这是一个人类知识远远无法企及的领域，长期以来，人们认为刮风下雨完全是上帝的旨意，雷电、暴雨、冰雹、旋风、海啸、飓风……这些极端的天气令人恐惧，一场台风可能夺去数万人的生命，人类对此根本束手无策。

天气预报之所以在高尔顿的时代变为可能，是因为美国人莫尔斯（Samuel Morse，1791—1872）在 20 世纪 30 年代发明了电报。在此之前，人类传输信息的速度就是一匹马奔跑的速度。古代中国遍布全国的驿站就是一张信息情报网，为了让信息传递得更快一点，人们只能不停地在驿站换马。1812 年美英战争结束后，双方的主将已经握手言和，举行了签约仪式，但两周之后新奥尔良那头的战士还一直在厮杀，因为消息传递到那里，至少也需要一个多星期。当然，有更快的，比如“烽火戏诸侯”中的烽火，可是一把火能传递的信息量实在太有限了。

[1] Francis Galton. Narrative of an Explorer in Tropical South Africa [M] . 1853.

电报发明之后，信息跑得就不知要比马快多少倍了！人们发现，很多恶劣的天气就像风一样，会从一个地方吹到另一个地方，例如一场风暴在英国的西部港口登陆后，可能行进到中部和东部，但它需要时间，这就给预报提供了可能。借助电报，中部和东部地区就可以提前预知风暴可能会刮过来。

当时伦敦有一个非常知名的气象专家，用的就是这个思路，他叫菲茨罗伊（R. Fitzroy），曾经是一名海军将领，因为海上航行的经历，他痴迷于对天气的研究，在退役之后获得了当地政府的支持，利用电报的网络搜集欧洲各地的天气数据，并建立了一个恶劣天气预警系统，每天在报纸上公布他预测的各地天气。可以说，他建立了全球第一份官方天气预报。

要说菲茨罗伊可是为天气预报事业做出了开创性的贡献，但他的下场可悲可叹。因为预测常常不准，他被攻击为骗子、伪君子，浪费公共资源，天气预报也同时被污名化，被称为“英国的祸害”。在社会、媒体、政府、大众以及家族等多重压力和质疑之下，这位认真的天气预言家在 1865 年的一个晚上，用一把剃刀结束了自己的生命。

菲茨罗伊死后，有人为他大鸣不平，重新核对了他的预报，结果发现，三年里菲茨罗伊发布的预报中其实有高达 75% 的预报是正确的，即 100 次有 75 次得到了后来天气的印证。

但人们为什么对那 25 次错报或者漏报如此不宽容呢？

之所以把一名预报员逼上死路，是因为有很多人真的不理解天气预报的机制和原理，不懂我们前面提到的概率，直到今天，类似的无知也普遍存在。例如，你是不是常常会听到有人说，这天气预报，实在是不准啊，说今天下雨，怎么没下呀。

真相是，即使没下，也不能说明预报不准！

天气预报可能是这样说的：明日降雨的概率为 90%。那么请问，如何理解这个数据 90% 呢？下面有三个选项：

1. 明天有 90% 的时间会下雨；

2. 明天有 90% 的地方（按土地面积算）会下雨；

3. 明天出门的人，会有 90% 的人淋到雨。

其实这三个都不对！即使第二天是个大晴天，也不能说天气预报是错的，因为预报也说了有 10% 的可能不下雨啊。现在你明白了，光凭一次预报是不可能下结论的，但我们又不是神仙，让同一天反复出现，因此也不能靠这种方法来判断预报员的对错。我们只能让他预报明天、后天、大后天，连续 10 次，如果气象预报员预报了 10 次“明日降雨的概率为 90%”，那么至少应该有 9 次是下雨的，如果少于 9 次，你才可以下结论说：预报不准！

所以上述预报真正正确的意思是，在 100 个类似于明天这种气象条件的天气里，有 90 个会下雨。至于 10 次当中不下雨的到底是哪一次，预报员也不知道，如果他知道，那他就能判断明天 100% 下雨或者不下雨了！

日常生活中，这样的描述很多，比如医生会告诉你，这个手术的成功率是 50%，这个药有 70% 的可能对你有效（我们前面讨论过），经济学家会在报纸上发表评论说，当前的经济情况表明，我们有 60% 的可能陷入衰退，都是类似的意思。

高尔顿对当时的预报也极为不满，他很快投入了这项工作。他认为，报纸上的气象数据太枯燥了，人们根本不愿意看，也很难研究，他想用图表的形式来记录气象数据的细节，让阅读者看一眼就能在脑海中形成天气好坏的画面。

他决定用真实的数据来做模型。高尔顿选择了1861年的12月，希望描绘出这个月整个欧洲各大城市的气象状态和变化。他写信给欧洲各地的天文台和气象学家，希望他们提供当地的数据，不仅用英语写，还用法语、德语写。可以想象，有很多个国家，例如法国、瑞士、丹麦、瑞典都对他的要求置之不理，但高尔顿没有放弃，他又通过自己朋友的网络来搜集当地的报纸。最终，他建立起了1861年12月欧洲每一个地方、每一天的数据库，然后对这些数据进行归类、计算、删减，绘制在他的地图上。

这项工作漫长而又枯燥，直到1863年10月，他的努力终于结出了果实。他一共绘制了93幅图表，展示了1861年12月欧洲大陆各大城市每天早晨、中午、晚上的天气情况。他用特定的符号表示阴晴雨雪、云层厚度，以及气压、温度和风向，这样的天气图无疑非常生动，很容易理解，不但可以轻松地走进千家万户，还方便研究者比较各地的气候变化及规律。

高尔顿把这套方法写成了一本书《气象图绘制方法》。这套方法和框架首先被报纸借鉴，一直到今天还在使用，这也是数据可视化在气象领域最早的应用。在这近两年的辛苦工作过程中，他还发现了一种新的气象模式，命名为“反气旋”。他是历史上系统阐述反气旋模式的第一人，这个名词一直沿用至今。

除了画出欧洲的天气地图，高尔顿还曾经画出美女在英国的分布地图。他和他的表哥达尔文如此不同，达尔文非常专注，可以数十年一门心思研究进化论，高尔顿却兴趣广泛，不停地变换着自己追逐的目标。也不知道他大脑中哪根筋突然转动了一下，他突然想知道英国哪个城市的漂亮姑娘最多，他的方法就是实地调查。他来到一个个城市的大街上，目不转睛地盯住从他身旁走过的每一个姑娘，然后给她们一一打分。

收集数据这个过程本身可能是枯燥的，但收集数据的方法很需要创造性。为了不吓跑姑娘，高尔顿发明了一个叫“刺孔针”的装置，这种装置由一根安在套管上的针和一张十字形的纸组成。在这张纸的不同部位刺孔，分别代表“迷人”“漂亮”“中等”以及“令人反感”。他把手放在口袋里，偷偷地、快速地摆弄他的记分器，刺孔记下自己对每一个女性路人的外貌评价，然后回家处理数据。

几个月之后，他画出了一幅不列颠群岛的“美女地图”。他的地图表明漂亮姑娘最多的城市是伦敦，而美女最少的城市是阿拉丁。

在研究气象的过程中，高尔顿注意到了一个全国性的争论：当时很多人认为天气是上帝的旨意，但人类可以通过祷告来祈求上帝改变天气。这真的管用吗？祷告真的能够改变天气？又该如何向上帝祈求呢？和高尔顿同时代的一位气象学家曾经这样质问一位教堂的牧师：

> 请允许我做一个假设，比如某个地方下了很长时间的雨，我们是请求上帝改变海洋的潮汐、大陆的形态、地球旋转的速率，还是改变太阳和月亮的作用力、光照和速度？或者所有的这一切一个都不能少？我想请问一下，我能请求上帝改变天空和天气吗？哪怕只有一天！

如果是上帝控制天气，那气象研究就是研究神的意志，向神祷告，求神保佑，到底有没有用呢？高尔顿把注意力转向了大众的祈祷行为。

当时英国的每一个孩子每一天上课前都要祷告，在祷告词中，无一例外，他们请求上帝赐福维多利亚女王，让她健康长寿，成人的祷告也大多如此，因此，女王是得到祷告和祈福最多的人。

维多利亚女王活了81岁，在那时候算是高寿了，难道祷告真管用了？高尔顿统计了所有国王和王后的年龄，发现他们的平均寿命是64岁，他又统计了贵族和上层人士的寿命，发现他们的平均寿命居然比国王和王后要高，而国王和王后竟然是所有过着锦衣玉食生活的人当中寿命最短的，可他们明明是得到祷告和祈福最多的人啊！显然，高尔顿断言，祷告并没有什么鬼用。

在这个过程中，他发现，除了王公贵族，寿命最长的普通群体居然是牧师，他们大部分人都可以活到70多岁，难道是因为他们会用很多时间向上帝祷告，求神保佑吗？

高尔顿认为也不是，他认为真正的原因是，大部分牧师拥有闲散的生活节奏与和谐的家庭生活。为了获得证据，他走访了好几个保险公司，去调阅索赔文件。他发现有相当一部分索赔都是由牧师或者在教堂工作的人员提出来的，没有任何证据证明牧师会得到上帝额外的庇护。牧师出海同样需要买保险，当保险公司向一艘远航的船只销售保险的时候，他们也从来不会问这艘船上是否有牧师，是否有人替他们祷告，而只关心这艘船的装备情况以及船长、船员是否具备足够的远航经验。

这些事实都证明，祷告其实没有什么用。

高尔顿也拿自己做实验，他在第一个星期向一尊神像祷告，然后停一个星期，完全不祷告，他发现他的生活没有任何变化。他于是公开向英国的国会呼吁，建议通过一项法律，要求英国的教堂也像他一样做一做实验，一个星期祷告，另一个星期不祷告，然后看看国家发生了什么事，是进步还是退步，是稳定还是动乱，最后决定是否要倡导全体国民祷告。

做实验是收集数据、验证假设的一个重要方法。可以想象，他的这些建议不仅不会被国家采纳，还得罪了很多人，高尔顿于是被攻击亵渎宗教和神灵。这要是发生在那100年前，他就可能被投入监狱，但那个时候，工业革命已经开启，对宗教的质疑和讨论在英国已经开始平常化了。

讲到这里，你可能已经意识到，高尔顿是一个精力非常充沛的人，他拿到什么就研究什么，而且他的信条是：首先收集数据，只要能计数，就一定要计数。

达尔文曾经评价自己最大的优点是记账，高尔顿也评价过自己最大的优点，同样是两个字：测量。他是一个由测量驱动的数据狂人，可以想象，这样的人一定为统计学也做出了杰出的贡献。

没错！

在他读了达尔文的《物种起源》之后，他就把研究方向对准了人，致力于关于人体的数据收集和分析。1884年，他正式设立了一个人类学测量室。在测量室内，人们可以测量记录自己的身高、臂长、体重、肺活量、拉力、握力、听力、视力、色觉等多种生理指标。在6年时间里，该测量室共收集了一万名男女的详细资料，为人类的个体差异研究提供了大量数据。

高尔顿相信概率，他认为“在最具野性的混乱之中，概率以宁静和完全平淡的方式实施帝王般的统治”。他首先研究了身高和遗传的关系，高尔顿和他的学生皮尔逊（Karl Pearson，1857—1936）搜集了1 078对父子的身高数据。通过分析这些数据，他首先发现了一个总的趋势，那就是如果父亲身材高，儿子一般也高。这很平常，但高尔顿在对数据进行深入分析之后，发现了一般人发现不了的一些有趣的现象，并且为统计学的发展奠定了几块非常重要的基石。

——图 9.2　高尔顿被后世认为是统计学的创始人之一——

他的发现是，当一个父亲的身高比较高时，他儿子的身高比他更高的概率就会比较小；当一个父亲比较矮时，他儿子的身高比他更高的概率就会比较大，即“高爸爸的儿子更可能比高爸爸矮，矮爸爸的儿子更可能比矮爸爸高”！高尔顿把这一现象叫作“向平均回归”（regression toward mediocrity）。也就是说，就身高而言，子女往往不如其父母异常。

你可别小看这句绕口令一样的结论，它包含着深刻的哲理，你想想，如果“高爸爸的儿子更可能比高爸爸高，矮爸爸的儿子更可能比矮爸爸矮”，人类的身高就会随着代际传承迅速两极分化，高的更高，矮的更矮，这非常可怕，向平均回归确保了物种的相似和稳定。

这种情况在人类的能力和智力领域也同样存在，一个人才能出众，他的子女就不太可能像他一样出众，例如，音乐家巴赫的子女在音乐上可能比普通人更出众，但他们更可能不如其父亲那样出众。高尔顿追踪了很多家庭，他发现，在杰出人物的儿子当中，只有 36% 的人仍然是杰出人物，在其孙辈当中，还能称得上杰出的只有 9%。大自然像有一种约束力，人类也会“向平凡回归”。

诺贝尔经济学奖得主卡尼曼教授（Daniel Kahneman）也讲过一个类似的例子，令人印象深刻。他有一次在空军讲课，建议军官对下属多鼓励、少批评，并强调说已经有充分的证据表明，正面鼓励比打骂批评更加有效。这时候有个军官当场表示不同意，他说我的经验正好相反，如果有个飞行员一天飞得特别好，我当场表扬他，他第二天往往就飞得没那么好，可是如果有一个人飞得特别差，我骂他一顿，他第二天就飞得更好了，这不恰恰说明表扬没用、批评有用吗？

卡尼曼是心理学家，他一时语塞，不知道如何回答。后来他才想明白，这就是高尔顿说过的向平均回归。飞得特别好，这件事不容易发生，你表不表扬他，他下一次也会向平均水平回归；飞得特别差，也是小概率事件，你批不批评他，他也会向平均水平回归。在向平均水平回归这个大趋势面前，表扬和批评都没有什么作用。

这就是统计学上最初出现“回归”时的含义，这个概念与现代统计学中的“回归”并不完全相同，但它是“回归”一词的起源，是高尔顿创造了这个统计学的核心概念。

智力可以遗传，但智力也将回归，这么看来，“龙生龙，凤生凤，老鼠的儿子会打洞”也不对，因为即使是杰出的人物，他的后代也会向平均水平回归，泯然众人。高尔顿用一段很有说服力的话总结了这一发现：

> 每个孩子的遗传，部分来自他的父母，部分来自他的祖

先……他的家族历史越久远，其祖辈的数目和祖辈的多样性就越多，但最终，后代趋向于从一个种族中普遍抽取的样本的平均水平……这个法则解释了一个天才无法将其天赋完全遗传给他子孙的原因……这个法则是公平的，不论是好的方面还是坏的方面，在遗传的时候都会减少。这个法则会让那些天才失望，因为他们无法让后代继承他们的全部才华，但同时也让一些人放心，他们不用担心自己的子女会继承他们所有的缺陷和疾病，他们不至于恐惧万分了。[1]

高尔顿又拿出他绘制天气图的耐心和本领，把 1 078 对父子的身高数据标在一幅图上，横轴表示父亲的身高，纵轴表示孩子的身高，每个黑点分别对应了一对父子的身高。

就这样，高尔顿发明了“散点图”。在横轴上表示的“量”称为 X，也可以称为自变量，在纵轴上表示的“量”称为 Y，也可以称为因变量。在揭示两个变量之间的关系时，散点图可以发挥很大的作用。

接着，他用铅笔画出一条穿越这一大片黑点的直线。这条直线可以用下面这个方程来表示：

$$Y\text{（单位是米）}=0.516\times X+0.8567$$

其中 Y 代表儿子的身高，而 X 代表父亲的身高，这个方程表明，父亲的身高每增加一个单位，其儿子的身高平均增加 0.516 个单位。他称这条线为回归线。

根据这条线可以预测身高，假如父亲身高为 1.75 米，则可以预

[1] Derek William Forrest. Francis Galton: The Life and Work of a Victorian Genius [M]. New York: Taplinger, 1974: 189.

测子女的身高为 1.759 7 米。反过来，如果知道儿子的身高，也可以推算他父亲的身高。两个身高是相关的，他称之为具有相关性，他认为，大自然和社会当中有很多现象都是相关的，相关性表现了两个变量之间可以相互预测的程度。在后来的研究中，高尔顿第一次使用了相关系数（correlation coefficient）的概念，他使用字母“r”来表示相关系数。时至今日，我们想知道两个变量之间的关联有多强时，相关系数仍然是全世界数据科学家首先要计算的一个数值。

——图 9.3——

除了回归、相关、相关系数，高尔顿还发明了“中位数”和“百分位数”，用它们来表示数据分布的集中情况。这些概念我们今天都还在使用，事实上，他发明的这些概念对几乎所有的社会科学都是至关重要的。

之所以要发明中位数，是因为高尔顿发现，如果一个数组内有极端值存在，很多时候从平均数看不出整体的水平，例如：张家有财一千万，九个邻居穷光蛋，平均起来算一算，个个都有一百万。这个例子稍极端，但道理很清楚，一百万显然代表不了其他九家的财富水平。

什么是中位数呢？

中位数是按大小顺序排列的一组数据中居于中间位置的数，即在这组数据中，有一半的数据比它大，而另一半数据比它小，极端值对它没有影响，在大部分情况下，中位数都不等于平均数。

高尔顿还有很多有意思的发明。例如，1860 年，维多利亚女王第一次拍摄了个人照片，个人照片开始逐渐普及，因为照片可以把一个人的面孔和表情记录下来。高尔顿搜集了很多照片，在细细研究之后，他用一组数字来代表每一张人脸的特征，然后断言人脸可以用来识别个体的身份，他是最早提出人脸识别的学者，又是一个“第一”。

通过照片，高尔顿还研究人的表情。他曾经去过很多次马场，但他不是去看赛马的，而是去研究当马接近终点时，人们面部表情的剧烈变化。别人盯着马看，他盯着人看。

他还搜集了上千份指纹，他的指纹研究得出了三个重要结论：指纹终身不变、指纹可以识别、指纹可以分类。他出版了专著《指纹学》，阐述指纹分类的方法，这极大地推动了指纹在治安和打击犯罪领域的应用。他还追踪研究过近 100 对人类的双胞胎，从而开创了双胞胎研究法，我们今天常常听到的“先天”“后天”这两个词，就是高尔顿在这个研究过程中发明的，双胞胎研究法被证明非常有效，直到今天还在被使用，为心理学的发展奠定了基础。

1909 年，高尔顿被英国女王授予爵士头衔。两年之后，他告别了这个世界。后人统计，高尔顿一生发表的论文数超过了 340 篇。他的学生皮尔逊后来也成为著名的统计学家，皮尔逊真正继承了高尔顿的衣钵，他也是一个狂热的数据搜集者。当获知在法国巴黎发现一个巨大的古代墓地时，他立刻赶到了现场，对地下墓穴 806 块男性颅骨和 340 块女性颅骨逐一测量，然后把数据记录下来，用于人脑容量大小的研究。

皮尔逊认为，高尔顿最大的特点是“博学”，他用一组数据这样评价了他的“高老师”：“高尔顿，比 10 个生物学家中的 9 个更懂数学，比 20 个数学家中的 19 个更懂生物，比 50 个生物学家中的 49 个更懂人类的畸形和疾病。”

——图 9.4——

高尔顿堪称英国历史上的高数商模范生。他的能力看起来超凡，但他的成就都是通过数据做出来的。他让我们一次次目睹，一堆看似杂乱无章的数据，经过分析以后，开始呈现规律性的一面，通过这些规律，他解读了许许多多的秘密。他向我们证明，只要有数据，就可以研究任何问题。如果你像他一样追求测量和数据，那我相信，你也完全可能，并最终可以做出相同的成就，所有这些成就的背后，其实都是数据独特的作用和魅力。

在和他告别之前，让我们再重温、总结一下他的秘诀：

只要可以计数，

就应该计数；

只要应该记录，

就必须记录。

我们要记住：所谓高数商，不仅是要有正确的思维，更需要有行动。

——思维拓展训练——

1. 向平均回归可以解释世界上很多现象。每个国家都要为 4 年一次的奥运会选拔运动员。一个常见的策略是，在预赛中创造出优异成绩的选手，就能够代表国家出征。但在每一届奥运会的赛场上，我们都会看到有运动员发挥失常、抱憾收场，这也被称为“奥林匹克魔咒”之一。你认为这种现象能否用向平均回归来解释?

   一个田径运动员在预赛中跑出了自己从来没有过的最好成绩，如果你是教练，知道了向平均回归之后，你还会不会选他? 如果向平均回归成立，那他之后最大的可能是不是发挥平庸甚至发挥失常? 当然，奇迹也可能会连续发生两次。如果你认可向平均回归，你认为奥运会选拔运动员的最佳策略又应该是什么?

2. 在高尔顿的游记当中，他还记录了他在非洲一个市场经历的一件事：当时有人在宰一头巨大的公牛，几十人在围观，很多人都在猜测这头公牛的重量，高尔顿在一旁观察，他发现把这些人猜的数字记录下来之后，平均值是 1 197 磅（1 磅 ≈0.45 千克），比正确答案 1 198 磅仅仅少一磅。请问这个发现给了你哪些启示?

3. 你认为广州国际马拉松赛与奥运会马拉松比赛各个选手完成的时间在离散程度上有什么不同? 请做出解释。

10

奶茶和粪堆：实验造就聪明人

还记得斯诺故事中的统计学家法尔吗？

当时斯诺认为霍乱的根源在于水，但法尔相信是空气，两个人辩论到最后，法尔就建议说：要测定水源对霍乱的影响，必须要有两组居民，让这两组人生活在同一海拔高度，活动于同一空间，吃的东西一样，做的事情也要相同，仅仅一方面不同，那就是喝的水。

法尔的提议非常正确，就是要做一次实验，用分组对比的方法，通过控制两个小组的状态和条件，找出不同条件下的差异，然后才能确定真正的因果关系。

人类很早就认识到，除了可以借助观察、提问的方式收集数据，还可以通过实验来收集数据，以验证自己的推断和猜测。观察和提问一般情况下都不会改变自然条件，但实验完全不同，实验是故意改变自然条件，干预世界的运行，以创造条件，收集最适合追踪因果关系的数据。

因果关系非常复杂，常常一果多因，而且各种原因混杂在一起。例如，有人主张说，提高老师的工资可以提高教学质量，他举出例子证明，一些老师工资高的学校，学生考试的平均分数也高，那这对不对呢？老师工资高的学校，除了工资高之外，和老师工资低的学校可能还有其他不同，例如它对学生的收费也可能更高。如果这一点属实，那学生来自富裕家庭的可能性就大，学生自身素质的差异也导致了考试分数的差别。这个因素和工资的因素混杂在一起，这种混杂让我们感到很头痛，我们无法通过现有数据来确认，是不是提高老师的工资，就可以提升教学质量。

当然，你可以长期观察，碰到两个学生素质差不多的班级，而恰巧老师的工资又不同，那你就能得出结论，但问题是，这需要时间，而且混杂在一起的原因往往还不止学生素质这一个。

这就需要做实验。实验可以更快地确定因果关系，加速我们认识世界。问题是，一个有效的实验应该如何设计？法尔提出的那种条件简直是无法实现的。

接下来我们要讲的，是历史上最著名的一个实验，故事的主角是继高尔顿、皮尔逊之后，统计学当之无愧的新领袖费希尔（R. A. Fisher，1890—1962），他被后世誉为“现代统计学之父”。注意，有“现代”两个字，相比于格兰特、高尔顿的时代，统计学又产生了革命性的进步。

故事发生在20世纪20年代的一个下午，这一天阳光明媚，一群英国绅士和穿着礼服的女士正在室外的餐桌旁畅谈，当然，餐桌上少不了美味的奶茶。

一位留着胡子、戴着厚厚眼镜的绅士把一杯泡好的奶茶递给身边的一位女士，她是一位女博士。没想到这位女博士摇了摇头，拒绝了这杯茶，她向这位男子解释说：“我只喝先倒奶的茶。一杯奶茶，是先放茶还是先放奶，味道完全不一样。”

“这不可能。”这位男子笑着回答。根据他学过的科学知识，红茶和牛奶只要混合在一起，不管先后顺序怎么样，不会有任何本质上的区别。

但这位女士仍然坚持自己的观点，并且强调，一杯茶是把茶倒在奶里，还是把奶倒在茶里，她一下子就能品尝出来。

这时候其他人也聚了过来。听起来这像是随口说笑，大部分人没有当真，一笑置之，但有几个人开始较真，争论了起来。

那为什么不做个实验，当场检测呢？有人提议说。

实验应该很简单，就在这位女士看不到的地方准备两种方法泡出的奶茶，让她鉴别不就行了吗？

大家都认为这是个好办法。

于是一群热心人开始帮忙准备实验，他们准备多泡几杯奶茶，有些是先放茶再加奶，有些是先放奶再加茶，然后将这些奶茶端出来，让这位女士品尝鉴别。

但问题来了！

给女士一杯茶，不管这杯茶是怎么泡的，假设这位女士根本辨别不出来，完全靠猜，她也有 50% 的概率猜对啊。两杯呢，就有 25% 的概率猜对。杯数越多概率越小，那么，到底要给她多少杯茶，才能证明，她即使全部判断对了，也不是靠猜，而是她真的知道这两种泡法确实味道不同呢？

这个实验之所以有名，是因为它是历史上第一次“随机对照实验”。

这位戴着厚厚眼镜的男子就是费希尔。

1935 年，费希尔把这个实验写入了他的著作《实验设计法》。他的答案是 8 杯，其中 4 杯用一种方式混合，另外 4 杯用另一种方式混合，然后把它们随意打乱，提供给这位女博士辨别。注意这里的“随意”两个字，费希尔在他的著作里强调，这不是人为随手决定的顺序，而是使用骰子、轮盘等工具来决定的顺序，这样才能保证它是真正的“随机”。

——图 10.1——

还有，泡茶的时候，为了避免许多不相关的因素影响这位女士的辨别，还要严格控制每杯茶的温度、茶和奶量的多少以及它们充分混合的时间，要确保这些条件都完全一样。

而这位女博士要做的，就是在品尝之后，把 8 杯茶分成两组，一组是把奶倒进茶里的，一组是把茶倒进奶里的。

这其实又是一个概率的问题。从 8 杯里面任意选出 4 杯，一计算，有 C_8^4=70 种可能性，而这 70 种可能性当中，只有一种可能是 8 杯全部都分对的情况。也就是说，如果完全靠猜，她猜对的概率是 1/70≈1.43%。

费希尔又计算了这位女博士猜对 6 杯的可能性，这种情况是，这位女士在把奶倒进茶里的 4 杯当中选了 3 杯，又在把茶倒进奶里的 4 杯当中选了 1 杯，这种组合的可能性有：$C_4^3 \times C_4^1$=4×4=16 种。猜对 6 杯的概率是：16/70≈22.85%。

但猜对 8 杯的可能性只有约 1.43%，也就是说，如果有 8 杯茶，女博士仍然可能全部猜对，但可能性非常低。

也许你会问了，虽然约 1.43%，确实可能性不大，但也的确有可能啊，也许她就有这么好的运气呢？哪怕可能性只有十亿分之一，它也是有可能的，它恰好就中了这十亿分之一呢？如此下去，岂不是没完没了，永远无法得出结论。费希尔当然不会让这种情况发生，那到底怎么来判断到底她是不是猜的呢？费希尔的重要贡献之一，是提出了判断一个实验是否有效，必须设定一个概率的上下限，他称之为“显著性水平”，他常常把这个水平定为 5%。小于 5% 的，他就认为可能性可以排除不考虑。

因为 22.85% 大于 5%，所以他认为 6 杯不行，而要增加到 8 杯，靠猜并蒙对的可能性才能下降到显著性水平 5% 以下。顺便说一下，如果是 10 杯，那么全部猜对的概率只有 1/102 4。

那实验的结果呢？

根据现场的人回忆，这位女博士居然准确地判别了 8 杯茶！

这确实有点神，她究竟是如何做到这一点的呢？英国皇家化学协会曾经给出过一个答案，泡奶茶最佳的方法是先倒牛奶，因为牛奶蛋白会在75摄氏度时发生变化。如果后倒牛奶，那么牛奶就会被高温的红茶包围起来，导致牛奶蛋白发生变化，那口味也可能变化，而将红茶倒入凉牛奶之中，则不会出现这种情况。

连泡茶都如此讲究，这又令人联想到马克思笔下那“地道的英国人”。

这个奶茶实验成为统计学历史上的一段经典逸事，被后世众多课本引用，但这并不是费希尔最大的成就，要说起费希尔最大的成就，也和一群“地道的英国人”有关！

在伦敦市北部的一个小镇，有一个农业研究所，叫洛桑农业实验站。这个实验站成立于1843年，当时成立的目的是研究不同的肥料对农作物生长的作用。在20世纪的第一个十年，实验站的主任是拉塞尔（John Russell），作为一名地道的英国人，一名执着的记录者和记录的整理者，他坚持记录实验站每天的各种数据，即每天的温度、降水量、施肥量、土壤检测数据、收成数据等。

不仅拉塞尔是这样，历任的实验站主任都坚持把这些数据记录在皮面封装的本子上。最早的数据可以追溯到实验站成立的时候，前后跨度近70年。这些笔记本一本本堆在一起，占满了一间屋子，拉塞尔很想找到一位统计学家，帮他分析分析这些数据当中究竟隐藏着什么样的秘密。

这个时候，29岁的费希尔正在高中担任数学老师。拉塞尔开出的条件并不高，一年只有1 000英镑，而且不保证一年之后是否续签，当拉塞尔向他抛出橄榄枝的时候，费希尔正对教学感到无兴趣、头痛，他欣然接受了。

1919年，费希尔带领一家老小六口，赶着马车，来到了这个农场，开始了他后来称为“耙粪堆”的工作。

他的妻子在农场种地，每天都要给田地送粪作为肥料，但费希尔指的粪堆，还有另外一个意思，就是农场里堆积了近 70 年的数据和记录。

费希尔的工作非常艰苦，那是在没有电子计算机的情况下人工处理大数据。费希尔的工具就是一台机械手摇式计算器，后来有个著名的统计学家，叫萨尔斯伯格（David Salsburg），他在一本书里讲述了费希尔怎样做数据分析：

——图 10.2　费希尔正在使用机械手摇式计算器——

> 这是一个原始的机械手摇式计算器，如果我们想将 3 342 与 27 相乘，我们需要把压盘放在个位的位置，把数字设为 3 342，摇动 7 次，然后把压盘放在十位的位置，把数字设为 3 342，再摇动 2 次……如果完成一次多位数乘法需要大约一分钟，那么我估计费希尔制作这张表格需要花费 185 个小时的劳动，他一篇文章中有 15 幅复杂程度类似

的表格和4幅巨大的复杂曲线图。以每天工作12小时计算，光是制作这些表格的体力劳动就需要花费至少8个月的时间。此外费希尔还要花时间研究数学理论，组织数据，制订分析计划，纠正难以避免的错误。

费希尔花了大量的时间梳理这些笔记本，他初步发现，这块地的产量曾经有两次大起大落，一是从1876年开始，产量明显下降，1880年起下降剧烈，从1894年开始又显著上升，到1901年又开始下降。其中的原因，可能是天气，也可能是土壤，还可能是肥料、排水、害虫、杂草，这些原因互相交织，究竟谁大谁小，谁主谁次，在这之前是一团乱麻，没有人能说得清楚。

当科学家想检测两种不同肥料的效果时，他会选择两块地种一样的作物，一块地施一种肥，另一块地施另一种肥，以观察两块地的不同。但问题来了，因为是两块不同的地，肥料的影响和土壤质量、排水方式、杂草的影响混杂在一起，没有办法区分开来，所以哪种肥料有效，根本无法对比出来。我们有时候会看到，一块地里的农作物长得很好，结出的谷粒大而饱满，但离它不远的另一块地，作物长得干瘪稀疏。原因可能很多，例如土质的不同，肥料的不同，排水方式的不同，甚至是杂草的多少。这些因素都可能造成影响，但每个因素的大小确定不了，就是这个道理。

那你会说，不如我们就在同一块地上种同一种作物，在不同的年份施不同的肥，以观察作物的生长效果，这不就解决了吗？地的问题是解决了，但新的问题又出现了，每年有不同的天气，肥料的影响和天气的影响混杂在一起，又无法区分了。

费希尔认识到这些问题之后，感到非常痛苦，因为他已经意识到那整整一个房间写满数据的笔记本——他已经花了大量时间梳理、分析的那些数据，并没有研究价值，已经变成一个真正的粪堆了。因为那些数据不是在实验控制的条件下搜集的，各种原因你中有我，我中有你，无法拆分，无法分析。1924 年，他在一篇论文中写道，农业研究最需要的是在实验条件下搜集的数据：

> 关于气候对农作物的影响，目前我们知道得非常少。这个问题尽管对国家的大型产业发展很重要，但是还没有得到清晰的研究。部分原因在于这个问题的内在复杂性……以及缺乏大量的数据，那些数据应该在实验条件或工业条件之下才能获得。

这就是实验设计的最大挑战。要做到科学对比，必须控制不同分组的实验条件，让其中大部分条件都完全相同。再回到法尔当初的想法，他想拥有两组居民，这两组人生活在同一海拔高度，活动于同一空间，吃的东西一样，做的事情也要相同，仅仅一方面不同，那就是喝的水。

但两次实验肯定发生在不同的时空，要么是地方不同，要么是时间不同。古希腊有一句哲理名言：你不可能两次踏进同一条河流。为什么，因为你第一次踏进的河水其实早就流走了，第二次踏进的是一条全新的河。无论你怎么安排，两次实验的条件都不可能完全相同。

所以法尔的想法也只能是想想而已，无法实施。

经历了一次否定，但费希尔没有放弃。他最终提出了一个天才的方法，几近完美地解决了这个问题。他的方法其实很简单，当然，你觉得简单，是因为我告诉你了。在费希尔之前，没有任何人提出过有效的解决方案。

在研究 3 种人工化肥对马铃薯产量的影响时，费希尔改变了以往将一种化肥用于整个农场的做法，他找了一个方块地，在横、竖两个方向各分成 3 等份，一共 9 小块，都种上相同的马铃薯，但对每一行的每一小块地都施不同的化肥。

这个方块也被称为拉丁方，这样无论是横看还是竖看，3 种化肥都全了，而且每块地大小一样，每一种化肥在各行和各列出现一次，并且只有一次。

北 ↕ 南

化肥 1	化肥 2	化肥 3
化肥 2	化肥 3	化肥 1
化肥 3	化肥 1	化肥 2

——图 10.3　对同一种农作物施不同化肥的拉丁方——

最后比的是收成，收成高的，说明那块地施的化肥效果好。

那怎么来算收成呢？把 9 个小方格里施以不同肥料的地块的产量各自加起来就行，化肥 1 有 3 小块地，化肥 2、化肥 3 也各有 3 小块地。它们分布在不同的角落。

不知道你们有没有发现这个实验的巧妙之处？

假设，土壤本身的肥力真的存在差异，是从北到南下降的。那么马铃薯在三块不同肥力的土地上都有一块方格。虽然南边的地块可能肥力比北边的好，但把南边的地块分成很多个小块，在南边既用一种肥料，也用另外两种肥料，把它们加总起来之后，因为土壤本身肥力大小的不同作用就可以在加总之后互相抵消，最后收成最高的那种化肥自然就是我们要找的效果明显的配方。

同样的，如果想测试同一种化肥对三种不同品种马铃薯的效果，我们可以把表格中的肥料 1 换成马铃薯品种 1，肥料 2 换成马铃薯品种 2，肥料 3 换成马铃薯品种 3，然后每块方格都用同一种肥料，同样是比收成，三块地加总，最后收成最高的那种马铃薯就是施肥效果最好的品种。

马铃薯品种 1	马铃薯品种 2	马铃薯品种 3
马铃薯品种 2	马铃薯品种 3	马铃薯品种 1
马铃薯品种 3	马铃薯品种 1	马铃薯品种 2

——图 10.4　对不同农作物施同一种化肥的拉丁方——

世界上不存在绝对相同的两块土地，连同一行的三小块地也可能肥力不等，但费希尔通过这样的安排，把土壤、排水或者天气等因素对产量差异的影响程度降到最低，而让不同品种的化肥或马铃薯的作用在其中凸显出来。

费希尔的拉丁方确保了每行、每列都有不同实验条件的地块，这种设计直到今天还在使用，但费希尔后来又令人信服地指出，拉丁方每块地里种什么，或者用什么肥料，还是不要人为地间隔排序，而是要用真正“随机的方法”来决定，那将更好地确保实验中的干扰因素被抵消，获得更清晰的对比结果，这个方法被称为“随机对照实验”。1925 年，他把这个方法写进了他的著作《研究工作者的统计方法》，这本书被翻译成各国语言，成为世界各地科研人员的“圣经”，奠定了现代统计学的基础。

他工作的洛桑农业实验站，已经成为全世界最古老、最知名的农业研究机构，直到今天，世界上每年还有很多人去那里“朝圣取经”。

之所以要讨论费希尔，是因为实验是收集数据的重要方法。一个从来不做实验的人，就是一个愚蠢的人。这句话反过来说也对，一个愚蠢的人，是不会想去做实验的。

在大数据时代到来之前，只有两种方法才能收集到数据，第一是观察（提问）法，像贾格尔或者第谷一样，通过观察持续记录被观测事件的特征值，而且这种观察的行为不会影响事件的发生发展。观察法操作起来很简单，要做的仅仅就是重复地观察和记录，但观察法限制了我们可收集数据的类型，因为作为观察者，我们对环境缺乏控制能力，只能收集自然条件下发生的行为。

第二就是费希尔开创的科学实验法。这种方法通过实验，诱使某种行为发生，收集特定条件下的数据。实验的组织者一般将实验分成两组或多组，其中一组叫实验组，另一组或其他组叫对照组。对照组在特定的环境中被观察，实验组则暴露在另一个不同的环境中被仔细观察，然后研究人员对比两组数据，判断哪个实验环境更为有利。这种由实验获得数据和结论的方法，比第一种观察法还要妥当、准确、可靠。通过设计科学的实验收集可靠的数据，费希尔为后世开了一条不可多得的新路，他的方法，也极大地拓展了“科学”这两个字所能覆盖的领域和范围。

所以，当一个聪明人面对一个找不到正确答案的问题时，首先应该想到的就是进行“随机对照实验”，只要通过实验收集到新的数据，就能够找到“怎样做才更好”以及“收益好处到底有多大”这些问题的答案。当然，这个实验设计得科不科学，就关系到数据的质量和可用性。数据是米，无米之炊，无处下手。

直到今天，这种方法还在被广泛使用，甚至互联网公司也在用。例如电商平台上的广告，假设一个电商平台有 100 万个用户，如果它要推出一件商品的特定广告，可以先推出两个不同的设计版本，然后在两个用户群中进行实验。其中一个用户群有 50 万个用户，他们看到版本 A，产生了 10 万次购买；另外一个用户群的 50 万个用户看到版本 B，产生了 12 万次购买，这就说明版本 B 的转化率更高，表现更好，然后再把版本 B 和版本 C 比较，不断比下去，直到找出最优的设计，再推送给所有的用户。

互联网公司将其称为 A/B 测试法。

这种实验的方法事实上无所不在，我们前面谈论过高尔顿，他为了验证祷告到底有没有用，先对着一尊神像祷告一个星期，然后停一个星期，完全不祷告，再看看自己的生活有什么变化，这也是实验。

实验的方法甚至孩子也能用。一个 9 岁的美国女孩艾米丽（Emily Rosa）从妈妈那儿听说了“非接触式治疗”，即有特殊能力的治疗师可以通过移动手掌来感知并操纵人体的能量场，从而治愈某些疾病。这在中国被称为气功，很常见，也有很多人相信。艾米丽觉得很神奇，她用了两年的时间聘请了 21 名治疗师，开展了一项简单的实验。她坐在一张桌子的一边，治疗师隔桌坐在另一边，两人之间用一张纸板隔开，谁也看不见谁的脸，纸板的下面剪了一个洞，艾米丽可以看见治疗师伸过来的手，她每次用抛硬币的方式，决定把手放在治疗师的左手还是右手的上方，然后请治疗师确定哪只手感觉到了“人体的能量场”。

如果治疗师真的能感受到艾米丽的能量场，他就能辨别出自己的哪只手更靠近艾米丽的手。但艾米丽一共做了 280 次实验，21 位治疗师的正确率只有 44%，比靠猜还低，这当然无法证明他们能感知“人体的能量场”。不能感知能量场，“非接触式治疗”就几乎是可笑的。

11 岁的艾米丽把她的发现写进了一篇论文，正式发表在一个核心科学期刊上，这件事随后被《吉尼斯世界纪录大全》收录，她成为全世界有史以来最年轻的发表论文的人。

艾米丽的论文发表以后，引起了“非接触式治疗”治疗师群体的集体反对和声讨，他们抱怨实验条件不公平，但没有一个人敢再接受艾米丽的实验。其实，他们真的要反驳也很简单，就是按自己认为公平的条件设计一个实验，以证明“人体的能量场”确实存在。但迄今为止，没有一个治疗师敢公开提出或者接受这样的实验。

我们前面提到过，爱因斯坦认为中国没有科学有两点原因，一是逻辑推理能力差，二是不会做实验，逻辑推理能力差和智商更为相关，而不会做实验则和数商的领域更为接近了。

——思维拓展训练——

1. 吸烟是不是会导致肺癌，这在历史上曾经引起激烈的争议。有人终身吸烟，却从来没得肺癌；有人从来不吸烟却依然得了肺癌。20 世纪 60 年代，有研究者得出结论“是”。这遭到了费希尔的反驳：“没有进行随机对照实验，就算再怎么认为是在同样条件下进行的对比分析，结果都不可能准确。”费希尔本人就是一名烟鬼，所以很多人嘲笑他是为自己的嗜好辩护，没有可信度。那为什么不按照费希尔提出的科学实验方法，找两组人来做实验呢？确实，迄今为止我们还没有做过吸烟和肺癌关系的随机对照实验，你认为原因是什么？

2. 有很多人相信，用星座可以解读人的性格和运气。有人通过做实验来验证它的科学性。研究人员给 100 名参与实验的人做了一次星座分析，并询问他们这些分析结果是否准确，85 个参与者说分析结果很准确，这是很高的比例，于是研究人员得出结论：星座分析在多数情况下是可靠的。你认为这个实验设计得合不合理？如果要提高它的科学性，应该如何改进？

3. 你有没有发现，大部分广告都有误导性？误导性的根源就是虚构因果关系。例如有一个广告，迈克尔·乔丹正穿着耐克鞋在潇洒地灌篮。他能灌篮，他穿耐克鞋……这令你联想：如果我穿耐克鞋，我也能灌篮。你可能忘了乔丹的身高以及他所接受的魔鬼般的训练，那才是他在赛场上健步如飞、百发百中的真正原因。

   事实上，这正是广告常见的操作手法：通过一个强烈的关联关系，暗示一个完全不存在的因果关系，利用人性渴望更强大、更聪明、更性感、更漂亮的欲望，误导普通人消费。所有明星代言都是这个套路。你要记住的是，某件事情对明星有用，并不意味着对你有用，如果你认为对你也有用，你很可能已经犯了一个典型的错误：把关联性当成因果性。你认为以上分析得对不对，你应该如何审视、看待广告？

11 战争背后的高数商

本章的主题是军事。一讲到军事，我首先想到的，是我在《数据之巅》中介绍过的谢尔曼（William T. Sherman，1820—1891），他是美国南北战争当中的英雄，后来担任过美军总司令，他发起的“数据远征”，使他成为高数商将军的杰出代表，后人也评价他是历史上第一位有现代意识的将军，有兴趣的朋友可以再看看这一段历史。

说到怎样才能打赢一场战争，你可能会立刻想到“破釜沉舟”这个典故，把饭锅打破，把渡船凿沉，不留退路，非打胜仗不可。对意志力的赞美和认可深深融入我们这个民族的血液。这一点，我们从很多电影里都可以看到，士兵们饱含着对祖国深深的爱，拿起武器，一不怕苦二不怕死，一往直前，前仆后继，最后赢得了战争的胜利。

不只中国的电影是这么拍的，外国电影也常这么拍。电影之所以这样拍，是因为“勇敢”很容易让人热血沸腾，很容易打动人心，也很容易通过人物的动作和表情表现出来。而唤起观众情感的共鸣，是高票房的保证。

但作为一个要活在现实中的人，我们一定要能区分人格力量、感情力量和战争胜败的关系。真正的战争不能仅靠热情和勇气，战争的一个真正主题是信息和数据。仅仅勇敢，但数商很低的部队就是有结构性缺陷的部队，是很难打胜仗的。但和勇敢比起来，如何使用数据这个情节实在不好表达，也很难像勇敢的品质一样打动观众的心。

在第二次世界大战期间，美国人已经非常清楚地认识到，要打赢一场战争，不能只靠士兵勇敢，而要靠数据。他们在组织机构的设置上也做了一些强有力的调整和部署，以保证数据的采集和分析渗透在各个军事行动部门。例如，美国的国防部专门成立了一个统计研究小组（SRG），其成员全部都是一流的数据分析专家，他们研究的不是武器，而是数据和方程式，这个小组的权力非常大，他们一提出建议，其他部门就会立即采纳并付诸行动。

1940 年，英美盟军开始对德国展开战略大轰炸，但由于德国的空军也很强大，盟军一度损失惨重，很多战斗机被德军的炮火击落，于是“飞机应该如何加强防护，才能降低被炮火击落的概率”这个问题被提交到了统计研究小组。

一架战斗机进入敌方的阵地，很少有不被对方击中的，美军希望自己的飞机即使在被敌方击中之后，还能够平安地飞回来，这个诉求很简单，美军当时想到的办法也很直接，那就是给自己的飞机再穿上一层更结实的装甲外套。

但装甲外套会让一架飞机更笨重，飞起来不仅更慢，还更耗油，这就决定了只能在飞机的某些部位加装更厚的装甲，问题是，某些部位是哪些部位呢？

为了便于统计小组研究，当时军方有意识地统计了所有返回飞机的中弹情况，这些飞机在经历一场空战之后回到基地，机身上常常弹孔累累，但是这些弹孔在机身的各个部位分布得并不均匀。

从概率上看，战斗机所有的中弹点应该平均分布在机身各处，但飞机各个部位的面积并不一样，所以军方不仅统计了弹孔的总数，还按飞机各个部位的面积进行了换算，得出了各个部位相同面积上的平均弹孔数，算出了弹孔的密度。

从表 11.1 可以看出，机翼和机身等部位每平方英尺的弹孔数最多，因此大部分人认为，应该加强机身，特别是机翼的防护，因为这是最容易被击中的位置，换句话说，装甲应该装在这两个最容易受到攻击的部位，为了节约成本、减轻重量，其他部位都不应该装甲。

表 11.1　美军返航飞机每平方英尺的平均弹孔数

飞机部位	每平方英尺的平均弹孔数（个）（1 平方英尺 ≈0.09 平方米）
引擎	1.11
机身	1.73
油箱	1.55
机翼等	1.80

统计研究小组的成员都是当时最杰出的统计学家，其中一名来自哥伦比亚大学的成员叫瓦尔德（Abraham Wald，1902—1950）。他是一名犹太人，因为纳粹的迫害，从奥地利逃亡到了美国。

瓦尔德认为在机翼和机身上装甲是错误的，他提出了完全相反的观点：需要装甲的地方不是弹孔最多的地方，而是弹孔最少的地方，也就是飞机的引擎。

瓦尔德认为，一些战斗机能带着满身弹孔平安返航，是因为中弹的那些部位，即使被击中也不会导致坠机，所以恰恰这些地方不需要额外的加固。而在引擎等位置很少发现弹孔，其原因并非那些地方真的不会中弹，而是一旦中弹，飞机安全返航的概率就微乎其微，绝大部分都会在阵地坠毁。

也就是说，返航的飞机是幸存者。仅仅依靠幸存者做出的判断是不全面的，那些被忽视了的已经坠毁的飞机才是统计分析的关键，它们根本就没有回来！

——图 11.1——

这在统计学当中，被称为“幸存者偏差”。真相一点就破，想到这一点却需要非常睿智，不得不说瓦尔德的心思非常缜密，这也正是美军设立专家小组的用意所在：用科学的脑袋武装军队。

瓦尔德的分析非常细致，他还把不同大小的弹孔分开来统计。一架战斗机进入敌方的阵地，要面对来自敌方地面的大炮和空中战斗机两方面的炮火，地面有高射炮，敌方的飞机有机枪和机关炮，这三种攻击对飞机的威胁是不一样的。瓦尔德计算了这三种弹孔的分布和它们各自对飞机的威胁程度，计算结果表明，20 毫米口径的机关炮对飞机的威胁最大，其次是 7.9 毫米口径的机枪，最后才是高射炮。不同来源的攻击对不同部位的威胁也是不一样的，其中 20 毫米口径的机关炮击中引擎部位，导致飞机坠落的概率最大。[1]

表 11.2　不同种类的攻击对战斗机的威胁系数

	机身	引擎	油箱	其余部位	此类攻击的威胁系数
高射炮	0.045	0.118	0.067	0.029	0.045
20 毫米口径的机关炮	0.077	0.534	0.074	0.029	0.175（最高）
7.9 毫米口径的机枪	0.194	0.136	0.074	0.030	0.092
击中此部位的威胁系数	0.114	0.179（最高）	0.074	0.038	0.070

军方最后采纳了瓦尔德的建议，加强了引擎的防护，事后证明这个决策是正确的，更多的飞机打得出去又飞得回来，盟军战斗机被击落的数量大大减少，瓦尔德的分析不知挽救了多少生命和战斗机。

瓦尔德所做的工作一直是高度机密，不为人所知的，直到 1980 年，美国海军以备忘录的形式，重印了瓦尔德当年这个研究所留下的论文，并且在前言中指出，之所以公开重印，不仅仅是为了回顾历史，而是因为直到今天，瓦尔德的这套方法论还有现实价值。

2018 年，幸存者偏差的故事成了中国的高考作文题，据说当时

[1] Abraham Wald. A Method of Estimating Plane Vulnerability Based on Damage of Survivors [J]. Center For Naval Analyses, 1980.

把不少学生“打蒙”了，因为很多人从来没有听说过幸存者偏差。

幸存者偏差，意思是我们看到的结果是经过筛选后存在的，而被筛掉的个体在不知不觉中被我们忽视了，如果我们分析问题仅仅依赖那些筛选之后留下的信息，我们的决策就会有巨大的偏差。这就好像老师在教室里说，没来的同学请举手，这是可笑的。这又好像我们在火车站台上调查，请问你买到了回家的票吗？你会听到所有的人都说买到了，而真正没买到票的人，可能全在家。

类似这样的错误，你听起来觉得好笑，觉得自己不会犯，但我要告诉你，这样的错误大量存在于现实生活中，即使很高明的专家也可能犯，而且犯了还自鸣得意，完全不知道。

2001 年，美国的管理专家柯林斯（Jim Collins）写了一本书《从优秀到卓越》。这本书对曾经的世界 500 强公司（共 1 400 多家）进行了研究，从中选出了 11 家代表，柯林斯认为它们是从优秀走向卓越的典型企业，它们的经营理念和战略措施值得所有的公司学习借鉴。柯林斯在书中宣称，只要采纳并认真贯彻，几乎所有的公司都能极大改善自己的经营状况，甚至可以成为卓越型的公司。

没有人知道是否有公司真正因为学习这本书而成功，这本书本身却非常成功，凭借柯林斯的名声和讲故事的技巧，其全球销量超过 100 万册。

但柯林斯同样犯了幸存者偏差的错误。市场上有很多公司，它们可能会采用相同的做法或战略，但一个成功了，另外的倒闭了，倒闭的企业悄无声息地被其他公司取代，柯林斯可能完全不知道。他只从世界 500 强公司中取样，从已经成功的公司当中寻找战略和经营的因果关系，一旦找到他就觉得是好的。他没有向倒闭的公司“取经”，因为它们已经不复存在了，不然他就会发现，同样的战略带来的不仅仅有成功，还有失败。那些失败的企业，就像是瓦尔德研究的引擎中弹的飞机，它们根本没有“飞回来”，无法进入柯林斯的视野。

这就意味着，如果我们盲目照搬柯林斯书里面一个成功公司的战略，很可能是行不通的。

只观察幸存者会产生偏见，如果仅仅看在阵地上阵亡的数据，同样会产生偏见。我讲一个亲身的经历。

1996 年我大学毕业，选择了投笔从戎，被分配在武警广东边防总队。这是一支拥有两万多人的大部队，主要职责是沿海边防线上的反偷渡、反走私和海上治安管理。1996 年正值香港回归前夕，反偷渡的任务很重，主要聚集在深圳和珠海的边防线上，广东和香港的警方常常要会谈，相互交流情报。我有幸成为广东警方的警务代表，常常参加和香港警方的会谈。当时的香港警方，把电子表格玩得很溜，每次会谈，他们都能拿出非常详尽的数据和图表分析。通过数据分析，他们可以定位偷渡黑点，因此每次会谈，他们都给我们提出具体的警力部署建议，即应该在哪一个边防哨点加强勤务。而我方的数据常常是偷渡案例的文本总结，数据采集不足，广东警方的领导很没面子，于是想开发一套完备的反偷渡信息管理系统。

这个任务，最后落到了我的头上。

这套系统的核心思路，就是根据在边防线上抓获偷渡犯的时间和地点，来调整勤务部署，即哨兵应该在哪里巡逻，巡逻时间和巡逻密度又该如何确定。注意上面几个字，根据在边防线上“抓获偷渡犯的时间和地点”，来调整勤务部署。

我在系统的需求调研中发现，仅仅按照这个思路来开发这套系统，那一定不会成功。为什么呢？因为你抓到的都是偷渡未遂的人，对应于美军的飞机，那就相当于返航的飞机。还有大量偷渡成功的人，他们的数据才是更重要的，但我们恰恰不知道他们在哪个路段或海边越过了粤港边界。所以我提出，光有抓获的偷渡犯信息是不行的，要审查香港警方遣返给我们的偷渡犯才行。偷渡成功的人，通常会在香港的建筑工地和情色场所工作，而香港警方每隔一段时间都会扫荡一次，抓一批遣返一批。只有分析这些偷渡成功者的数据，掌握他们的偷渡地点和时间，根据这些地点和时间对勤务部署进行调整，才能最有效地打击偷渡。

所以这个系统必须包括对遣返人员的审查信息，它应该叫反偷渡和遣返信息管理系统。我主持开发了这套系统，一直到 2004 年我离开武警边防部队，这套系统还在使用当中。

有时候我想，数据分析就像欣赏一幅印象派油画，近距离观察是无法理解其中的内涵和联系的。你必须退后几步，站在稍远的地方观察，当你把各个部分视作一个整体的时候，这幅画的真正意境才会开始浮现，此外，你还必须注意到，每一幅画都有留白，这些留白就是你看不到的地方，你不能忽视留白，因为留白可能代表任何一种情况，你要掌控全局，就必须对留白有正确的估计和想象。

回到军事。除了空军，统计研究小组在地面战争当中也曾经创造过经典的奇迹。

诺曼底登陆是人类历史上规模最大的一次海上登陆作战，发生在 1944 年 6 月，一共有 288 万名盟军士兵跨过英吉利海峡，在法国诺曼底海滩登陆，大军如潮水一般涌入法国。两个月之后，巴黎重新回到了英美盟军手中，德军受到重创，损失人员 40 万名、飞机

3 500 架、坦克 1.3 万辆，整个“二战”的态势由此发生了根本性的变化。

别看人不少，首批登陆诺曼底的英美盟国先头部队只有 17.6 万人，288 万名士兵不可能一股脑儿同时登陆，得有个先后顺序。这 17.6 万人是首批上岸的，他们将开辟、打通登陆的地点，并将正面遭遇德军的炮火，先头部队是否成功将直接关系到整个后续行动。

在这个决策过程中，一个令盟军非常头痛的问题是，德军到底在诺曼底部署了多少辆坦克？

整个“二战”期间，德军的机械化部队带来的是一场场噩梦。27 天征服波兰，1 个小时拿下丹麦，23 天征服挪威，5 天征服荷兰，18 天攻克比利时，39 天征服号称拥有“欧洲最强陆军”的法国……这种闪电战，一是靠快，兵贵神速，如果一方的部队能够提前到达指定地点，哪怕只有半小时，也能抢占先机，攻敌不备；二是靠装备，当时德国最先进的坦克是“黑豹”（Panther），这也是整个“二战”中德军的王牌武器，它的装甲不透水，配备有 75 毫米口径的高速炮，被认为是当时杀伤力最强的重型坦克，而盟军当时装备的 M4 谢尔曼坦克（M4 Sherman）完全不是它的对手。

盟军曾经在意大利遭遇德国大量的黑豹坦克，吃过大亏，他们非常担心在诺曼底登陆之后，等待他们的是大量的豹式坦克。

这决定了先头部队的人数，应该携带什么样的武器装备，尤其是坦克配备。如果不遭遇大量的豹式坦克，盟军现有的 M4 谢尔曼坦克还可以对付；如果会遭遇大量的豹式坦克，那盟军就必须增加第一批登陆的人员数量，升级坦克装备，否则一上岸就可能被敌人围歼。

整个“二战”期间，盟军一直在采用各种手段获得情报，以估算德军豹式坦克的总数，这些手段包括对工厂进行航拍、派出特工刺探、拦截和破译德军电报密码、审讯德军的俘虏，但由这些渠道得出的结论都很一致，那就是坦克产量高得离谱，每月有 1 000~1 400 辆坦克出产。这是个让人感到窒息的数字，如果这个产量属实，必定会有大量的豹式坦克部署在诺曼底，仗还怎么打?

就在诺曼底登陆之前，由一线反馈回来的情报也到达了，情报认为盟军将与大量的黑豹坦克正面相遇。

这当然令决策人员一筹莫展。

统计研究小组却提出了完全不一样的看法，他们认为，登陆部队不会正面遭遇大量的黑豹坦克，原因很简单，这种坦克，德军并没有大规模量产。

——图 11.2——

结论是怎么得出来的呢?

当时德国生产坦克，会在每一辆坦克的发动机、车轮、变速箱和油罐的底盘打上一个序列号。盟军在意大利的安齐奥登陆战中缴获了两辆黑豹坦克，在对这两辆坦克车轮底盘的序列号进行分析之后，统计专家得出结论，1944 年 2 月，黑豹坦克的产量仅仅为 270 辆。

那决策人员应该听谁的？最终，盟军放弃了一线的情报，采信了统计研究小组的分析。果然，在诺曼底登陆时先头部队没有遭遇大量黑豹坦克。

在“二战”结束之后，从德军坦克工厂缴获的生产记录最后证明，1944 年 2 月，黑豹坦克实际的生产数量为 276 辆，和统计研究小组的推算仅仅相差 6 辆!

其实不只是诺曼底登陆，盟军的统计部门一直在分析计算德军的坦克生产能力，很多年月的统计估计都相当准确。

表 11.3　盟军统计部门在特定年月的统计估计

年月	统计估计（辆）	情报估计（辆）	德国记录（辆）
1940 年 6 月	169	1 000	122
1941 年 6 月	244	1 550	271
1942 年 8 月	327	1 550	342

足不出户，谋定天下，这么精确的数据分析，让人叹为观止，盟军是怎样做到的呢?

秘密就藏在序列号中。比如说，先考虑最简单的情况：在某个月内，盟军只缴获了一辆德国坦克，在某个配件上有一个序列号为 48，那么，你是否可以估计德国在这个月生产坦克的总数？你可能会说："你是疯了吧？只有这么一个数据，有什么好估计的？只能随便猜了！"又比如你缴获了两辆坦克，那根据常识，你也知道，坦克一个月的产量肯定大于缴获坦克的最高序列号和最低序列号之差。此外你还能推算什么呢？

一个高明的统计学家绝不靠猜，即使数据很少，他仍然可以利用概率进行分析和推断。我们要做的是，把缴获当作一次随机抽样，这样就能倒推真实产量的概率分布。例如，你缴获的同一个月生产的10辆坦克，序列号之差都在50以内，那一个月生产1 000辆以上坦克的可能性就非常小！

假设我们缴获了敌方6辆坦克，这6辆坦克的配件序列号分别是17、68、94、127、135和212。这些数字和每月生产1 400辆坦克的水平相差甚远，但利用统计学，我们可以从有限的数据集中合理推断出最有可能的生产总数。

根据概率统计学，我们先谈三种最简单的方法。

1. 取样本的平均值，然后加倍。样本的平均值是17、68、94、127、135和212的总和，然后除以6，再乘以2，得出约等于218。
2. 取样本的中位数（即按大小排列的数列中两个中间数之和的一半），并加倍。估计有221辆坦克。
3. 用统计学原理设计一个方程。N=M+（M–K）/K，其中N代表预估的总数，K代表缴获的坦克数，M代表最大的序列号，那么N=212+（212–6）/6≈246。

也就是说，用多种办法测算得来的数据都是200多辆，这是有统计学意义的。

当然，我们这里只简单地说出其中的原理，美军统计研究小组事实上采用的办法要复杂得多，其中涉及贝叶斯定理的应用，要展开就要写一篇高深的数学论文了，但原理不外乎就是概率统计。

还有，除了零配件的序列号之外，情报部门还可能会获得坦克工厂的一些其他信息，生产坦克需要钢铁、橡胶等原材料，一旦获得这些原材料的供应、生产和运输数据，就可能为分析提供参考和佐证，以修正估算的数据。

说完了飞机和坦克，再说说飞行员。

飞机很昂贵，培养一个飞行员成本也很高，如果一个飞行员足够聪明老练，他就更可能完成任务，并且把飞机平安带回来。

为了挑选、训练最好的飞行员，美国国防部设置了不同的小组。各个小组用不同的标准和方法遴选飞行员。其中一组雇用了当时著名的心理学家吉尔福德（J. P. Guilford，1897—1987），他用智力测验、数据评分及面试的方法为空军遴选飞行员。

吉尔福德名气很大，美国国防部对他也非常信任。

但吉尔福德的遴选效果同样受到国防部统计部门的评估。令人感到意外的是，在随后的分析评审中，国防部发现，吉尔福德挑选的飞行员与其他组相比，被击落牺牲的比例并不低。

更出人意料的是，其中有一组成员的成功返航率最高，但领导这个遴选小组的，不是专家教授，而是一名退役的老飞行员。美国国防部随即对这个小组的遴选方法进行了细致的考察，后来发现，这位退役的老飞行员在一个关键问题上采取了和吉尔福德完全不同的遴选标准，这个问题吉尔福德也询问了他的候选人，那就是：“当你进入德军阵地，遭遇德军的高射炮攻击时怎么办？”

最本能、最自然的回答是，我会飞得更高，吉尔福德选择的就是这一类候选人，这也是大家当时认为的标准答案，但这位老飞行员淘汰了所有回答“我会飞得更高”的候选人，而挑选了违反飞行条例准则的人，例如那些回答“我不知道，我可能会俯冲”“我会之字形前进”或“我会转圈，掉头避开火力”的人。

——图 11.3——

事后证明，遵循飞行条例准则的飞行员都是可以被预测的人。德国人也清楚地知道，飞行员遭遇炮火攻击时第一反应是会飞得更高，因此德国的战斗机会在地面炮火发动攻击时埋伏在云端，等待美国的飞机升高，然后出其不意，将它们击落。

换句话说，那些不按标准答案处理危机的飞行员，会比那些局限于标准答案的飞行员更可能幸存下来。

这就是吉尔福德失败的原因。当吉尔福德知道这个数据时，他意识到因为自己错误的方法，他将很多飞行员送上了绝路。他无比羞愧，甚至一度想自杀谢罪。

退役的老飞行员没用复杂的智力测试，只是凭借自己丰富的战场经验就一眼看穿了问题的要害。对战争的了解确保了他会选择一些有冒险精神的、打破常规思维的飞行员，这事实上也是一种数据分析，是对飞行员的智力测试，只不过用的是经验而不是书本理论。而吉尔福德并不是败在方法不对上，而是败在不了解战场上。一旦得到纠正，科学立即显示出它的本色来。受这个案例的启发，吉尔福德后来开创了创新心理学。

正是凭借数据，美军不断优化自己的军事决定，精确掌控，步步为营。一些看起来很不起眼的举动往往会在战场上起到决定性的作用，改变战争的进程，堪称神来之笔。这些决定和举动都来自细致的数据分析。

——思维拓展训练——

1. 幸存者偏见有极大的适用范围，可以解释很多事情。美国海军曾经通过一个报告宣称，美国海军的死亡率是0.9%，同期纽约市民的死亡率是1.6%，言下之意，大家赶紧来参军，参军比待在纽约市还要安全。这是真的吗？首先要说明的是，就数据而言，美国海军还真没有说谎，但幸存者偏见可以解释这一组数据，你觉得应该如何解释？

2. 在战场上受伤，要不要使用止血带一直有争议，因为它的作用并不明显，绑得过久还可能会导致肢体坏死和截肢，因此很多国家的军队不鼓励使用止血带。

   在伊拉克战争和阿富汗战争期间，美国发明了一种新的止血带，要求去执行危险任务的战士提前绑好止血带，为遭遇地雷等爆炸导致的四肢出血提前做好准备。

   2015年有一篇论文专门分析了这种新型止血带的作用，该文章把受伤程度分成了几个等级，结果发现，在每一个伤情等级的统计中，未使用止血带的士兵幸存数量都比使用的略高0.5到1个百分点，这证明止血带没有任何作用。

   但有人认为这个研究有瑕疵，因为医生只统计了来到医院的幸存者，而没有统计那些死在半途中的士兵，那些死去的士兵有没有使用止血带我们并不知道。你认为这是不是幸存者偏见？止血带到底有没有作用？

3. 本章讲了美国统计部门通过敌军坦克零件的序列号来推算坦克的总产量。今天大部分商品也有序列号，现在设想一下，你在一个消费品公司工作，你的老板委托你的部门调查一下你们的竞争对手每个月生产多少产品，你该怎样用最低的成本、最快的方法进行调查？

12 表情编码：破解隐性知识

春秋时期，齐桓公上朝与管仲商讨攻打卫国，退朝后回宫。来自卫国的卫姬一看见齐桓公，立刻走下堂一再跪拜，替卫国的君主请罪。齐桓公问原因，她答道："臣妾看见君王进来时，步伐高迈、神气豪强，有讨伐他国的心志，看见臣妾后，却脸色骤变，一定是要讨伐卫国了。"

经过了卫姬的求情，齐桓公改变了主意。

次日齐桓公上朝，管仲问："君王取消伐卫的计划了吗？"桓公疑惑地问："你怎么知道的？"管仲说："君王上朝时，态度谦让、语气缓慢，看见微臣时面露惭愧，微臣因此知道。"[1]

这是中国明代的古书《智囊全集》记载的一个故事。人有七情六欲、喜怒哀乐，这些都是情绪，情绪最直观的体现就在人的脸上，但

[1] 原文为：齐桓公朝而与管仲谋伐卫。退朝而入，卫姬望见君，下堂再拜，请卫君之罪。公问故，对曰："妾望君之入也，足高气强，有伐国之志也。见妾而色动，伐卫也！"明日君朝，揖管仲而进之。管仲曰："君舍卫乎？"公曰："仲父安识之？"管仲曰："君之揖朝也恭，而言也徐，见臣而有惭色。臣是以知之。"冯梦龙．智囊全集［M］．北京：北京文史出版社，2011．

表情在人的脸上并不会长期驻留，往往是一闪而过。从这个故事来看，一方面，齐桓公是一个把一切都写在脸上的人，现实生活中，类似齐桓公的人其实不少，他们不太藏得住情绪，内心的感受都直接表现在表情、声音和姿态上；另一方面，即使碰到像齐桓公一样藏不住表情的人，也不是每一个人都能做出有效的解读，这些人是情绪盲，不能洞察别人的情绪，甚至连自己的情绪变化也不知道。洞察情绪，在传统中国，被认为是一种非常高明的智慧，古代人把这种能力概括为 4 个字：察言观色。卫姬和管仲当然都是察言观色的高手，才能参透齐桓公内心的玄机。

虽然对表情的解读，被认为是聪明和智慧的象征，但这门学问一直没有成为显学。其中一个原因，我猜想是大家觉得这门技能很难学习，不好掌握；另外一个原因可能也很重要，能够察言观色，就能投人所好，趋炎附势，堕入庸俗的关系学，这种能力在一定程度上已经被污名化了，君不见，历史上一提到小人和奸臣，就会描写他们具备察言观色的必杀技。

最早对人类表情进行分析的是达尔文和高尔顿。在他们的时代，照相的技术开始普及，出现了大量的人脸照片。达尔文在进行了人脸对比研究之后，得出结论说，人类的表情是天生的、共通的、跨种族跨文化的。高尔顿也有一个重要的发现，人类最漂亮的脸是平均脸，所谓平均脸，是指从一定数量的普通人脸中提取面部特征，根据测量数据求平均值，再合成一张脸，这就是人世间最漂亮的脸。高尔顿当年没有计算机，他的办法是照片叠加，你可以想象，他得出这个结论琢磨了多少张照片。

达尔文的观点在其后一百年并不受待见，绝大部分人类学家、心理学家都认为人的表情是从社会文化和社会交往当中学习而来的，不同文化背景的人有不同的表情，每个人对表情的解读都是在特定的文化情境中发生的。

一个比较雄辩的例子是，不同文化背景的人看到相同景象的时候，会产生不同的表情。有心理学家做过实验，美国人和日本人一起观看电影，在出现恐怖、惊悚等刺激的镜头时，日本人会比美国人更多地用微笑来掩饰自己负面的情绪，场景相同，表情不同，这就证明了文化对人的表情有决定性的影响作用。

一张脸就是一块皮，既然人类的表情没有共通性，那就更谈不上对皮肉之下真正的情绪进行解读了。

但这一切被美国心理学家埃克曼（Paul Ekman）扭转了。

一开始，埃克曼也相信达尔文是错的。在 20 世纪 60 年代，埃克曼去了巴布亚新几内亚高地，这里生活着与世隔绝的福瑞人，他们的文明还停留在石器时代。他和这些原始部落的人一起生活，捕捉他们的表情，拍下照片，然后请文明世界的专家来进行解读。他发现这些专家不仅能够准确地解读，甚至还能指出脸上的哪一条肌肉对哪一种情绪起到了特定的作用。同时，他又把文明世界的人脸表情照片带到原始部落，请当地的居民讲述他们看过之后的联想，让他们猜测照片当中的人发生了什么事，这些原始部落的居民连照片都从来没见过，但他发现，他们仍然能准确地区分快乐、生气、讨厌、悲伤、惊讶、恐惧等表情。

那为什么日本人和美国人在观看相同电影的时候，会产生不同的表情呢？虽然前人已经做过实验，但埃克曼自己又做了一遍，他发现，这是因为前人的实验设计有问题，他们让两国的观众坐在一起，日本人比较顾及他人的感受，所以会掩饰自己的表情，而如果让日本人单独看电影，日本人就会表现出真实的表情，而这种表情，无论是日本人还是美国人都是相同的。

此外，埃克曼发现，一个出生时就失明的盲人也会有表情，而且这些表情和其他人的表情高度相似，当然盲人的表情绝对不是通过视觉学习和社交生活获得的，这令埃克曼相信，表情是人类共通的，是人类进化的结果。

——图 12.1——

既然是共通的，埃克曼就决心找出量化和测量表情的客观方法。

要量化表情？这在当时，是一个听起来几乎无法完成的任务。

每个人都有一张脸，但这世界上，没有两张脸完全相同，人脸又是动态的，几乎人类所有的情绪变化都可以通过脸部的细微变化传达出来，人脸太神秘了。

正是因为这种多样性、丰富性和复杂性，人脸从来不是科学家的“菜”，人脸一直是艺术家的领域，从埃及最早的狮身人面像到达·芬奇的《蒙娜丽莎》、蒙克的《呐喊》，再到各种摄影艺术作品，人脸是古今中外艺术家永恒的主题。也可以说，艺术家对人物和生命的刻画主要就体现在脸上，英国艺术家伯格（John Berger，1926—2017）曾经总结说：

> 不管画家在找什么，他找的都是脸，所有的寻找、所有的失去、所有的失而复得，都是关于脸的，难道不是吗？那脸究竟意味着什么呢？他找的是它的回眸，他找的是它的表情，它内在生命精细的表征。[1]

（1）　（2）　（3）　（4）　（5）

——图 12.2　脸部刻画是古今中外艺术家永恒的主题——

（1）《父亲》，油画，罗中立，20 世纪 80 年代；
（2）《大眼睛》，摄影，解海龙，1991 年；
（3）《女人像》，油画，凡·高（Vincent van Gogh，1853—1890）；
（4）《蒙娜丽莎》，油画，达·芬奇（Leonardo da Vinci，1452—1519）；
（5）《呐喊》，油画，蒙克（Edvard Munch，1863—1944），1893 年。

舍雷舍夫斯基（Solomon Shereshevsky，1886—1958）是 20 世纪

[1] 英语原文为："Whatever the painter is looking for, he's looking for its face. All the search and the losing and the re-finding is about that, isn't it？And 'its face' means what? He's looking for its return gaze and he's looking for its expression, a slight sign of its inner life." 约翰·伯格．抵抗的群体［M］．何佩桦，译．桂林：广西师范大学出版社，2008.

最有名的记忆大师，他可以记住无比复杂的数学公式、矩阵，甚至几十个连续的外语单词。在一个实验中，70 个单词连续念出，他只要听过一次，就能重复背诵出来，可以从前往后背，也可以从后往前背。纵使如此擅长记忆，他也坦言，他无法记住人脸：

> 他们是如此多变，一个人的表情依赖于他的情绪以及你们相遇时所处的情境。人们的表情在不断地变化，正是不同的表情使我感到困惑，我很难记住他们的脸。[1]

无法记住人脸的原因是人脸的特征很难被精确地量化。我曾经请教当代中国的记忆大师王峰先生，他在比赛现场曾经创造了听记 300 个数字的世界纪录。王峰告诉我，数字和词语之所以能够被精准地记忆，是因为数字无非就是 0~9 这 10 个数字的排列组合，词语无非是由那些常见的字组成。人脑很容易对数字和词语的特点进行“编码”，但人脸非常难记，因为人脸的模样有无限种可能，而我们很难对人脸的特征进行“编码”，比如我们只能说这个人的脸比较大（脸型）、眼睛比较大（眼型）、有双眼皮、嘴唇比较厚（嘴型）等，这些都是相对的，无法精确量化，这就给识别和记忆带来了挑战。

既然这么难，埃克曼怎么办呢？

埃克曼首先从解剖学出发，确定了人类面部一共有 43 块肌肉，他把每一块肌肉视为一个面部的动作单元，人类所有的表情都可以被视为这 43 种不同动作单元的组合，如果每一个组合都对应一个编码，那这些组合就形成了一个“面部表情编码系统”。

这样的组合有约 10 000 个，但埃克曼发现，其中只有 3 000 多个

---

[1] Aleksandr R. Luria. The Mind of a Mnemonist: A Little Book About a Vast Memory [M]. Cambridge: Harvard University Press, 1987.

对人类是有意义的，也就是值得解读的。

这 3 000 多个组合，被认为基本穷尽了人脸所能做的一切动作。但 3 000 多个也不少啊！

为了解读这些动作代表的表情，埃克曼像斯诺医生一样，拿自己来做实验。他录下自己的表情，观察肌肉的运动怎样改变脸部的外观。他从单一肌肉的动作开始，有系统地做出各种脸部动作的组合，一直到 6 种肌肉同时产生的动作，他试图调动自己脸上的每一块肌肉，做出相应的表情，当他无法做出特定的肌肉动作时，就跑去医院，让外科医生用一根针或者电流来刺激他脸上不肯配合的肌肉，这个场景你如果看到，真会惊呼 OMG（天哪）！

他发现，人脸上的某些肌肉是很难控制的，只能一条一条单独地移动，有些肌肉只有少数人能够调动，这些肌肉叫作困难肌。但在真实情绪到来的时候，那些不容易控制的肌肉就动了起来。所以有些表情是一般人很难伪装的，例如，额头和上眼皮的肌肉很难自主调动。只有 10% 的人不需要用到颊肌，就能把嘴角往下拉，但通过学习，甚至仅需要几百个小时的时间，大部分人都能移动这些不容易控制的肌肉。为什么要学习？你可能首先想到演员的工作需要，但除了演员还真有一些其他职业的人，也被要求克制情绪、隐藏表情，例如政治家、外交家，这就需要接受专门的训练。

对每一种表情，埃克曼不仅将其分解为不同肌肉动作单元的组合，赋予它一个特定的编码，还配上对应的照片和文字说明。埃克曼和他的同事用了整整 8 年的时间创建这个表情编码系统，这个系统也可以被理解为一个表情数据库。

根据这些表情编码，现在你可以判断一个人的微笑是发自内心的还是强挤出来的。自发的微笑由情绪引起，其调动的是在颧骨周围弯曲的肌肉以及眼部周围的小肌肉，这不可能用意识加以指挥；而强挤出来的微笑调动了一块叫颧大肌的肌肉，它从颧骨延伸到嘴角。还有一块肌肉被称为额肌，位于内眉区域，当它微微抬起的时候，就代表着悲伤。“如果看到这个动作，你就会知道这个人已经非常难过了。”[1]

这套编码系统一推出，就被电影、动画片的制作公司采纳，被视为指导演员脸部表演、设计动画人物表情的宝典，这个数据库非常管用，凭借它，埃克曼开创了人类心理学历史上的诸多传奇。

1998 年，美国前总统克林顿同白宫女实习生莱温斯基的性丑闻曝光。一开始，克林顿反复否认他和莱温斯基发生过性关系。当埃克曼看到克林顿在电视上说他没有与“那个女人”发生性关系时，埃克曼就断定克林顿在撒谎：“人们在撒谎时，要做的第一件事就是使用疏离的语言，我们知道他认识莱温斯基，而他用了‘那个女人’一词。”[2] 埃克曼回忆说，在克林顿当选之前，他就在电视上看到过克林顿有过撒谎的表情，他甚至明确地指出了克林顿撒谎时所调动的肌肉。

在精神病医院，常常会有人自杀。试图自杀的病人会来找医生，告诉医生：“我现在感觉好多了，可以出院走走吗？”有经验的医生知道，精神病患者这样说，可能确实好了，但也存在另一种可能：他们完全绝望了，希望获得脱离监护的机会，一旦脱离监护就会自杀。究竟谁是这样的病人，医生很难做出预判。

埃克曼要求医生把他们和病人对谈的过程用视频记录下来，然

[1] Julian Guthrie. The Lie Detective/S.F Psychologist Has Made A Science of Reading Facial Expressions. SFGate [OL]. [2002.9.16].

[2] 同上。

——图 12.3——

后他反复观看。一开始，埃克曼什么都没发现，但是，当他用慢镜头反复播放的时候，突然在两帧图像之间看到了一个一闪即逝的镜头：一个生动、强烈而极度痛苦的表情。这个表情只持续了不到 0.07 秒，但它泄露了病人的真正意图。埃克曼后来在更多的场景中发现了类似的表情，他把它们定义为“微表情”，这种表情往往在人脸上一闪而过，未经训练的人无法察觉，但它们隐藏着人们真实的意图和感情。

我们必须注意到，埃克曼发现“微表情”的前提又是“记录”。医生和病人之间的对谈视频是埃克曼用来开展研究的最重要的素材，他采用视频，而不是照片，是因为人类的照片大部分是刻意摆拍的，它们并没有拍下自然的状态，当研究人员试图捕捉到表情的变化，希望通过人脸丰富短暂的表情解读一个人的意图时，一张照片完全无法满足其要求。当然，视频其实也是照片，当你一秒可以拍摄对象24张照片的时候，它就是视频了。

除了测谎，表情分析还有非常广泛的应用。在商务谈判中，如果及时解读了一个面部表情微妙的变化，你就可能占有优势。又如，很多消费者不会告诉商家自己对一件商品的真实感受，但通过捕捉消费者拿起、放下商品的表情变化，商家可以评估消费者的真实评价，更好地引导消费。再如，大部分时候，人们看不见自己的表情，也意识不到自己的表情究竟对交流产生了什么影响，但他的家人和同事可能更有体会，表情分析可以帮助人们更好地理解和管理情绪，提高沟通技巧。

进入智能时代之后，埃克曼创建的“面部表情编码系统”也成了人工智能表情识别的基础，埃克曼本人早在2004年就曾经预言：“5年之内，面部表情编码就会成为一个自动系统，当你跟我说话的时候，一个摄像头会看着你，它会立即读出你情绪状态的瞬间变化。”[1]

埃克曼明确了产生人类表情的规则，把关于表情的隐性知识上升为显性知识，把它变成了一门“显学”。只要具备清晰的规则，计算机就可以理解并模仿人类表情。事实上，和人类相比，机器解读表情更有优势，埃克曼所定义的微表情，通常是一闪而过的，我们还会脸红，会心跳加速，身体会微微出汗，姿势会微微颤动，这些普通人用肉眼都难以发现，但在一个由数据、计算和模型统治的世界里，摄像

---

[1] Paul Ekman Interview. Conversations with History. Institute of International Studies. UC Berkeley [OL]. [2004.1].

头可以又快又准地捕捉这样的变化。可以预见，终有一天，计算机对表情的解读将比人类还要敏锐，甚至远超那些高水平的奸臣。

什么是隐性知识呢?

来看齐桓公的另外一个故事。有一天齐桓公在堂上读书，有一个人在堂下砍削木头，制作车轮。做着做着，这个木匠和齐桓公搭起话来，他说你读这么多书没用啊，因为这个世界上有很多事情书本根本讲不清楚。例如要做好一个车轮，轮子上的孔要大小合适，插进孔洞的轮辐要不紧不松，这里面有规律，但只可意会，不能言传。“我没办法和我儿子说清楚，我儿子也无法从书本上学到。”他的意思是，这些知识只能在实践中积累，无法通过语言和文字传递。

这种只能通过实践获得，无法用文字记录和表达的知识，我们称之为隐性知识。任何一个有阅历和经验的人都知道，隐性知识的的确确存在。它存在于一个人的大脑之中，可以是一种智慧、经验或者感觉，但无法用文本化、格式化、编码化的方式表达出来。我说不出来，表达不出来，但可以做给你看，演示给你看。可能到了今天，木匠怎么做好车轮这件事，已经可以说清楚了，不再是隐性知识了，但新的隐性知识又会冒出来。当代科学家钱学森也曾经谈到过这样的体会：

> 比如一个学生和一位大科学家老师在一起讨论问题，学生觉得这个问题没有线索，不清楚，但是科学家说很清楚，然后学生去仔细分析了一下，做了做实验，证明科学家是对的。为什么学生看不出所以然来，而老师一下子看到了？我如果是学生就要问老师怎么回事。老师的回答是，说不清楚，你好好学，将来有经验了，知识丰富了，你也

可以做到这一点。[1]

将来有经验了，你也能做到这一点，但原因说不清楚，这也是隐性知识。

隐性知识之所以大量存在，其中一个原因是语言有局限性。生活中有很多信息是用语言无法表达的，用文字无法记录的，你想想人类为什么喜欢拍照？其中一个原因是，有很多场景，我们用语言是说不清楚的，但用图片，一眼看过去，一句话不用说就懂了。正在到来的新文明是以数据为中心的，数据就是一组由“0”和“1”组成的比特集。确实，有的信息不能用语言来表达，有的信息用图片也表达不了，但有没有用“0”和“1”，即用比特也表达不了的信息呢？

我认为没有，如果一兆不够，那就再来一吉。数文明时代的量化，不仅仅是指数量化，更指比特化（数字化）；新时代的分析，不仅仅是数量分析，还指对比特流的分析。数据挖掘、专家系统、机器学习、人工智能这些新工具为隐性知识的显性化提供了新的手段。可以预见，在数文明的时代，人类把隐性知识转化为显性知识的可能性将会大大增大。

2010年起，全世界陆续有多个表情分析系统问世。例如，加州大学圣迭戈分校研发的CERT（表情识别工具箱），可以自动检测视频流中的人脸，实时识别“面部表情编码系统”中的30个动作单元组合，包括愤怒、厌恶、恐惧、喜悦、悲伤、惊奇和轻蔑等表情。经卡内基－梅隆大学和麻省理工学院联合检测，CERT的表情识别准确率达到了80.6%。除了被用于抑郁症、精神分裂症、自闭症、焦虑症

[1] 顾吉环，李明，涂元季，编．钱学森文集：卷三［M］．何佩桦，译．北京：国防工业出版社，2012：317.

等疾病的分析，这套系统还可以装在汽车上，监测驾驶员的疲倦程度，它还可以用于监测和照顾老年人。毕竟，绝大多数人不会明确地说他们不开心或不舒服，但表情会透露他们的真实感受。

在分析解读的基础上，机器也可以利用43块肌肉组合的方法，再造和人类一样的表情，毕竟，埃克曼已经为人类3 000多种有意义的表情总结出了清晰的编码和规则。只要我们清楚地掌握一件事情的规则，人工智能就可以进行模拟和复制，这意味着，机器人未来一定可以具备和人类几乎一样的表情。

机器可以解读人类的表情，就意味着机器可以读懂人类的情绪和内心，理解部分人性，机器人还将具备和人类一样的表情，和人互动，人机交互的想象空间将骤然增大，未来的世界将相当狂野！

这狂野的未来完全符合逻辑。机器人的智慧来源于编码、量化和数据，只要在可以用逻辑、规则和数据表达的领域，机器人就会向人类逼近。换句话说，只要具备数商，机器人就会拥有智商和情商。埃克曼被评为20世纪100位最伟大的心理学家之一，我认为他也是一个高数商的代表。我们每个人几乎每天都会看见人脸，看见表情，也能意识到表情的微妙，但没有人想过去量化、编码。埃克曼找到了量化的方法，这代表着人类对表情真正的了解和掌握。任何一件事物，如果我们不能用数字来对它进行描述，就代表着我们对它并不真正了解，就意味着其中蕴含着模棱两可、说不清道不明的隐性知识。2008年，埃克曼的工作和经历被拍成了电视剧《别对我说谎》(*Lie to Me*)。当我们读到埃克曼这样的伟大心理学家的故事时，不禁回肠荡气，惊叹于他对人类心理的理解，佩服他把表情这样人性化的领域变成一门量化、显性的科学。

这是人类科学进步的一个重要的表现：不断把时代的隐性知识转化为显性知识。一个高数商的人，就要具备这样的能力。

本书讲到这里，我们已经有商人、天文学家、医生、传教士、将军、统计学家、记者、赌徒、心理学家等各色人物登场。很容易发现，除了职业和身份的差别之外，他们有一个共同的特点，那就是都来自西方欧美国家。那我们中国呢？我不是刻意选择来自西方的人物，相较于欧美的历史，我其实更熟识中国的历史，但正因为熟识，我才可以下一个结论：世界的东方缺乏像达尔文、第谷、韦奇伍德、格兰特、斯诺、高尔顿、埃克曼这样的人物。我们的历史乏“数”可陈，但为什么连一个都没有？这有点奇怪，我已经给出了部分答案。在本书的最后，我还将继续回答这个问题。

最后要说明的是，这些主题故事虽然来自不同的行业，有不同的主角，分别代表了数商的不同侧面，给予了我们不同的启发，但它们都发生在 21 世纪之前，即小数据时代。最近 20 年，世界已经发生了非常深刻的变化，如今全世界一年产生的数据，已经要比 5 000 年文明史产生的数据还要多了，我们称其为大数据。在小数据时代，我们主要是用人脑处理数据，但今天如果我们还只用人脑来处理数据，那唯一的结果只能是摇头搓手，望“数”兴叹。所以接下来，我将聚焦在新的工具、技能和方法上，它们是智能时代数商的新维度和新内容。

——思维拓展训练——

1. 传统中国菜的烧制有很多讲究，其中之一是“火候”。据说即使大厨把一道菜的配方告诉你，你也烧不好，原因就在于没有掌握“火候”。有人认为，“火候”是炒菜过程当中的隐性知识，说不清楚，所以大厨也没有办法告诉你，只能靠你自己在实践中摸索。但也有人认为，这不是隐性知识，只是隐秘知识，那是大厨看家的本事，他不愿意告诉你，所谓隐性只是一个托词罢了。何谓“火候”呢？词典上是这么定义的：采用的火力大小与时间长短。你认为“火候”属不属于隐性知识，可不可以量化？

2. 有人去看中医，被某些中医讲得云里雾里、稀里糊涂，中医说你听不懂就对了，道可道，非常道，真正的智慧是说不清楚的，是隐性知识。对此也有一种解释：中医的话语体系就是用很多障眼法来保护自己的核心机密，其实没有什么隐性知识。对以上现象和观点，你怎么评价？

3. 奥斯瓦尔德（Andrew Oswald）是英国华威大学的一名经济学教授。他提出了一种量化幸福的方法，他的方法不是直接询问人们愿意为幸福支付多少钱，而是根据一个量表来调查每个人的幸福程度，然后请他们说说收入和生活中的一些事情，例如婚丧嫁娶、孩子出生、获奖、升职、加薪等，这让他知道了人们的幸福感如何因为某些具体的事件而发生变化，让他将幸福感和收入建立了联系，例如他发现，和睦、稳定、长久的婚姻给人带来的幸福感，与一年多挣10万美元相当。你认为他量化幸福的方法是否合理，不合理在哪个地方，更合理的方法应该是怎么样的？

13

高数商搜索：为什么你找不到，别人找得到

你将在一个新的空间里生活，我不是开玩笑的。

这个新的空间叫数据空间，对应于我们的物理空间，有人叫它网络空间，也有人叫它平行世界，这个新空间就像是我们日常物理世界的数据镜像。在这个空间里，一组数据就可以将某一事实立体性地还原。这种立体性，将带你看到原本在你身后发生的、你曾经看不到的镜头，带你听到你原本没听到的、淹没在喧嚣世界的微小声音，它还可以帮助你捕捉、分析人类作为有限感官生物无法感知的微妙关系。这个空间还可能更加真实，很多人在这个空间里所展示的形态和行为比日常更加率性，例如，一个人在网上的表现可能很张扬、很“愤青”，但在现实中是一个温文尔雅的人。

在我们的物理空间，最典型的建构就是房子。城市里有一座又一座建筑，我们每天从一座建筑出来，然后进入下一座，它们可以有不同的功用，有的是办公室，有的是住宅，还有的是商场、餐厅、电影院等。想想看，如果你不会利用这些空间里的种种设施，那你还算是一个现代人吗？

新的数据空间也像物理空间一样，建筑林立、鳞次栉比。新的空间是由数据构成的，数据就好比物理空间的钢筋水泥，它是这个新空间中最重要的资源，这个空间里的建筑你都可以理解为“数据库”，虽然它们的功用也各不相同，但它们本质上都是一个一个堆放数据的仓库。

这个空间和物理空间大不相同。首先是你摸不着，只能靠眼睛看、耳朵听。在这个空间里，没有太阳月亮，也没有白天黑夜，时间的流逝没有标志，因此你常常会忘记休息，还有，就像在物理空间中，光无处不在一样，数据空间不断向你辐射数据。向你辐射而来的数据可能并不是你想要的或者说真正需要的，但可能让你沉浸，想想吧，你现在有多少时间花在手机上？很多人晚上上床最后一件事是看手机，早上起床第一件事是看手机，半夜起床喝水撒尿还要看一下手机，一天看手机的时间至少有 5~6 个小时，其中 90% 是在微信、抖音、快手上。除了睡觉，很多人几乎整天都无法离开手机，一没看见就要去找，否则整个人都不自在。各种各样的信息怎么都看不完，看手机不像看书，书有固定的页数，翻翻就到最后了，但手机上的信息没边没际，怎么看也看不完。

如果说这不是新的空间，那是什么？如果在这个新的空间，你只接收数据，而不会自己主动寻找数据，就是一件非常可怕的事，那你就是这个新空间里的巨婴。有人在不断给你灌喂信息和数据，他们并不是你的父母，他们指不定会给你什么，如果你被错误的信息引导，那就可能会上演一出悲剧，后果不堪想象。

我们已经进入了这样一个新空间，在这样的双重空间中生活，但很多人的思想还来不及转弯。

在新空间生活

在这个新的空间里，我们需要很多新的工具。如果不会使用新工具，在数据空间，一个人就会像城市中的流浪汉，只能在街道上行走、徘徊、观望，图书馆、餐厅、咖啡厅、电影院一个都进不去。只有掌握了这些新工具，个体才能真正成为新空间的公民，才能从新空间中获得能量的加持，成为智能时代的高能量个体。

我们首先来讨论最常见也是最重要的一种工具：搜索。

为什么要搜索？因为我们面对的几乎一切问题，要做的几乎一切事情，历史上都有人已经思考过了，或者已经做过了。地球上已经有数千亿人生活过，他们留下了许许多多的经验和知识，足以解答我们大部分的人生疑问和难题，我们不主动去利用，不是傻子吗？阳光之下并无新事，你只需要看看前人和别人怎么说、怎么做就可以，互联网上沉淀的数据已经很多，带着你的问题，你可能在互联网上找到连你自己都觉得意外的答案，而不用去做无谓的思考和重复的劳动。通过搜索，你将站在前人、巨人的肩膀之上！

在我 25 年的职业生涯中，我有幸和各种各样的人一起工作，和我亲密工作过的人，应该有百余个。我有一点感受很深刻，那就是大家面对的是同一个互联网，信息和数据就在那里，但每个人获取信息的能力完全不同，有些人根本不去找，有些人想找找不到。还记得麦小嘉吗？他通过搜索得到的启发征服了他未来的丈母娘。

未来的人类，将在物理空间生存，在数据空间中决策和发展。信息和数据是决策的基础，面对不同的信息和数据，相同智商的人也可能会做出完全不同的决策。“不迷路”是最低的要求，一个高数商的个体，应该在任何时候都能找到最合适的信息和数据。

事实上，毫不夸张地说，搜索的能力在相当程度上决定了我们是否能够生活幸福并且获得职业上的成功。

搜索其实也是一个算法，我们在下一章再介绍算法的本质。就像我们可以不知道一辆车上所有零件的细节和原理，但我们必须知道汽车的基本原理，必须学会开汽车一样，作为一个现代人，我们要懂得搜索的基本原理，并学会聪明、高效地搜索。

唯快不破的武功：分布式计算

你肯定用过谷歌的搜索，你输入一个单词，只要一回车，在一眨眼的工夫里，你就获得了成千上万个搜索结果，在它们当中，你一般都能找到你想要的东西。

搜索引擎之所以快，是因为它已经提前为互联网上所有的网页做好了索引。这个索引，并不是为一篇文章确定几个关键词，而是扫描全文，对这篇文章当中出现的每一个单词的频度进行统计，即对一个网页内容的全部单词做全文索引。看到这里，我相信你的反应是，那工作量是不是太大了？没错，但谷歌在你搜索之前已经做好了索引，而且是通过机器自动完成的。

那究竟是怎样实现的呢？

我们来看一个例子，假设有十多个人在一起玩牌，这是一副大牌，有几万张牌，但各有多少张 2、3、4、5……J、Q、K、A，我们并不知道，每个人手里都抓了一堆牌，还在继续摸牌，现在我们要对牌进行一个统计，看看到底 2、3……K、A 各有多少张，那怎么统计最快呢？

最快的方法：一个人固定负责统计一种牌的张数，例如，只要有人一摸到A，就立即转到负责算A的甲的手里，一摸到2，就立即转到乙的手里……一个人负责算一种牌，如果大家一起按照这个规则来做，那每个人手上会有一种牌的全部，这样就可以快速统计出每种牌各有多少张了。

谷歌做索引的方法，就类似于上面算牌的过程。当然，这比算牌还要复杂，牌只有十多种，而英语世界的全部单词有50多万个，互联网上的网页数也已经是以亿为单位的了。为每一个网页内容的所有单词做索引，这个计算量大得惊人。无论是这个过程的计算还是存储，用的都是分布式计算技术。

那什么是分布式计算？

所谓的分布式计算，就是把一个非常大的计算任务，自动分解到成千上万台计算能力不是很强的计算机上，最后再把各台计算机得到的结果合并起来，得到最终结果。

想象一下，一台计算机需要10天才能处理完的数据，如果有10台一起来算，那一天就能完成；如果有1万台计算机同时计算，那不到一分半钟就能完成；如果有10万台，那不到10秒就能完成（事实上可能高于10秒，任务分解和汇总也需要时间）。

在这个分布式计算的体系里，有很多计算机在做完全相同的一件事，它们在一起，又被称为集群，集群有什么用呢？我们举一个例子：

一个大任务由10个子任务组成，各个子任务都不相同，每个单独执行需1小时，在一台计算机上执行这个大任务，需要10小时；

如果采用分布式计算的方案，假设有10台服务器，每台服务器只负责处理一个子任务，如果不考虑子任务之间的依赖关系，那完成这个大任务只需要 1 小时；

但问题来了，如果有 10 个同样的大任务同时到达怎么办呢？

那就可以采用集群方案，要提供 10 组服务器，每组服务器都能独立处理这个大任务，一组服务器由 10 台服务器组成，就是一个集群。假设有 10 个大任务同时到达，10 个集群将同时工作，1 小时后，10 个任务同时完成。

图 13.1 展示了搜索引擎为每一篇文档做索引的过程：假设 {1. see spot run}{2. run spot run}{3. see the cat} 是三篇文章，这三篇文章中含有 see、spot、run、the、cat 这 5 个单词，对这三篇文章建立索引，必须统计每个单词出现的文档编号和次数，要先根据单词进行拆分，然后将同一个单词派发到同一个服务器上，在不同服务器上对每个单词进行分布式计算，最后将单词、文档编号列表、每个单词出现的次数汇总输出一个索引结果，比如当我们需要查找“cat”的时候，就可以快速定位到第三篇文章。

把一台一台的计算机组织起来，成为集群，集群可以完成某个特定的任务；一个集群一个集群又组织起来，它们成为一个计算的阵列，可以完成各种各样的任务。这就像一支部队里的一个班、一个连、一个团、一个师、一个军，它们在一起协同工作，全部的计算机像一支部队一样听从我们的命令。

由于摩尔定律的作用，计算机已经成为大众消费品，很便宜。对一个公司来说，买一万台机器并不难，那真正难的是什么？就跟部队一样，你要招一万个士兵不是问题，但要把一万个人变成一个师就很

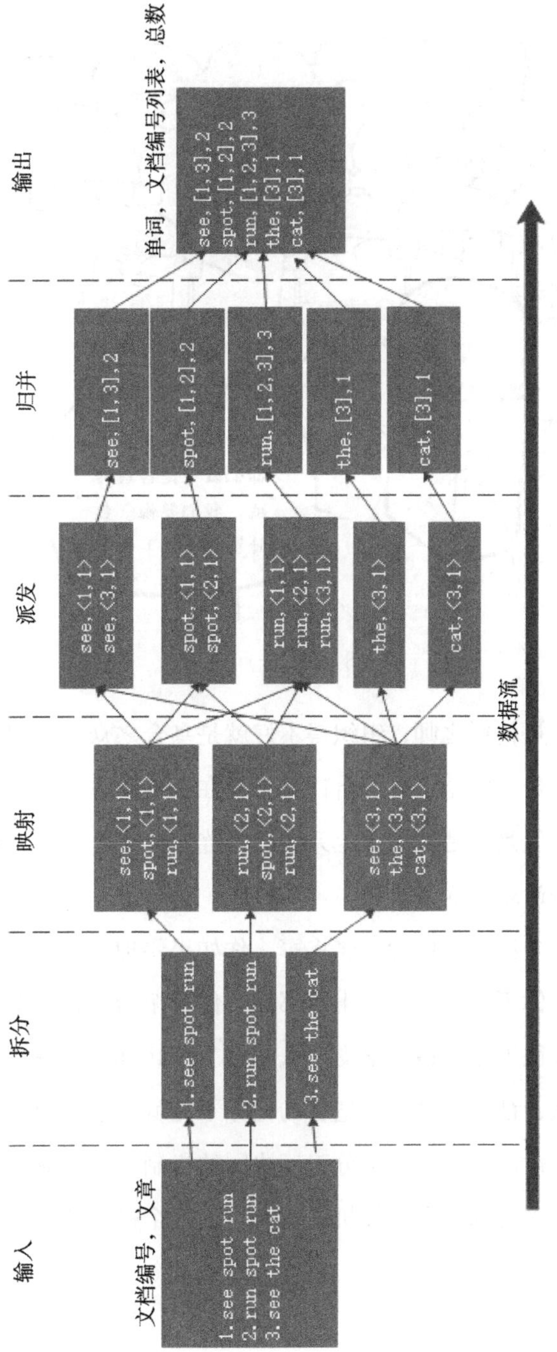

——图 13.1 利用分布式计算对网页建立索引的逻辑过程——

——图 13.2——

难了，组织得好是精锐之师，组织得不好就是乌合之众。同理，要把几万台、几十万台，甚至上百万台计算机放在一个地方不难，那个地方叫数据中心，但是要把这成千上万台机器连接起来，当成一台计算机使用，这就是最难的地方。

用部队来打个比方，作为一名将军，你如果要把一场复杂的战役任务分派下去，你不会派到每个士兵那儿，你会派给军长，军长派给师长，一级一级往下派，最后整支部队的每个士兵都会有任务，你干什么，他干什么，都很清楚，各把各的任务干完就好了。同理，数据中心也需要一个机制，这是一个分工、协同的机制，它把成千上万台计算机组织得越来越像一台计算机一样工作，这个机制就是分布式计算的“操作系统”。

我们在机房，可以看到成千上万台服务器放在一起。机房里有一排一排的机架，一个机架分成 12 等份，每一个等份里面放一台服务器。一个机架先连成一个整体，一个架子放满了再放第二个机架，再把机架和机架连接一起，但操作系统是一个软件，是看不见的，是一个极其复杂的分工体系。分布式计算中最难的，就是开发设计这个让无数计算机在一起分工协同工作的机制，这个机制就是分布式计算的核心。

——图 13.3　数据中心里充满了机架和服务器，它不需要显示器——

高数商搜索

现在你知道了搜索引擎的原理，相信你也知道了该怎么聪明地搜索。

搜索引擎为一篇文章的每个单词都做了索引，所以最有效的方法就是搜索“关键词”！

但很多人不知道的是，可以搜索多个关键词，而且在关键词上，还可以通过组合和排除来提高准确率，下面是我多年搜索之后总结的“高数商搜索的 11 条经验”。

高数商搜索的 11 条经验

经验1

首先要学会的，是使用一篇文章或者一本书后面的参考书目和名词索引表，这既包括线上的资料，也包括线下的资料。一本书列出的参考书目，是所有素材和重要数据的来源，这是最好的搜索扩展工具；而索引表可以帮助读者快速定位书的内容。通过这两个工具，要找资料的人就可以顺藤摸瓜，找到一切想找的东西。所以我一直主张，一本好书绝对不能缺少参考书目或索引表。

经验2

线上搜索的第二步，是查看在线百科全书维基，相比于搜索引擎列出的杂乱结果，维基是互联网上的万亩良田，应该首先从这里查找。但要注意的是，维基上的数据也不是百分之百正确，它所有的内容都是“公开的、可编辑的内容”，对重要的信息还要多一个心眼去核实。

经验3

把关键词和一个特定的数字结合起来搜索，即把数字也当作关键词来搜。包含一个关键词的结果会有很多，但同时包含一个特定数字的结果就会少很多很多。我特别想强调：我们周围的世界每天都在发生很多的事情，有看不完的新闻报道文章，这些文章当中都少不了包含数字，我建议留意这些数字，记录这些数字，然后通过搜索引擎搜索，了解这些数字背后的含义、原因以及与之相关的特定术语，把它们都记录下来，比如打印建成一个活页文档，然后分门别类，不断丰富、查阅和温习。如果你坚持 6 个月，我担保你会变成一个和以前完全不一样的人，你身边的人都会认为你博学多才，称赞你数商很高。

经验4 对一些有争议的问题，可以把争议的关键词和“数据”“回归分析”“因果”“关联”这些词放在一起搜索，你很快能看到一些高质量的实证分析。

经验5 把关键词放在双引号中，代表完全匹配搜索，也就是说，搜索结果返回的页面包含双引号中出现的所有词，连顺序也完全匹配，这样可以提高搜索的精准度。

经验6 如果你想同时搜索两个关键词，但这两个关键词并不连贯，这时候你就可以用并行搜索，格式是：A|B。比如，搜索两个关键词：大数据 | 社会治理。

经验7 当你想要搜出来的结果只含关键词 A 而不含关键词 B 时，只要输入：关键词 A（空格）–关键词B，例如：大数据–保险。

经验8 有的时候，我们只想从文章的标题中搜索，即找到包含一些关键词的标题，可以用“intitle”这个指令，例如：intitle：大数据。这样出现的是标题含有“大数据”三个字的文件。

经验9 专题的文章特别有用，例如 pdf 格式的论文，我们可以快速找到这样的文件类型，例如在搜索框中输入“大数据 filetype: pdf ”，表示含有“大数据”的类型为 pdf 的文件；也可以指定网站搜索，例如在搜索框中输入“大数据 site: zhihu.com”，表示在知乎站内搜索“大数据”；还可以指定来源搜索，给关键词加后缀，比如 edu、gov 等，甚至可以定向选择来源网站的类型；如果需要搜索一篇学术论文，可以输入“大数据 edu filetype: pdf ”，这样就能得到大学网站的 pdf 格式的学术论文，如果需要政府文件，就输入“大数据 gov filetype: pdf ”。

经验10 再好的搜索引擎也有挂一漏万的时候，因此应该尝试使用多个搜索引擎，不要局限于一个，有些信息一个搜索引擎找不到，而其他引擎很容易就找到。

经验11 图片、视频也是数据，要会用关键词去搜索图片和视频，很多时候这会给你带来意想不到的收获，此外很多网站提供的以图搜图也有帮助，可以尝试使用。

一方面，搜索需要技巧，另一方面，我相信更好的搜索引擎还会出现，当下的搜索引擎还相当粗放，输入关键词，只会返回一系列鱼龙混杂的网页。未来的搜索结果应该会走向分类化，例如，古今中外，可能有很多人都叫“李小龙”，一个人上网搜“李小龙”，他要找的可能是电影明星李小龙，也可能是名医李小龙，还可能是作家李小龙，搜索引擎如果能把各个领域的“李小龙”分门别类地列出来，以不同的标签加以区别，就能更加精准有效地提供信息。这样的产品，对搜索者来说，当然就更加好用了。

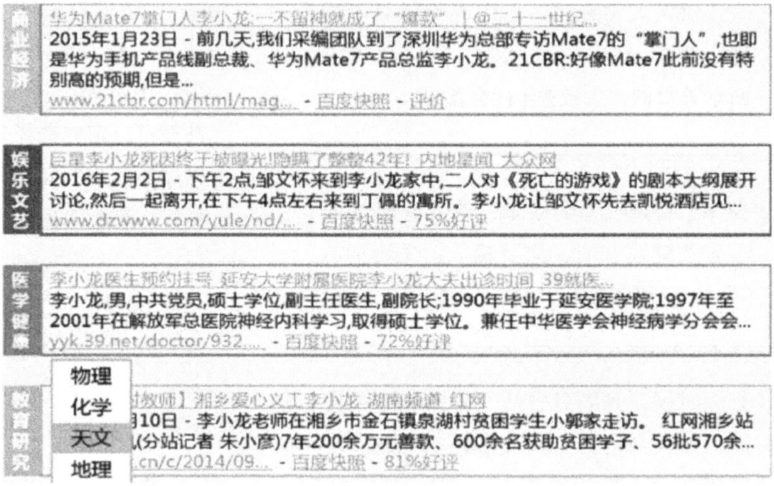

——图 13.4　未来的多维度分类搜索——

我相信，这种以分类为中心的精细化服务将是搜索引擎发展进化的大方向。

记录：从手账到个人数据中心

前面讲了搜索，搜索非常强大，在过去，人们很难在短时间内获得所需要的知识，所以有“书到用时方恨少”一说，但在今天，只要是知识性的问题，你掏出手机一搜就可能找到答案。

搜索这么强大，但也有一个问题，你不能指望什么信息和数据都临时上网去搜啊，那就太不专业了。手机是一个搜索、计算、保存信息的平台，但只能算外部存储器。就像读一本书，通篇都是不认识的字，个个都要去查字典，那是读不下去的。一个人必须建立自己的信息记录体系，即自己专属的内部存储器。

前面已经反复讨论过，一个人要善于随时、随地、随手记录，这种记录也称为“手账”。有人一提手账，就想到家庭主妇的记账本，这样理解是不对的，这个“账”不应该仅仅被理解为财务之账，它还是时间之账、任务之账、资料之账、想法之账、道德之账，这几大账是你人生最重要的账，还记得达尔文所说的吗？人生就是一本大账本。

我也反复强调，记录的过程，就是把事实变成数据的过程，这是一个学习、梳理、复盘的过程，有不可替代的作用。我们常常在饭桌上听到有人讲了一个笑话，逗得大家前仰后合、乐不可支，你听了一遍，以为自己记住了，下次在饭局上，你也讲一遍，但效果就差多了，有人笑有人不笑，为什么？因为你没有记录，没有整理，那个笑话并不属于你。

要让一个笑话真正属于你，你必须至少和它有三次亲密的接触：第一次是在你听到它并把它记录下来的时候；第二次是在温习笔记，回忆那个笑得前仰后合的瞬间时；最后一次是你在分享这个笑话，见证它对别人造成影响的时候。

我的祖父涂廉清生于1910年，他只上过两年私塾，便被送到省城的钱盐商行学徒，学徒无非是站柜台打杂，但几年之后，他学会了记账，打得一手好算盘，地位就不同了。按当时的行情，老板不在家，就是账房先生说了算，抗日战争期间，他先后在几家大商行做账，后来独立出来自己开店。要不是碰到解放时的公私合营，他的生意可能就做大了。他生前常常说的一句话是“手勤免脑记”，这个意思大概有两层：第一层是“手要勤快，脑子才能轻松”，用手记在纸上了，脑子就不用念念不忘去惦记，这就解放了大脑，因为大脑是用来想事情的，而不是用来记事情的；第二层是“脑记不如手记”，因为记忆不可靠，手记更牢靠。这句话是他毕生经验的一个总结。我想他一个普通的农家子弟，没上过什么学，能做到账房先生，又能自己做生意，还做得不错，靠的就是肯记、勤记、善记。当然，这也说明记账和会计知识对经营生意的重要性。

在《数据之巅》这本书中，我介绍过共产党的常胜将军林彪。他的口袋里永远装着一个小本，一有机会就拿出来记，在辽沈战役期间，他创造了一个准确判断敌人指挥部所在地的传奇故事。又如晚清的名臣曾国藩，他规定自己每天要记三则笔记，分别是工作、读书心得和朋友来访时讲的笑话。曾国藩一生成就巨大，他的人生作风和精神遗泽整个家族，后人英才辈出。一个成功的人，其实不仅读书要记，听课要记，谈话要记，所有学习、观察，甚至社交的过程都应该记录。记不记，差别巨大，记下来就给了自己反省、总结、分析的机会。当然，也不是一记了之，记录的性质不同，有的要分析，有的要总结，有的要重温，还有的只是提个醒。

我刚大学毕业那几年，曾经读过三遍成语词典，每读一遍，就做笔记。第一遍按词典的页面顺序读，按页面顺序记；第二遍还是按顺序读，但按“字”来分类记，例如和“马”相关的记到一起；第三遍在第二遍的基础上，按成语的“意”来分类记录，例如把“一马当先”“一骑绝尘”“独占鳌头”“遥遥领先”“争先恐后”这些描述同一个意境的成语再记录到一起。这个用手记录的过程，我终身受益，事实上什么电子化的工具也代替不了。

我们前面谈到过，大数据分析的核心就是分类和聚类，要善于用分类、聚类的方法来做个人记录。讲到这里，我们可以做一个结论：科学的核心其实只有两件事，一是分类，二就是量化。

这些年来，我也一直在坚持读纸质书。为什么呢？因为读纸质书可以在书上圈圈点点并做笔记，你会问，电子书不是也行吗？这就是问题，电子书和网络阅读确实可以记，而且可以大段大段地复制下来，直接存在自己的文档里，但正是因为可以大段复制下来，不是用自己的笔头抄写一遍，自己对书的理解和记忆就大打折扣了。

不仅读书如此，其他行业也受到类似问题的困扰。有一次我在杭州树兰国际医院调研，竟然听到有人反对医疗信息化。一了解，事出有因，因为有了电子病历，手写的病历越来越少，今天的医生在听诊问诊的时候，并不用手记，而是在听完了病人的陈述之后，从自己的文档中复制一段话——电子病历就这样产生了，这导致大部分电子病历当中的病情描述都千篇一律，没有任何可读性。

而 10 年前，大部分病历都是手写的，因为是手写，病情描述有针对性，相对精确，信息量大。医生一边写，一边在思考如何对症下药，为了做好记录，医生会关注患者的口头语言和肢体动作，这极大地帮助了医生做出诊断。但今天，因为信息化和电脑的普及，记录的过程成了不费吹灰之力的、没有任何创造的复制和粘贴。

这个问题很严重，有的医院院长甚至在男患者的病历当中，发现了“子宫”两个字。一查，医生复制错了！

复制粘贴的普及，让我们跳过了很多过程，直接得到我们以前需要付出更多劳动才能得到的结果。这种跳跃，究竟是好是坏？人们越来越多地在键盘上敲打，在鼠标上点击，在手机上滑屏，越来越少通过书写来记录，这对人类的大脑和思维方式会产生什么样的影响？值得研究。

当然，我并不反对使用电子化的记录工具，我的主张是，重要的信息坚持用“手”记，并以强大的电子工具辅助，这种工具可以用来管理自己的记录体系。

我个人最喜欢用的电子化记录工具是微软的 OneNote，这是我记录的主力。我之所以喜欢，就是因为它有强大的交叉分类功能，你可以建立自己的一个专题笔记本，笔记本下面再建立分区组，分区、页、子页。你可以在一个页面之内的任何地方插入或编辑，就像可以拿笔在一张纸的任何地方做记录一样。一个页面可以自由移动、插入任何分区，你几乎可以随心所欲地组合、剪裁和布局。

我的辅助工具是印象笔记（Evernote），它是我在网上记录碎片化信息的管理工具。这个工具也很强大，它的好处是可以和其他 App（应用软件）兼容，可以在其他 App 中抓取信息，还可以用发邮件、拍照、录音的方式来采集信息。我的写作工具是 Scrivener，它也可以用来做记录，并把多条记录像文章一样整合起来。

对我个人来说，OneNote 就是中军，而印象笔记则是我的先锋和网络抓手，Scrivener 是我写作输出的工具。同时，我还有两本手写笔记本，一本是日程、要事和思考的记录，这个本子最好随手带，很多时候一些好的想法如昙花一现，不记下来就消失了，还有一本是读书笔记。我所有的记录都在这几个工具当中流转。

上面讲的主要是资料、要事的记录，另一条记录的主线是时间。时间是我们最大的财富，如果要记账，我觉得一个人首先需要记的，不是花了多少钱，而是你怎样使用你的时间。时间之账也是最容易量化和分析的，因为它本身就是数字。你现在正在阅读的这本书，是我出版的第 7 本书，写作不是我的主业，我要经营公司，参加社会调查、演讲和公益等各项社会活动，此外还要兼顾家庭，我是两个孩子的父亲，要和孩子谈心讲故事，时间从哪来呢？一是别人休息我工作，从晚上大片大片地挤出时间来，当然，为了完成目标，我付出过健康的代价；二是高效地使用时间，我追踪、统计自己的时间利用，每天记录、统计，一到周末就加总、分析，就像在一线作战的部队一样，后勤部门要时时盘点自己的枪支弹药和战略储备。2020 年疫情期间，我读到一本书《奇特的一生》，讲的是苏联学者柳比歇夫（1890—1972）的生平，除了工作，无论是读书看报，还是散步聊天，柳比歇夫把所有时间的使用情况都记录在他的日记里，并每天分析他的有效工作时间。柳比歇夫一生成就巨大，和时间统计法的使用有很大关系。我的方法和他如出一辙，核心就是对时间进行量化管理。

以时间为主轴的这笔账要记得越细越好，如果你管理时间的单位是 10 分钟，那和时间管理单位是 1 小时的人相比，你这辈子，不知道要多完成多少工作和任务。

个人如此，公司也是这样，我在《数文明》这本书中曾经提到中美公司的一个巨大差别。

10 年前，我在美国完成学业，进入一家美国公司工作。我发现每名公司员工每天下班前都需要在网上填写一个表格，这就是工时管理（time cards management，也称 timesheet system）。在这个表格上，员工需要填写自己一天工作的时间分配，即在各项事情上所耗费的时间。例如，一个项目花了 2.5 个小时，另外两个项目各花了 1.75 小时，甚至午餐、上洗手间和休息时间的长短都需要填上。

部门经理可以根据这些数据，统计某个团队在每一项工作上所花费的时间，分析一个具体项目的进度，控制项目的成本。除了统计、控制成本，我在这家公司工作期间，还见证了这些数据在一次商业谈判中发挥的奇效。当时谈判的是一份软件开发合同，对方认为我方报价过高，一直僵持不下，最后我方从系统中调出了过去类似项目的人力成本记录，以辅证报价的合理性，对方看后最终信服，接受了我方的报价。

类似的工时管理记录并不复杂，它在美国已经有 100 多年的历史了。1996—2006 年我在中国工作，2014 年底我再次回到中国，这期间我发现只有极少数的企业和组织采用了这种记录体系和管理方法，询问原因，企业的负责人常常告诉我，员工不可靠，他们填报的数据和事实不符。我认为这个理由不能成立，归根结底，还是全民记录意识、数据意识缺乏的问题。

今天我们已经进入了大数据时代。我相信，一个人需要记录的信息将会越来越多，越来越庞大，未来每个人都会拥有一个数据中心。我期待一个更强大的工具，一个集通讯录、日程提醒、任务计划、电子日记、便笺备忘、密码管理、照片、视频、资料文档、邮件、搜索、编辑、购物、消费、接受服务、存款、医疗、教育、公共事务等各种记录于一身的工具，它的数据形式有文字、表格、图像、声音、视频、社交来往（社交媒体的互动记录）、空间轨迹（GPS 和手机的空间位置记录）等。这个工具可以实现对个人信息记录体系的全面智能管理，例如，对记录信息按主题归类、按时间排序、按地点组织、按人和对象呈现、按事情组织，而且支持模糊查询和自动关联，这样的工具我相信不是梦想，人类很快就会拥有！

但我同时永远坚信，记录的核心工作不能由人工智能代替，正像我们可以用灯照明，用车代步，但永远无法让机器代替我们吃饭睡觉一样，重要的信息必须用纸、笔、手、脑来记，因为只有通过这样的过程，新的信息才能和你固有知识体系里的信息有效融合，真正进入个人的“内存”，转化为自己所有。

你的个人记录体系，将把你所有的个人数据都汇聚到一起，还将帮助你在数据空间获得永生。未来，人工智能可以根据这些数据遗产复制重现你。假设有一天，你孙子的孙子想和你对话，他打开电脑就可以实现。只要你留下的数据足够多，足够大，人工智能将模仿你的人格和智慧回答他的问题。而你孙子的孙子，为了这次跨越时空的谈话，需要付出的可能只是一根香烟的钱。

钓愚：搜索赚钱的模式

关于搜索，我还有最后一点要讲，那就是我们千万不能认为搜索引擎是中立的、公益的、免费的，认识这一点非常非常重要，有人不懂，付出过生命的代价。

一位年轻人挤出人群汹涌的火车站，来到站前广场。这是一座陌生的大城市。疲惫的他需要指引，他之所以来到这个城市，是为了求医。

广场上有一家信息发布大厅。一位长相富态、貌似优雅的老人接待了他，老人告诉他，这是本市最权威、最全面的信息中心。年轻人环顾四周，确实也没看到第二家。

老人向他介绍说，这座城市有几百家医院：第一家是医院甲，第二家是医院乙，第三家是医院丙……老人逐一递过来很多材料，每一页看起来都很高大上。

老人说他的介绍服务都是免费的。年轻人可能没意识到，老人在经营一家商业机构，他们其实在赚钱。他们对年轻人提供的是免费信息，却收了信息提供方——医院的钱。哪家医院给的钱多，他们就优先介绍哪家。而不是哪家名气大、口碑好、医疗水平高，他就先介绍哪家。

医院太多了，年轻人果然只记住了前面几家，在宣传资料上，他看见第二家医院有上过电视的名医，有和外国合作的项目，还有国际一流的设备。

他最终选择了这家。但接下来，他“运气太差”，花了很多钱，疗效很不好，最终不治身亡。

消息传开了，人们责怪这位老人提供了不实的广告，老人却反驳说，他没有做广告，他所提供的信息，是这些医院自己提供的资料以及联系方式。他向年轻人推荐的时候，先说哪家，再说哪家，只是酌情调整了次序而已。

当然，在他的推荐中排名靠前的医院，就必须向他缴纳更多的金钱，这在他们行内被称为“竞价排名”，所谓“竞价排名”，就是谁给钱多，谁就排第一。

——图 13.5——

不幸的是，在这座城市，“竞价排名”在法律上确实没有被纳入广告管理的范畴。如果是广告，他们就负有检查信息是否真实的责任。“竞价排名”在这个城市被定性为：网络推广。也就是说，我只是排了一下顺序，对信息本身的真假，我一概不知，也无从负责。

这正是搜索引擎百度的商业模式。

这也是一起发生在中国的真实悲剧：2016 年全国闻名的魏则西事件。魏则西是西安电子科技大学计算机专业的一名本科生，成绩优秀，但 2014 年 4 月，他被查出患有滑膜肉瘤。这是一种恶性软组织肿瘤，目前还没有有效的治疗手段。他在百度搜索上发现了“生物免疫疗法”，而且疗效“说得特别好”，医院也是百度搜索推荐的，排名领先。他相信了这个推荐，结果这种疗法根本不先进，他在这所医院进行了 4 次不成功的治疗，2016 年 4 月去世。他在去世前披露了自己的遭遇，引起了全国的讨论。

我们需要搜索引擎。

假如你在一个庞大的森林中旅行，你需要方向，迷路不是没有路，而是找不到方向。这个森林，正是我们身处的数据社会的写照。今天的人类，无时无刻不身陷数据的森林，和地球上的森林相比，数据森林每一天都在以惊人的速度变得更加复杂和庞大。

我们需要找到方向，指引这个方向的，还必须是搜索引擎。人类的一切社会活动都伴随着对信息的需求，尤其是经济活动，对信息的需求其实是无穷无尽的。搜索引擎正是提供这样的指引服务。它是我们个性化信息的供给端，作用巨大，但如果不会用，不理解百度背后的商业模式，搜索的结果就可能成为别人“钓鱼”的陷阱，这甚至就是一个“钓愚”的过程。

作为智能时代的公民，我们要认识到，虽然很多数据是免费的，但在给你提供什么样的数据这件事上，有人在平台一端不断地付费，你以为你免费获取的数据是别人善意相“送”的？因为“竞价排名”，信息世界原本的次序被打乱了，而且这种重新排序、扭曲，是在信息平台内部根据搜索引擎的算法发生的，一般人根本看不到，也分辨不出来。大部分免费推送到你面前的数据，都是有目的的——消耗你的注意力和金钱，干扰你的注意力和判断力。一个搜索引擎如果只管赚钱，没有任何公德心，那使用它的人可能处处都要面对消费陷阱。

这是当前互联网的一个重要的特点，认识它的本质，也应该成为这个时代的常识。

如何解决这个问题？线上和线下其实是相通的。回到火车站的场景，我有一种方案，是让火车站广场有多家信息服务中心，让它们提供的信息服务产生竞争，接受市场的考验。如果有充分的竞争，人们有比较，就可以“用脚投票”，选择其他的搜索引擎服务，那好的搜索引擎就可能出现，互联网上的信息就会越来越逼近真正的世界。一个好消息是，百度已经不可能再独统中国的搜索引擎江湖了。

14

掌握新空间的金刚钻

数据库是什么

新空间到底长什么样呢？打开电脑和手机，我们看到的是网页和App，在它们的背后，都是数据库，数据库真的可以被理解为一座仓库，为了好放东西，里面设置了很多个小格子，每一个格子，我们叫作一个表（Table）。

表 14.1 就是这样一个表，它显示的是从大众点评网站上爬取下来的位于深圳的商场数据，每一行代表一个商场，而每一列数据项则代表这个商场的一个属性，例如商场的名称、代号、星级、地址、点评数量等。

拿到任何一个表，我们一般会问几个问题，以期对这个表中的数据有所了解。一是每一行代表什么？一般来说，一行代表一个观测值或者记录值，例如表 14.1 每一行代表深圳的一家商场。二是每一列代表什么？每一列代表观测对象的一个特征或者说属性。三是数据一共有多少行、多少列，是否有缺失值？四是某些列是否需要进行转换？例如为了便于处理，可能要将某些列观测值的属性和格式进行转换。

一个数据库里可以有很多个表，这个表和你在 Excel 内看到的表格本质是一样的，但在一个数据库里，表和表之间是有“联接”关系的，这种关系是靠表和表之间具有至少一项共同的属性来实现的。一旦数据库运转起来，有关系的表就可以互相“联接”啮合，每个表都至少和另一个表发生关系，就像一个机械轴承体里有很多个大大小小的齿轮，它们互相带动，形成一个体系。

表 14.1

title	shop_id	city	channel	level	level_name	star	address	review_numbers	mean_prices	quality_score	environment	service_
[illegible]	1697911	shenzhen	ch50	g119	综合商场	四星商户	[illegible]	313条点评	386	7.7	7.7	7.9
[illegible]	4540129	shenzhen	ch50	g119	综合商场	四星商户	[illegible]	31条点评	331	7.6	7.8	7.8
[illegible]	1.1E+07	shenzhen	ch50	g119	综合商场	准五星商户	[illegible]	76条点评	133	8.7	8.6	8.5
[illegible]	1.1E+07	shenzhen	ch50	g119	综合商场	四星商户	[illegible]	82条点评	200	7.8	7.9	7.9
[illegible]	1697962	shenzhen	ch50	g119	综合商场	准四星商户	[illegible]	122条点评	177	7	7.1	7.1
[illegible]	5606986	shenzhen	ch50	g119	综合商场	四星商户	[illegible]	557条点评	85	8.3	8.1	8.2
[illegible]	1698040	shenzhen	ch50	g119	综合商场	准五星商户	[illegible]	263条点评	370	8.1	8	8.2
[illegible]	6187091	shenzhen	ch50	g119	综合商场	准四星商户	[illegible]	71条点评	58	7.6	7.5	7.5
[illegible]	1.4E+07	shenzhen	ch50	g119	综合商场	五星商户	[illegible]	107条点评	138	8.9	8.9	8.7
[illegible]	2.1E+07	shenzhen	ch50	g119	综合商场	四星商户	[illegible]	429条点评	112	8.2	8.2	8.1
[illegible]	2.3E+07	shenzhen	ch50	g119	综合商场	准五星商户	[illegible]	251条点评	169	8.4	8.5	8.4
[illegible]	1698058	shenzhen	ch50	g119	综合商场	准四星商户	[illegible]	155条点评	182	7.5	7.5	7.8
[illegible]	1.8E+07	shenzhen	ch50	g119	综合商场	准四星商户	[illegible]	24条点评	72340	7.5	7.4	7.6
[illegible]	4680021	shenzhen	ch50	g119	综合商场	准五星商户	[illegible]	66条点评	81	8.3	8.5	8.3
[illegible]	5685747	shenzhen	ch50	g119	综合商场	四星商户	[illegible]	93条点评	91	8.3	8.2	8.3
[illegible]	2775154	shenzhen	ch50	g119	综合商场	准五星商户	[illegible]	97条点评	231	8.4	8.5	8.3
[illegible]	1.1E+07	shenzhen	ch50	g119	综合商场	四星商户	[illegible]	66条点评	138	8	8.9	8.1
[illegible]	4652360	shenzhen	ch50	g119	综合商场	准五星商户	[illegible]	82条点评	58761	8.5	8.4	8.4

掌握一门有“钱途”的语言

我们前面讨论过，在小数据时代，获得数据的手段主要有两个，其中一个就是观察，也就是贾格尔在赌场所做的，把观测值一个一个连续地记录下来，但观察法只能收集自然情况下发生的现象和行为。如果我们想要控制某种环境，诱发某种行为，再进行观察，就要用费希尔发明的实验方法了，就像斯诺故事中的法尔，需要验证空气是不是霍乱的真正病因时那样。

和小数据时代不一样的是，今天的数据无处不在，在你收集之前，可能它们已经提前存在了，今天的互联网，可以被理解为沉淀数据的基础设施，网络就好比一台帮助我们进行记录的数据机器，“网”和“数”的关系，就像“骨”和“肉”那样，无数的数据依附着互联网而存在。

也就是说，不需要观察，也不需要实验，无论你用不用，数据已经在那里了，它服务于全社会！

但要从网上获得这些数据，需要新的工具，新工具主要有两个，一是搜索，二是爬虫。

搜索获得的，是片段式的信息，而爬虫获得的，是有结构的、可以成库的数据，其价值无疑更大。还记得本书开头讲到的麦金利吗？他设计了一个网络爬虫，从 OkCupid 平台爬取了几万名女性回答的几百万个问题，他找出了自己喜欢的女性回答次数最多的问题，然后自己重新回答了这些问题，他和他理想女性的匹配度顿时暴增，每天有约不完的会。

很多地方，一提到爬虫，就形容它是在网络上搬运数据的“机器人”，这几个字让爬虫显得非常高大上，也令人产生了错觉，认为爬虫高不可攀，其实爬虫就是一个程序，一个会在互联网上自动提取数据的程序，而且它不难，每个人都可以学着写。

这就要求你掌握一门编程的语言。凭借这门语言，你可以直接和机器、互联网展开对话，自动地把数据保存下来，今天的数据太多了，无法靠人手工来保存，你必须借助工具，所以一定要学会计算机编程，以实现自动处理数据的目标。

就像人类有很多种语言一样，和机器对话的语言也有很多种，它们的道理都是相通的。

我推荐你学习 Python。我相信我们今天的年轻人，即 2000 年之后出生的年轻人，每个人都需要掌握一门和计算机对话的语言，而其中相当多的人，会选择 Python。

Python 是一门年轻的语言，产生于 20 世纪 90 年代，但它后来居上，增长极快，最近 10 年已经拥有越来越多的用户了。Python 在网页开发、网络爬虫、数据分析与数据挖掘、人工智能等应用方面都非常出色。毫不夸张地说，Python 是目前市场上最简洁、最优雅、最有“钱途”、最全能的编程语言，没有之一。

——图 14.1——

在 Python 语言中，有很多数据采集和分析的功能模块可以直接调用，可谓简单易学，设计一个爬虫的工作量非常小，只要学习一星期，几乎人人都可以开发网络爬虫。

为了说明 Python 是一门简单优雅易学的语言，下面我举一个例子，假如你想去深圳找工作，而且想找和数据相关的工作，你可以先设计一个爬虫，让它在领英网站上自动爬取深圳地区招聘职位说明中包含“数据”这个关键词的职位，并分析在这些职位说明的文本中出现的高频单词，下面就是代码：

```
import requests # 用于从招聘网站中抓取数据
from bs4 import BeautifulSoup # 用于网页解析
from sklearn.feature_extraction.text import CountVectorizer
# 用于对文本中的单词进行计数

texts = [] # 把职位描述装到这个变量里面
for index in range(1,100): # 包含数据的职位描述，共爬取 100 页
page=’https://www.linkedin.com/jobs/data-jobs-shenzhen?page
Num=’+str(index)# identify the url of the job listings
web_result=requests.get(page).text # use requests to actually visit the
url
soup=BeautifulSoup(web_result) # parse the html of the resulting page
for listing in soup.findAll( ‘p’ ,{ ‘class’ :’ job-result-card__
snippet’ }):
# for each listing on the page
texts.append(listing.text) # append the text of the listing to our list
# 以上代码实现的功能是打开 100 个网页，抓取网页中的岗位描述信息，
最重要的变量是“texts”，它存储了 2 574 份岗位说明

vect=CountVectorizer(ngram_range=(1,2), stop_words=’ english’ )
matrix=vect.fit_transform(texts)
print(len(vect.get_feature_names()))
```

```
words=vect.get_feature_names()

# 以上 4 行将获取描述解析为长度一两个单词的长度，并生成词向量
num=matrix.toarray().sum(axis=0)
dicts={}
for w,n in zip(words,num):
dicts[w]=n
# 以上代码将对每个单词统计频数，生成字典“dict”

def sort_by_value(d):
   items=d.items()
   backitems=[[v[1],v[0]] for v in items]
   backitems.sort(reverse=True)
return backitems
# 以上函数仅为了频数字典，按频数降序排列，转换成“list”

words_dict=sort_by_value(dicts)
Print(words_dict)
# 输出出现频率最高的单词
```

上面这个爬虫程序，一共才 20 余行，之所以全部列出来，是因为我想告诉你，这不难，你有大量的模块可以调用，只要学习几天，你就可以写程序了。下面我列出了这段程序运行的一部分结果（在 2 574 份职位说明当中出现了 150 次以上的单词），这个结果表明，出现频率最高、最有参考价值的前 10 个单词分别是：经验、技巧、数据科学、管理、分析、Python、团队、金融、挖掘、机器学习。从这些关键词当中，你不难推断你要找的工作究竟有一些什么特点。

```
[2574, ‘data’ ],
[1276, ‘experience’ ],
[999, ‘looking’ ],
[593, ‘years’ ],
[423, ‘skills’ ],
[388, ‘working’ ],
[379, ‘science’ ],
[378, ‘data science’ ],
[374, ‘management’ ],
[347, ‘looking data’ ],
[330, ‘strong’ ],
[314, ‘analyst’ ],
[293, ‘work’ ],
[287, ‘python’ ],
[283, ‘team’ ],
[282, ‘learning’ ],
[263, ‘financial’ ],
[251, ‘business’ ],
[248, ‘analytical’ ],
[224, ‘analytics’ ],
[221, ‘data analytics’ ],
[209, ‘experience data’ ],
[204, ‘data management’ ],
[197, ‘big’ ],
[195, ‘data analyst’ ],
[192, ‘scientist’ ],
[192, ‘mining’ ],
[192, ‘data scientist’ ],
[191, ‘machine learning’ ],
[191, ‘machine’ ],
[187, ‘ideal’ ],
[186, ‘years working’ ],
[183, ‘specialist’ ],
[183, ‘highly’ ],
[182, ‘mining data’ ],
[178, ‘model’ ],
[178, ‘attribution model’ ],
[178, ‘attribution’ ],
[176, ‘retail’ ],
[163, ‘currently’ ],
[163, ‘analysis’ ],
[162, ‘lead’ ],
[159, ‘visualization’ ],
[158, ‘seeking’ ],
[156, ‘help’ ],
[156, ‘advanced’ ],
[155, ‘platform’ ],
[155, ‘analytics data’ ],
[151, ‘firm’ ]
```

算法：新空间的金刚钻

先从一个古老的故事开始。

沃尔玛是全世界最大的零售商，拥有 11 000 多家分店、200 多万名雇员，它的收入在2018年突破了5 000亿美元，超过了很多国家的GDP（国内生产总值）。沃尔玛也拥有世界最大的商业数据库，并且很早就开始使用算法自动分析挖掘数据。1992年，在芝加哥的一家分店突然有数据分析人员发现，在星期四至星期六下午的5点到7点，啤酒和尿布被同时购买的概率要明显比其他时间段高。

——图14.2——

尿布和啤酒，听起来风马牛不相及啊！再有想象力的人也很难将两者联系在一起，这实在令人费解。经过跟踪调查，研究人员终于发现事出有因：一些年轻的爸爸经常要到超市购买婴儿尿布，有30%到40%的奶爸会顺便买点啤酒犒劳自己。事实的真相居然是这样子！沃尔玛随即对啤酒和尿布进行了捆绑销售，果然，销量双双增加。这也是数据科学历史上的经典案例。

这个故事的真实性也常常受到质疑。有人就问过我，说他为了这个案例，专门到美国的沃尔玛门店去考察，结果发现啤酒和尿布并没有摆到一起，他因此断定这是以讹传讹的无稽之谈。

我认为这个判断很局限。如果啤酒和尿布的销售存在这个规律，也并不意味着这个规律有时空的普适性。反过来说，并不能因为沃尔玛现在没有把啤酒和尿布摆到一起，就否认这种规律性曾经存在过。

我再举一个例子，在日本，有超市发现，下午 3 点，垃圾袋常常和速溶咖啡一起被买走，为什么呢？事实和真相是，这家超市附近有不少高级写字楼，里面有很多公司，这些公司的后勤人员一般下午 3 点出来采购，因为这时候员工容易犯困，就会有同事托付后勤人员代买咖啡，于是对超市来说，把垃圾袋和速溶咖啡摆到一起可以方便顾客。但很显然，这家超市发现的这条规律只适用于日本都市，而且只在高级写字楼密集的区域，很可能并不适用于其他国家的其他地区，同理，啤酒和尿布的规律也有时空的特殊性，简单地说，人类的消费行为是随时间和空间不断变化的。

啤酒和尿布这个例子的核心，在于人们的购物存在规律，这些规律之多，之微妙精细，是坐在办公室里想象不出来的。其实，即使一个街角的小杂货店也有它自己独特的购物规律，就看你能不能发现。一个超市越大，商品越多，其规律也可能越多。例如，仅仅商品的陈列摆放就是一门复杂的学问，如果一名顾客走进一个大超市，不能快速地找到自己要买的东西，超市就会失去商机和收入。商场的任务就是不断把商品的“自由组合”变为“最佳组合”，让消费者可以一次把它们都买走，这就是各种购物网站不断推出各种让人眼花缭乱的捆绑销售、组合套装的原因，注意，是不断调整，不断推出，而不是一成不变。

这就需要算法，算法就是指运用数学和统计学的方法和技巧，用计算机语言编写的解决某一类问题的步骤，就是用计算机能懂的语言，例如Python，执行特定的过程，对大量数据进行自动化的扫描和处理。

要创造新的算法，就要懂数学和统计学。即使在智能时代，这也是一项很有挑战性的工作。你不用创造算法，但你要会用算法。这个道理，就像你会开车，甚至可能会开飞机，但你不会造车，更不懂造飞机。你不懂汽车或者飞机每个部件的原理，但这不妨碍你开车，算法也一样，你可以把它视为一个已经封装的设备，一个数据空间的虚拟设备，你不用打开这个设备了解每一行代码的原理，你需要掌握的是它的功能逻辑，以及知道在什么场合可以使用它，又如何使用它。

算法是我们对大数据进行分析和挖掘的重要工具，仅仅靠我们人类的眼睛和大脑，很难在杂乱无章的大数据里发现有价值的线索。这个过程太难了，所以我们叫它“挖掘”，比喻在海量数据中寻找有价值的规律，就像开矿凿金一样困难。你可以这样理解，大数据就像一座矿山，算法就是我们在矿山中进行开凿的金刚钻、挖掘机。

发现啤酒和尿布的规律，沃尔玛靠的是一个叫购物篮分析的算法。在超市买东西，我们都会用购物篮或购物车把东西装到一起，所以把这个算法叫“购物篮算法”。下面我们要通过解剖购物篮算法，来掌握算法的本质。

金刚钻是怎样炼成的

我们从最简单的场景开始，只考虑两件商品：啤酒和尿布。你住的小区有个超市，假设我们对最近 1 000 名顾客的购物篮进行一次分析，也就是把他们的购物小票进行统计，我们会发现有 4 种人，他们的情况如表 14.2 所示。

第 1 种：只买尿布的顾客有 30 人；

第 2 种：只买啤酒的有 280 人；

第 3 种：既买了尿布又买了啤酒的顾客，有 20 人；

第 4 种：两件东西都没买的顾客有 670 人。

表 14.2 啤酒和尿布的购物篮分析

	买了啤酒的人数	没买啤酒的人数	总计（人）
买了尿布的人数	20	30	50
没买尿布的人数	280	670	950
总计（人）	300	700	1 000

这组数据能够说明什么呢？首先我们知道了啤酒和尿布是有关联的，但这种关联是不是真正的因果关系呢？这有待确认。

我们可以清晰地看到，在所有的购物小票中，尿布出现了 50 次，啤酒出现了 300 次。这里表示次数的 50 和 300 叫作“支持度”。所谓支持度，就是一件商品或者一个商品集，在整个数据集中出现的次数，即：

{ 尿布 } 的支持度为 50；

{ 尿布，啤酒 } 的支持度为 20。

出现次数越高的商品，支持度也就越高，说明它的“人气”也就越旺。请记住，支持度是我们判断两个物品之间是否有关联关系的第一个门槛，它衡量了关联程度在“量”上的多少。

在购买尿布的50人当中，有20人都购买了啤酒，搭配购买率达到了2/5（40%）。在购物篮分析中，同时购买其他商品的概率被称为“可信度”，我们用可信度来衡量一种关联关系的有效程度，即：

$$\{尿布\} \rightarrow \{啤酒\}的可信度=\frac{\{尿布，啤酒\}的支持度}{\{尿布\}的支持度}$$

$$=20/50=40\%$$

请记住，可信度是我们判断两个物品之间是否有强关联关系的第二个门槛，它衡量了关联程度在“质”上的可靠性。

可信度是40%，看起来这两件商品的购买关联度还是挺高的。这时候我们要把啤酒和其他商品进行比较，假设我们发现买尿布的人最有可能同时购买的商品就是啤酒，我们就可以得出一个结论，把尿布和啤酒摆到一起，可以提高啤酒的销量。

但还有一个问题需要考虑！因为本来买啤酒的人就远远多于买尿布的人，成年男性绝大部分都喝啤酒，因为有了孩子，说不定他们还会戒酒，购买尿布的人当中有40%买了啤酒，这个比例到底是高还是低，我们无法确认。如果他要戒酒，我们向他推荐啤酒就失去了意义，所以我们要引入一个新的指标进行对比，我们从表14.2的第三行可以看到：1 000人当中有300人买了啤酒，购买率是30%，而购买尿布的顾客中又买了啤酒的顾客，是50人当中有20人，为40%。两者相比就能得出一个“对比度”，对比度是我们衡量关联程度的第三个门槛。现在对比度是40%÷30%≈1.33（倍），这说明买了尿布的人比没买尿布的人更有可能买啤酒，所以我们认为它们不仅关联，而且具备因果关系！

我们上面是倒着推，只列出了两件商品，而真正的购物篮分析是要从所有的商品购买组合中，找出满足支持度、可信度和对比度都符合条件的组合。

简单地说，这个分析的步骤如下：

1. 设定一个最小支持度，把那些不满足最小支持度的集合去掉，我们把这些集合称作非频繁集合；
2. 扫描所有交易记录，计算每一个组合（第一次每个组合只有一件商品）的支持度；
3. 把满足最小支持度要求的集合定为候选集合，把不满足最小支持度的集合去掉；
4. 对候选集合进行组合，以生成包含两个元素的集合（每次增加一个元素）；
5. 重复步骤 2、3、4，直到所有非频繁集合都被去掉，剩下频繁集合，频繁集合就是经常出现的组合；
6. 设定一个最小可信度；
7. 对每个频繁集合计算可信度，那些大于等于最小可信度的集合，就是我们要找的具有高关联关系的集合。

说得更简单一点，购物篮分析就是用支持度这把尺子先从“量”上挑选出频繁集合，然后用可信度这把尺子从“质”上分别去度量每个频繁集合，哪些集合的可信度大于等于最小可信度，就说明哪些集合具有高关联性。

这个过程有多复杂呢？先从最简单的情况说起，假设我们有 4 件商品，分别是 A、B、C、D。图 14.3 展示了这 4 件商品之间所有可能的搭配组合，共有 15 种。

想必你马上就意识到了，这张图里面只有 4 种物品，只需要遍历数据 15 次（即 2^n-1），计算起来还比较简单，如果商品的种类增多，上万种甚至上百万种呢？那得有多少组合项啊，靠人脑怎么算得过来？事实上，一个普通百货商场的商品就有上万种，可能的组合项就更多了，靠人一种一种来看是不可能完成的。

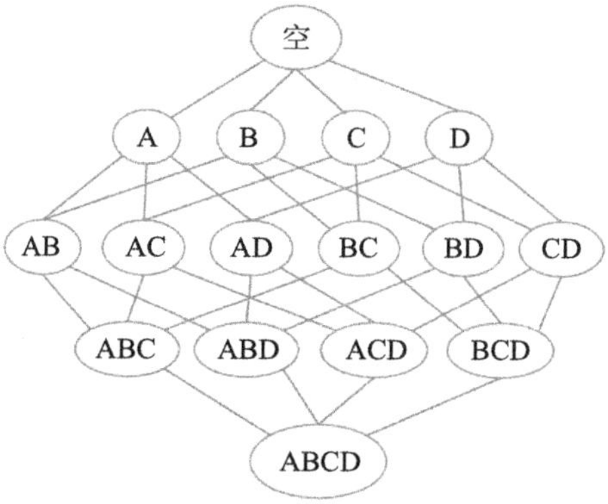

——图 14.3——

有没有办法快速减少组合项，缩短计算时间呢？1993 年，IBM（国际商业机器公司）的数据科学家阿格拉沃尔博士（Rakesh Agrawal）就总结出了 Apriori 算法，高效地解决了这个问题。具体的原理是：如果某个集合是频繁集合，那么它所有的子集也是频繁的，即如果 {A，B} 是频繁的，那么子集 {A}{B} 也一定是频繁的。

啊！这个原理听上去没什么用，但我们反过来看看，也就是说，如果一个集合是非频繁的，那么它的所有超集也是非频繁的。即如果 {C，D} 是非频繁的，那么超集 {A，C，D}{B，C，D}{A，B，C，D} 也是非频繁的。所以不要小看这么简简单单的一句话，它可是数据挖掘中的经典算法之一。

运用 Apriori 算法，我们对图 14.3 进行改良，可以得到图 14.4，把灰色底非频繁的组合都去掉，只算圆圈圈住的，就可以把原来 15 个的组合减少为只有 11 个。这样工作量就大大减少了。即使有万亿种组合，计算机也能嗖地一下就得到结果。

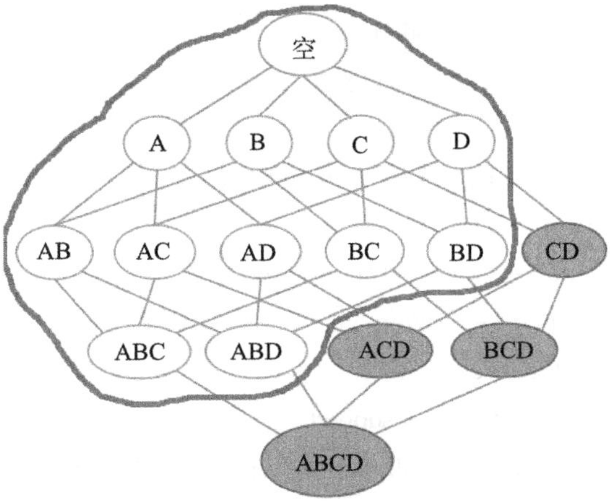

——图 14.4——

在这个过程中，有很多步骤都需要程序来执行，下面的一段小程序，就是步骤 1 到步骤 5 的 Python 语言实现：

```
# 过滤掉非频繁集合
# 返回频繁集合列表 retList 所有元素的支持度字典
def scanD(D, Ck, minSupport):
    ssCnt = {}
    for tid in D:
        for can in Ck:
            if can.issubset(tid):  # 判断 can 是否是 tid 的子集（这里使用子
集的方式来判断两者的关系）
```

```
                if can not in ssCnt:    # 统计该值在整个记录中满足子集的次
数（以字典的形式记录，frozenset 为键）
                    ssCnt[can] = 1
                else:
                    ssCnt[can] += 1
        numItems = float(len(D))
        retList = []        # 重新记录满足条件的数据值（即支持度大于阈值的
数据）
        supportData = {}    # 每个数据值的支持度
        for key in ssCnt:
            support = ssCnt[key] / numItems
            if support >= minSupport:
                retList.insert(0, key)
            supportData[key] = support
        return retList, supportData # 排除不符合支持度元素后的元素 每个元
素支持度
```

算法就是为了解决某些特定问题而编制的一系列代码，在长期的实践过程中，这些代码由不止一名科学家不断丰富、优化、发展。它没有最好，只有更好。随着对问题认识的深入，一个算法也常常延展派生出新的算法，例如，有一个算法叫时序分析，它和购物篮算法很相似，什么叫时序分析呢？例如一个怀孕的女性在购买验孕纸之后，会购买叶酸、孕妇装、各种婴儿用品，直到生产后 4 个月会购买婴儿车，分析这种购买的时序行为，叫时序分析。一开始的时候人们常常把购物篮分析和时序分析混为一谈，统称为关联分析。后来数据科学家才慢慢意识到，购物篮分析是指顾客购买某种东西时，哪种东西被同时购买的可能性更高，这和时序分析有本质的不同，这才发展出各

自的算法。

即使不做购物篮分析，零售店也知道把面包和牛奶放在一起卖，而不会把马桶和面包放在一起卖，这是常识。但啤酒和尿布放在一起卖居然能“来电”，即使一个经验丰富的超市经理想破脑袋可能也想不到，购物篮算法就能发现这种隐晦的规律，所以价值巨大。但我们也要知道，在算法分析的结果当中，类似于啤酒和尿布这种有价值的组合很少很少，可能 1% 都不到。购物篮分析也很依赖数据量的大小，只有数据量足够大的时候，才可能出现有价值的分析结果。打个形象的比方，数据分析就好像是披沙拣金，又好像是驾船出海，在你决定要做的时候，能不能找到目标和宝藏，有很大的不确定性。

但又不能不找！因为你不找，别人找，别人就会比你卖得更多。利用购物篮分析，沃尔玛创造了很多有价值的发现。例如，每次飓风来临前，手电筒、电池、水，这些商品的销量会上升，但一种袋装小食品“Pop-Tarts”的销售量也会上升。这个事实又出人意料，数据科学家回答了这个问题，一是因为美国人喜欢甜食，二是因为它在停电时吃起来非常方便。此后，只要一个地方有飓风来袭，沃尔玛就会提前增加当地店面的“Pop-Tarts”仓储，并立即把它和水捆绑起来一起销售，而飓风过后则解除这种捆绑。如果没有购物篮分析，这种微妙的关系就难以被发现。

除了在大型超市，购物篮分析也在其他领域被广泛地应用，例如在电信、金融、保险领域，它可以用来设计不同的服务组合、投保组合，甚至在医疗领域，分析哪些药物和治疗措施放在一起会导致并发症，用的也是购物篮分析的原理。

一半是科学，另一半要靠艺术和故事

一个高数商的人，会用 A/B 测试的实验方法创造数据，会用爬虫的方法获得数据，会用算法分析数据，但这些还不够，数据分析的结果只有被人类真正使用和采纳才能产生价值，一个数据科学家常常要向非专业人士，特别是向大众解释数据。讲不清楚，无人接受，就只能顾影自怜了。

还记得斯诺医生吗？他用一张图说服大家接受他的分析结果：导致霍乱传播的不是空气，而是水源。

我们再讲一个斯诺同时代的故事。

1853 年，英国和俄国之间爆发了克里米亚战争。这场战争共死亡 50 多万人，异常惨烈。南丁格尔（Florence Nightingale，1820—1910）是英国的一名战地护士，也是一名自学成才的统计专家。她出身富裕家庭，却立志做一名护士，并跟随部队来到遥远的前线。她在战场发现一个惊人的事实：由于医疗卫生条件恶劣导致的死亡人数，竟然大大超过了战争一线的阵亡人数。南丁格尔将她的统计发现制成了一个图，该图清晰地反映了“战斗死亡”和“非战斗死亡”两种人数的悬殊对比。当这张图被登载在报纸上，英国民众愤怒的声浪此起彼伏，他们无法相信，人民的勇士不是战死了，而是饿死了、病死了，讨论的风暴越刮越猛，这促使当局做出成立野战医院的决定，随后当局建立了人类历史上第一所正式的野战医院。

南丁格尔后来被誉为现代护理业之母，她的这份图，是历史上第一份“极区图”（polar area diagram），也是早期统计学家利用图形来展示数据的经典探索。

斯诺和南丁格尔的做法，今天被称为“数据可视化”（data visua-

——图 14.5——

lization），它是指以图形、图像、地图、动画等更为生动、易为理解的方式来展现数据的大小，诠释数据之间的关系和发展趋势，以期大众更好地理解、使用数据分析的结果。

一份图催生了一座医院，改变了一个制度。南丁格尔的贡献，充分地证明了数据可视化的价值，特别是在公共领域的价值，官僚们麻木的神经尤其需要强烈的视觉效果来冲击、刺激。生理学也证明，人的大脑皮层当中，有 40% 是视觉反应区，人类的神经系统天生就对图像化的信息最为敏感。通过图像，信息的表达和传递将更加直观、快捷、有效。

图不仅直观，而且看起来更加值得信赖！这是人性！康奈尔大学的一名教授曾经做过研究，当一则广告宣传仅仅用文字来说明一件产品的效果时，只有 67% 的研究对象表示他们相信，但当同样的文字配上一幅图一起呈现的时候，有 97% 的人都说自己相信。[1]

斯诺和南丁格尔的成功，关键在于通过可视化清晰地呈现了事物之间的因果关系。很多时候，我们都要把数据分析的结果告诉公司的一把手或者普通大众，这是一个交流的过程。高数商的人一定要有能力完成这个闭环，但我在 20 多年的职业生涯当中，常常听到老板的抱怨："我听不懂你那个分析的鬼过程，你能不能说句人话？"很多有能力的数据分析人员都说不清楚，在这个环节不战而退，令人扼腕叹息。

不注重数据的呈现和交流，使自己的分析结果功亏一篑，这方面的反面案例也有。

孟德尔（Gregor Mendel，1822—1884）是现代遗传学的奠基人，他用了 8 年的时间做豌豆杂交实验，现代遗传学的三大定律他一个人发现了两个，实验成果也被整理成论文发表了。他曾在科学会议上宣讲自己的重要发现，但因为他的论文和演讲只有枯燥繁复的数字，当时学术界都无人能够完整领会，更不要说普通人了，结果他的发现被埋没了！直到他去世 16 年后，有人翻出了他的论文，才重新认识到孟德尔那些数据的价值，整个遗传学事实上被耽误了 40 多年之久！

人类天生在第一时间就会寻找对感觉的依赖，视觉冲击要远远强过数据。事实上，人类的大脑对很多数据是无感的。

[1] Aner Tal, Brian Wansink. Blinded with Science: Trivial Graphs and Formulas Increase AD Persuasiveness and Belief in Product Efficacy [J]. Public Understanding of Science, 2014, 10.

有一个流传已久的老故事，一个棋手和国王比赛下棋，国王问他赢了想要什么，他说："只要在棋盘上的第一格放一粒米，第二格放两粒，第三格加倍至四粒，以此类推，每一格均是前一格的二倍，直到整个棋盘的格子都算上。"

国王认为这个棋手就是一个吃不饱饭、没见过世面的傻瓜，最多用一袋米，于是他欣然答应，但没想到，不算不知道，一算吓一跳，大米越放越多，要放满整个棋盘，整个国家的大米都不够。

类似的问题，我们的认知专家已经罗列了一打，例如睡莲问题：池塘中的睡莲繁殖速度很快，每天面积扩大一倍，如果覆盖整个池塘需要 48 天，那覆盖池塘的一半需要多少天？正确答案是 47 天，而不是 24 天。又如折纸问题：如果拿一张普通的纸，假设它的厚度是 0.1 毫米，你对折一下，再对折，一直对折 50 次，那它会有多厚？答案是一亿多公里，接近于地球到太阳的距离。

这种增长被称为"指数型增长"。对于什么是指数型增长，我们很多人是无感的，大部分人只能理解线性增长，为什么？因为进化没有给我们这样的经验，我们祖先的经验就是线性的，如果打到两只兔子，就有双倍的肉吃，如果花双倍的时间采摘果子，就有双倍的收获，从石器时代到农业时代、工业时代，我们的祖先遗留给我们的经验就是这样的。

不仅如此，我们祖先对"大数据"也是无感的。当数据大一点，以百万、千万、亿，甚至百亿为单位，就超出了我们的日常生活经验。例如，天文学家告诉我们："宇宙中有 1 000 亿个星系，每个星系当中又包括大约 1 000 亿个星体。"我们对这两个 1 000 亿，是没有感知的，换成 100 亿、10 亿、1 000 万，对大部分人来说几乎没有区别。

那应该怎么样找到感知呢？我的办法是找参照、对比，例如，今天地球上的人口数量大约是 75 亿，1 000 亿是它的十几倍，那就想象有十多个地球站满了人，每个人都是一个星系或者星体。又例如，生物学家认为，人类的大脑中大概有 1 000 亿个神经元（细胞），和宇宙内的星系数量级正好对应，这样来对比，就容易找到感觉。

我们前面讨论过，人类的直觉天生是反概率的，对概率没有感觉。除了概率还有比率，人类很难理解数字所代表的真正含义。

最近几年，去越南旅游的朋友越来越多，他们回来之后，除了称赞当地的风土人情，还不约而同地跟我谈到一个感觉，那就是东西便宜。一个普通人到越南，会顿生富豪之感，因为 1 人民币 ≈3 300 越南盾，人人都感觉自己是百万富翁。

但好玩的是，他们几个又去了欧洲，回来后都抱怨东西贵。要说欧洲的物价高，那么在欧洲的花费应该更多才对。结果一算账，他们发现自己在越南花的钱竟然比在欧洲花的还多，每个人都摇头觉得不可思议！

我听了他们的经历之后，不禁莞尔，这又是感觉战胜数据的证明，很多人面对高面值、购买力强的外币，如欧元、美元时，买任何东西都觉得贵，一换算就放弃了购买，这不买那也不买，所以花费就少，而使用面值较低的外币时，所有的东西看起来都很便宜，这刺激了他们“买买买”！结果就是花了更多的钱。

在很多场景之下，感觉都完胜数据。相比于数据，图片对人类大脑的影响要强大多了。有多个心理学家做过一个类似的实验，他们请人们给某贫困地区的孩子们捐款。第一组展示的是一组孩子的照片，这些孩子个个骨瘦如柴、衣衫褴褛，眼睛里带着哀求和恐惧，身边的环境一贫如洗；另一组展示的则是一组统计数据，表明这个地区有数百万名贫困儿童，数据列出了他们的体重、营养状况、家庭年收入、失学率等详细的情况。这么说吧，通过这些齐备的数据，募捐的人们可以了解到的信息要远比照片丰富全面，按说这一组应该募集到更多的捐款才对，但你可能猜到了，结果恰恰相反，数据这一组募集的捐款总额连照片那一组的一半都不到！

再例如，劝人买保险很难，特别是养老保险，即使把人生几十年的大账算得清清楚楚，讲给对方听，很多年轻人也无动于衷，因为他们对年老没有感觉。但有公司想到了一个好办法，通过数字化的模拟技术，让消费者看到自己80多岁时的老年模样。实验表明，看过自己年老的照片之后，很多年轻人增加了自己对养老保险的投入，增加的幅度甚至是以前的两倍。[1]

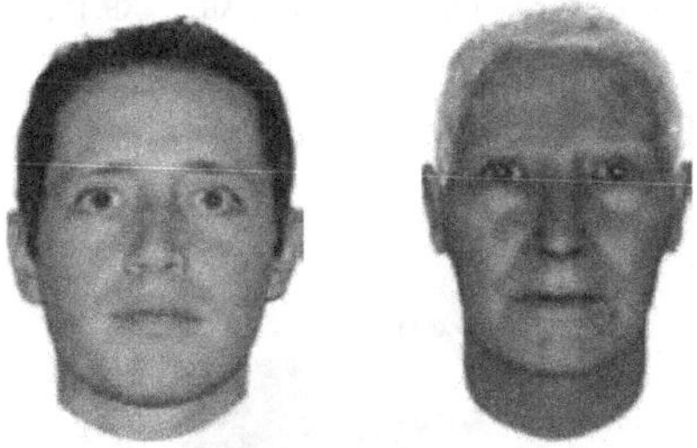

——图 14.6——

图左：当下的真实照片；图右：利用数字技术虚拟的老年照片。

在美国的新闻历史上，曾经有一个禁令，其宣传部门禁止所有的

[1] Hal E. Hershfieldet al. Increasing Behavior Through Age-Progressed Renderings of the Future Self [J] . Journal of Marking Research, 2011,11 (48).

媒体在报纸上公开刊登阵亡官兵的棺材照片，但美国政府从来不避讳公开在一场战争中牺牲的人数，这些数据可以在各种各样的新闻报道和专门报告中找到，为什么呢？传媒专家都知道，图片会激起人们强烈的感情，甚至可能催生大规模的反战游行，但由数字激起这样的情绪化群众运动，可能性就会小很多。

叙利亚内战大家都知道，这场战争造成了庞大的死伤人数，也造成了庞大的难民群体，曾经美丽的叙利亚到处断壁残垣，人们生活在水深火热中，可是这些都没能触动西方世界，一边是无边的战火，一边是隔岸观火，甚至火上浇油，地球仿佛是两个世界。

直到一张照片出现。

2015 年 9 月 2 日，土耳其海滩上漂来一具幼童遗体，这是一名 3 岁的叙利亚小难民，面朝下趴在沙滩上，仿佛睡着一般。这名 3 岁的叙利亚小难民，为避开国内战乱，向加拿大申请难民签证被拒绝，无奈和家人搭上了难民船，前往欧洲避难。难民船因严重超载而倾覆，尸体被海浪冲上了沙滩。

——图 14.7——

小男孩趴在沙滩上的照片让无数人心碎，这张照片迅速传遍世界各国，成为欧洲难民危机爆发以来“最揪心的画面”，引起广泛的震惊和反思，直接改变了欧洲的难民政策，并推动了对战争本身的反思。

这就是视觉的力量。这也是为什么新闻可以不要数据，但一定要配图片。

看过这些例子，你仔细一想，就会明白人类的偏好。我们的大脑偏爱色彩鲜明的、情感丰富的画面、场景和故事，对它们会产生强烈的反应，但对抽象的、复杂的、需要解释的数字，反应极为微弱，因此在大脑决策的那一时刻，故事和场景排第一，图片排第二，文字排第三，数据只能靠边站。

这也是人类思维的传统。我们的大脑是凭借故事中的情节、场景和画面来思考的，而不是使用数据。这一结论，也是认知心理学家反复发现的事实。所以，你如果想让更多的人接受你的数据，就一定要考虑让数据可视化，把数据变成图片，放进一个具体的场景，把场景讲成一个故事。

进入 21 世纪之后，大数据的爆炸使人们更加需要数据可视化的工具。目前这已经是一个专业市场，其产品绚丽多彩、百花齐放，从最早的点线图、直方图、饼图、网状图、箱状图等简单的图，发展到仪表盘（dashboard）、记分卡（scorecard），再到交互式的三维地图、动态模拟、动画技术。曾经冰冷坚硬、枯燥乏味的数据开始“舞动”，变得“性感”。但要从这众多的可能当中为你的数据选择一个最佳的可视化方法，并不是一件容易的事，一组适合用直方图呈现的数据，就不适合用饼图呈现，想想吧，为什么在一份年度报告中，有些数据以柱状图出现，而有些数据又以雷达图出现？每一个有效的呈现，都是一个优秀的设计。

这种设计把美学和故事带进了数据分析，一幅好的数据可视化作品不仅能有效地传达数据背后的知识和思想，而且华美精致，如一只振动翅膀的彩蝶，刺激视觉神经，调动美学意识，留下栩栩如生的印象，令人过目不忘。

数据可视化堪称“数海之花”，我认为它是一门艺术。艺术和科学的区别是什么？简单地说，科学就是事实的量化，艺术就是联想的激发。音乐是声音的艺术，诗歌是语言的艺术，绘画是色彩和形状的艺术，雕塑是空间和形体的艺术，数据可视化是一门量化的艺术。高数商的人不仅要懂数据分析，还要精通量化的艺术，要借助生动的图片和有吸引力的故事把数据呈现出来，集故事讲述者和艺术家的特质于一身。

不仅需要可视化，还需要讲好一个故事，你会不会觉得这太难了？如果你觉得意外，就想想陆游那句话：“汝果欲学诗，工夫在诗外。”道理是一样的。始终要记住的是，迄今为止，人类思维的第一工具是场景和故事，然后是画面，再次是文字，最后才是数据。

三个似是而非的概念

对数据分析的“小白”来说，他们常常要问的一个问题就是，统计、数据挖掘和机器学习，这三者的联系和区别究竟是什么？

这三个概念互相纠缠，确实有必要厘清。先来看一个故事。

1948 年，杜鲁门和杜威两个人竞选美国总统，当时的统计明星盖洛普（George Gallup，1901—1984）通过抽样调查预测杜威将当选，新闻界对这个预测深信不疑，为了抢占先机，很多报纸提前一天印好了杜威当选总统的头版版面，光《纽约时报》就印好了 15 万份，结果却令所有人都大跌眼镜，杜鲁门当选了，这些印有杜威当选的报纸只好全部销毁。

在《数据之巅》这本书中，我曾经专门讨论了盖洛普对统计学的重大贡献，他把抽样技术应用到了商业领域。抽样的发明，是传统统计学的一次重大变革。想想吧，如果没有抽样，你去验血，那就意味着要把你全身的血抽干才能得出一个结论。盖洛普把抽样技术用于社会调查，通过选取有代表性的样本来做问卷调查，而不必像人口普查一样，把全社会的人都问一遍。

盖洛普在去世前，曾经十多次准确地预测了美国总统大选的结果，但这次为什么会失败呢？原因就在于，抽样调查需要经过问卷设计、信息收集、数据分析等多个步骤，这导致了数据的滞后性，而真实的情况是瞬息万变的。在竞选的最后两周，盖洛普已经停止了数据采集，而杜鲁门恰恰在这最后的关头扭转了败局。

在大数据出现之后，对总统竞选结果的预测，已经出现了更有效的新方法：在投票的前后，用购买或者爬取的手段，获得社交媒体上的数据，然后对这些数据进行分析和挖掘，这样可以较为准确地预测出谁能当选。2008 年、2012 年、2016 年三届美国总统的选举，都有人通过挖掘推特、脸书上的数据，准确预测到了选举的结果。

这种对互联网数据的挖掘，不需要设计问卷，也不需要挨个儿调查，成本很低。算法一旦开发出来，就可以重复使用，一个人就可以完成，而不像问卷一样要出动大量的人马。更重要的是，这种分析是实时的，没有滞后性。所以，有越来越多的科学家相信，因为大数据的出现，统计科学将重新洗牌，进入一个新的时代。在这个新的时代，以算法为中心的数据挖掘将成为越来越重要的分析预测工具。

抽样技术，作为传统统计的核心武器，重要性将下降，成为辅助的工具。

这么讲，你应该清楚了吧，因为数据采集的方式变了，互联网上已经沉淀了海量的数据，你去使用这些数据就好了。这就是统计和数据挖掘的区别。

但机器学习又是什么呢？

机器学习可以说是新一代的数据挖掘技术。它凭借的也是算法，但和传统算法不同的是，它的算法并不是固定的，它能够随着计算、挖掘次数的增多，自动调整算法的一部分参数，使挖掘和预测的结果更为准确，就像有学习能力一样。打遍天下无敌手的国际象棋机器人“深蓝”，还有把众多围棋名将下得没有脾气的“阿尔法围棋”（AlphaGo），用的都是机器学习技术。

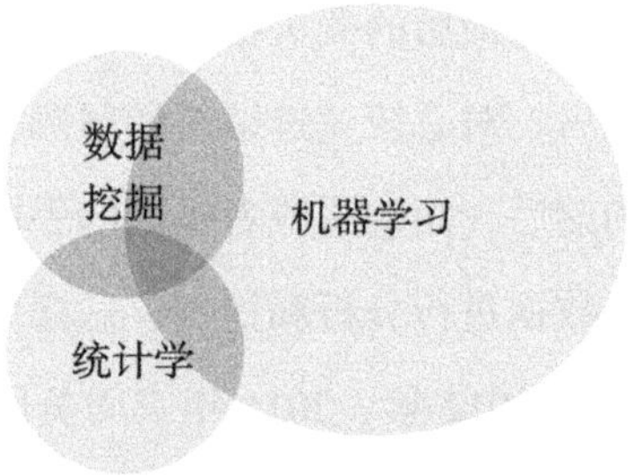

——图 14.8 统计学、数据挖掘、机器学习的关系——

机器学习是个大话题，它也是迄今为止人工智能最大的成就。顾名思义，机器学习就是机器可以像人一样自己学习。因为具备了这种能力，计算机就可能摇身一变，成为机器人。科学家正在用机器学习的技术建造机器人的大脑，可以说，机器人的普及已经离我们越来越近了。

换句话说，机器人会有智商。我们前面还谈到，机器未来还可以识别人的表情和情感，所以机器人也会有情商。但无论智商还是情商，它们都来源于机器人的数商，相比于人，机器人可以记得更多，算得更快，可以同时探索、分析更多的数据和事实。由于机器人的出现，越来越多的行业和工作都将消失。关于人类会出现失业高潮的讨论，已经不绝于新闻报端，人类也在积极地应对。可以肯定的是，未来人类要面对的竞争，不仅仅来自人类同类，还会来自机器人。从更现实的角度来看，人类至少要学会和机器人协同工作，未来一定会是一个人机协同的时代。要和机器人一起工作，当然就要理解机器人的基本原理，了解机器人的高数商是如何炼成的，再说一遍，因为有数商，机器人才会有智商，甚至有情商。

要承认的是，如果人类的数商没有一个大幅的跃进，机器人的数商会比一般人高很多。

15

善数者成，营造一个新的高数商社会

里应外合的共识

2006 年的夏天，我抵达美国，开始留学生活。

在卡内基 – 梅隆大学，一场热闹的同学聚会刚刚开始，一名中国留学生把自家秘制的蒜香排骨端上桌，盒盖一开，香飘满屋。

“真是好吃。”美国教授也赞不绝口。

“有菜谱吗？我们要学。”

“当然有。”这位同学立刻就把菜谱从网上搜索了出来，逐字逐句读给教授听。这是一道普通的中国菜，原料简单，制作流程也不复杂。但听到“油一勺，盐少许，酒若干”时，拿着笔的教授抬起头，皱眉发问：“一勺到底是多少？多少毫升，或者多少克？是大勺子，还是小勺？”

我至今还记得，因为说不出精确的数据，那位同学木然的笑容——你问我，我问谁去？难不成还摆个天平在灶台上？中国厨师可是一个大铁勺子包打天下的，取料、放盐、调味、炒制……一个勺子足矣。

中国人烹饪全凭经验，师父徒弟一代代往下传。在中国餐馆，一盘宫保鸡丁，100 个厨师可能炒出 100 种味道。西方人烹饪靠的是一张配方精确用量，只要是肯德基餐厅，不论在哪里，你吃到的都是同一种配方，同一种味道。东西方的思维差异之大可见一斑。

——图 15.1——

当然，美国的烹饪也经历了一个数据化、标准化的过程，据我了解，其中的代表性人物是被誉为“家庭科学家”的法默女士（Fannie Farmer，1857—1915）。1896 年法默出版了《波士顿烹饪手册》（*The Boston Cooking-School Cook Book*），这本书的菜谱强调精确测量每一种配料、调味品的用量，在美国大受欢迎。后人评价说：“她把美国人在厨房的烹饪用语从‘一撮’‘些许’‘一勺”变成了精确的、标准化的、科学的术语，从而为大众呈现了一种便捷的、可靠的，即使没有任何经验的人也可以参照书本完成的烹饪模式。”[1]

时光转到2012年，我已在美国工作。因为倡导将数据用于管理和创新，我常常回国交流考察，这年秋天的一站是武汉一家大型中日合资汽车制造公司。

这家公司的高管跟我分享了一个真实的故事。

合资公司成立的当年，由日方的高管担任董事长。这一年，就该不该给员工加薪，中日双方的管理层有不同的意见，相持不下。

中方强调经济形势不好，员工情绪需要安抚。日方起初不同意，后来要求中方列出所有影响加薪的因素，并确定一个“加薪公式”，即用量化的方法决定是否需要加薪，以及具体要加的数额是多少。

中方的管理层照办了。他们做了一番研究，然后列出了一个公式，它的各个参数、加权因子也被日方认可了。

于是，这一年，中方关于加薪的建议在董事会获得通过。

但没想到的是，第二年，按照这条公式的计算，又需要给员工加薪。日方管理层认为：“既然是严格按公式推算出来的，那就应该照办。”中方管理层却认为可以不加，但公式又是自己去年定的，最后就勉强同意了。

没想到第三年，计算的结果又是加薪。这一回，中方不再认可这个公式，他们认为：“员工的积极性没有问题，形势稳定，不用加薪！”

就这样，中方管理层坚持不加薪，自己把自己两年前确定的加薪公式推翻了。谈完这段经历，一位中方高级经理感叹说，“日本人

[1] Stuart Berg Flexner. I Hear America Talking: An Illustrated Treasury of American Words and Phrases［M］. New York: Simon & Schuster, 1976: 142.

数据至上，用数据管理”真不是一句空话。另一位自嘲说，而我们习惯于把数据当作工具，急了拿来一用，但归根结底是根据情势机动处理，数据是摆设，可用可不用。

这是听中国人评价日本人，我也曾经听到了日本人评价中国人。

2014 年 7 月，我参加硅谷地区日本商会联盟（JCCNC）的年会。会上，几位日资企业的高管告诉我，和中国人打了几十年交道，他们总结了一个规律，中国人是“点头不算摇头算”。

这是怎么回事？他们笑着解释说，中国人说“是”的时候，你不能马上当真，必须用新的细节一再确定；而中国员工摇头说“不”的时候，那就真的是“不”了。

中国人是这样吗？不是这样吗？

这个总结我觉得有道理，但又不全对。我的一位美国朋友就挑战了这个“点头不算摇头算”，她说她亲身经历过，中国人说“不”，其实也不算。她举出了真实生活中的例子。

家里来了中国朋友，一进门，她常常会问：“要喝水吗？”

“不用不用。”来客都说不用，她也就没有倒水。

但令她困惑的是，她在一个中国人家里做客，却看到一番不同的场景。中国主人殷勤招呼另一位中国客人喝水，这位客人的回答也是“不用不用”，但是主人还是倒上了。让她感到意外的是，客人接过去，端起来就喝了。

她看到这样的现象不止一家一人，她说她糊涂了，“要”还是“不要”，这相当于“0”和“1”，本应泾渭分明，但中国人把它们成功地混淆了。她那天笑着说：“你们到底要还是不要，能有个准儿吗？”

我心里想，不仅外国人搞不明白，其实我们自己有时候也搞不明白。中国语言的口语中经常使用“大概”“差不多”“少许”“若干”“一些”等高度模糊的词语。这些含蓄、模糊、感性、没有明确界限的表达由来已久，大家日常生活中已习以为常。

大行其道的幸存者偏见

上面举的例子很多都来源于中国的精英群体，那普罗大众呢？我们来看几个例子。

2018 年 12 月，一家叫权健的保健品公司突然成为全国舆论的焦点，导火线是一起医疗悲剧。一个女孩的父亲听信了权健宣传的医疗秘方，终止了医院的治疗，结果这个女孩在多次服用权健秘方药之后死亡，但这位父亲随后发现，他的不幸经历被一群人颠倒了黑白是非，被别有用心地宣传为“女儿在权健的神药作用下恢复了健康，获得了新生”！他开始愤怒地投诉和反击。

接下来，舆论被引爆了，多篇报道开始揭露权健长期虚假宣传、售卖假药，已经造成了许许多多的医疗悲剧。

随着不同来源的信息互相印证，人们发现权健造假已经不是一天两天的事了。事发之时，它已经成立了 15 年，一直号称有秘方可以治愈大医院无法解决的疑难杂症。有人到权健成立的肿瘤医院去探访，他们发现：病人去了不用诊断，医生只是简单地看看其他医院的病历，看过之后就开药，不管是什么情况，什么病，哪怕是不同的癌症，病人拿到的都是相同配方的“秘方药”。

这是一家明目张胆的骗子公司，但为什么这样的骗子公司能长期生存，而且不断发展壮大呢？

因为它巧妙地利用了幸存者偏见。

很多向权健求助的病人，都患有一般医院治不好的疑难杂症。这些身患绝症、面临死亡威胁的病人来到权健，都抱着试试看的心态，就算没有效果，人被治死了，病人及其家人也不会埋怨。一是因为死人不会说话，二是他们的亲属也都接受，不会到处宣传。这个道理就像被打中引擎和油箱的飞机没有飞回来一样，权健利用这一点掩盖了自己秘方的无效。但如果有效果，哪怕是一点点心理安慰，病人也会觉得有用，如果病稍有好转，或者凑巧好了，那么病人便会感恩戴德。即使这是小概率事件，一旦发生，权健就会大张旗鼓地宣传，吹嘘自己秘方的功效。

神秘主义在中国有极大的土壤和市场。在中国社会，有很多人相信民间偏方或者秘方，当一个人得了大病甚至绝症的时候，经常有人来推荐秘方偏方。他们一本正经，甚至信誓旦旦地推荐保健品或者秘方，同时斩钉截铁地告诉你，这个绝对有用，谁谁谁就是这么治好的。

他的结论可能源于真心，但同样还是幸存者偏见，因为推荐的人没有看到，更多的人服用了这些“秘方”“保健品”或者“糖水”之后没有任何起色，甚至有人因此耽误了正规的治疗，最后一命呜呼，死前无可奈何，或者后悔不已。

再举一个例子。在股市上，有人经常收到这样的信息：“某某股票明天会涨，建议买入。”当然，你不是傻子，你不信，但没想到，第二天你一看，这只股票真的涨了。第二天你又收到一条新信息，预言另一只股票会涨。你惊奇地发现，第三天那只股票确实又涨了。接下来的第四天，神了，他的推荐居然又是准确的。这次你动心，你认为遇到了一个“股神”，但你一联系他，他就要求你加入他的会员，缴纳会费。一次准确可以靠蒙，但次次准确没法靠蒙吧？如果你交钱入会，每天他都会给你推荐会涨的股票，这个诱惑很大，于是你果断交钱。但一入会，你就发现新的推荐消息不准了，照着“股神”的建议买，亏多赚少。

那这个“股神”是怎样运作成功的呢？如果说他是骗子，为何之前免费的消息条条都那么准？

其手法主要还是靠幸存者偏见，再加上分组控制，因为你根本没有机会看到他预测不准的短信。

例如他搜集了上百万个，甚至 1 000 万个用户的联系方式，就假设是电话号码吧。第一天：把 1 000 万个用户分成 10 组，向每组推荐一只不同的股票。第二天：看看昨天推荐的股票有几只涨几只跌。假设有 4 只涨，6 只跌。把收到正确信息的 4 组用户挑出来（共 400 万人），再把他们分成 10 组，向每组推荐一只不同的股票。第三天：假设第二天推荐的股票有 3 只涨，7 只跌。把收到正确信息的 3 组用户挑出来（共 120 万人），又再把他们分成 10 组，向每组推荐一只不同的股票。第四天：假设第三天的股票有 5 只涨，5 只跌。最后把收到正确信息的 5 组用户挑出来（共 60 万人），向他们发送缴费入会的信息。

这 60 万人连续三天收到的推荐信息都是正确的，所以他们对他有很高的信任度，有相当比例的人会缴费入会。假设有 1/10 的人（6 万人）缴费，一人 500 元，他就能收到 3 000 万元会费。拿到会费之后，他还可以继续骗，因为几十万人当中，总有一部分人接收到的信息是他蒙对的，“股神”又可以将这部分人升级为高级会员，收更多的钱，后面还有黄金会员、钻石会员……大家自行“脑补”。

这是一个愿打，一个愿挨。有人被骗了，只是自认倒霉，但从头到尾没搞懂原因，而其中碰巧赚到钱的人，也从始至终不明真相，他们死心塌地拥戴“股神”，两种人都可悲可叹。

在中国大行其道的还有传销型的、高回报的金融投资，其中不乏这些年泛滥流行的 P2P（互联网金融借贷平台）融资。

在这些骗局里，只要一个人投入资金，策划人就承诺他会得到远高于银行存款利息的回报，回报的比率高得惊人，甚至有 10%~20%，但一般都要求他拉到更多的下线来存钱。骗局的策划人常常强调这是一种新型的投资方式，不同于传统的储蓄。他们精心炮制了很多冠冕堂皇的说法，让整个运作过程显得合情合理，并且高大上。

早期投资者得到了高额的现金回报，这令很多人羡慕，这种羡慕催生了一大批跟随者。但早期投资者拿到的回报，就是后来投资者投入的钱，这个骗局可以维持一段时间，但最终是要爆炸的，而爆炸常常发生在这个骗局的发起人携带巨额钱财成功潜逃之后。

这叫庞氏骗局，只要多一点对数据的敏感性和逻辑推理能力，就能发现其中的悖论。但在一个低数商的社会，类似的骗局能长“演”不衰，频频得手。

我们讨论到这里，几乎可以得出一个毫无悬念的结论和判断，我们身处一个低数商社会，而且，这个低数商社会由来已久。

个个都是圆通大师

前人虽然没有直接概括过“低数商社会”，但也有人分析过其中的原因。著名的思想家胡适认为，某些中国人长期具有“凡事差不多，凡事只讲大致如此”的习惯和作风，一生不肯认真，不肯算账，不肯计较，是看得破、想得通的圆通先生。1919 年，胡适写下著名的《差不多先生传》，活灵活现地白描了某些中国人取道中庸、不肯认真、甘于糊涂、拒绝精准的圆通形象：

> 你知道中国最有名的人是谁？
>
> 提起此人，人人皆晓，处处闻名。他姓差，名不多，是各省各县各村人氏。你一定见过他，一定听过别人谈起他。差不多先生的名字天天挂在大家的口头，因为他是中国全国人的代表。
>
> 差不多先生的相貌和你和我都差不多。他有一双眼睛，但看的不很清楚；有两只耳朵，但听的不很分明；有鼻子和嘴，但他对于气味和口味都不很讲究。他的脑子也不小，但他的记性却不很精明，他的思想也不很细密。
>
> 他常说：“凡事只要差不多，就好了。何必太精明呢？”
>
> ……
>
> 后来他在一个钱铺里做伙计。他也会写，也会算，只是总不会精细。十字常常写成千字，千字常常写成十字。掌柜的生气了，常常骂他。他只是笑嘻嘻地赔小心道：“千字比十字只多一小撇，不是差不多吗？”
>
> 有一天，他为了一件要紧的事，要搭火车到上海去。他从从容容地走到火车站，迟了两分钟，火车已开走了。他白瞪着眼，望着远远的火车上的煤烟，摇摇头道：“只好明天再走了，今天走同明天走，也还差不多。可是火车公司未免太认真了。八点三十分开，同八点三十二分开，不是差不多

吗？”他一面说，一面慢慢地走回家，心里总不明白为什么火车不肯等他两分钟。

……

他死后，大家都很称赞差不多先生样样事情看得破，想得通；大家都说他一生不肯认真，不肯算账，不肯计较，真是一位有德行的人。于是大家给他取个死后的法号，叫他作圆通大师。

他的名誉越传越远，越久越大。无数无数的人都学他的榜样。于是人人都成了一个差不多先生——然而中国从此就成为一个懒人国了。

——图 15.2——

关于我们文化中的“差不多”，我想再提供一个我的观察。由于工作关系，我一年之中常常飞行，不免关注航班运行情况。我注意到，一些稍稍延误的航班总能准时到达，这并不奇怪，因为左右飞行时间的因素确实有很多，飞行员动作快一点也许就把时间抢回来了。可是一些延误比较严重的航班也同样能准时到达，这就有点怪异了。难道一向以精准著称的航班时刻表也是橡皮筋，可以随便拉伸的吗？

一做数据分析，我发现情况比猜测的还要严重，这些数据真的就是橡皮筋，几乎每一趟航班的计划飞行时间都被拉伸了。

我以航班实际离港时间晚于计划起飞时间 15 分钟为延误标准，在民航数据平台 VariFlight（飞常准）上随机抽取了四个机场三个自然日的飞行数据，做了统计分析。我发现：

> 2018 年 8 月 17 日至 19 日，广州白云机场至成都双流机场的航线中，三天离港航班 80 趟，73 趟航班离港延误，其中 37 趟航班提早到达，延误－提早到达率约为 50.68%，而在离港的 80 趟航班中有 44 趟航班提早到达，整体－提早到达率为 55%。
>
> 同期，在上海浦东机场至武汉天河机场的航线中，三天离港航班 30 趟，22 趟航班离港延误，其中 13 趟航班提早到达，延误－提早到达率约为 59.09%，在全部 30 趟离港航班中，提早到达的航班数量为 21 趟，整体－提早到达率为 70%。

一半以上的延误航班都能提前到达，这说明了什么？

此外，我还分析了深圳宝安机场至天津滨海机场、西安咸阳机场至厦门高崎机场的同期情况，[1]这四个始发机场年度客流量都排名全国前十，是非常有代表性的，但数据大同小异，无一例外，反映出相同的问题。

拉长计划飞行时间，我猜想这极有可能是航空公司刻意为之，作为主管职能部门，国家民航局应该也有责任。为什么会这样？航空时刻表是整个社会倡导精确的风向标，这样随意拉伸，影响了航空公司的公信力和可靠度，飞行时间的不确定性也会对旅客造成困扰，旅客常常因为与接机者对接不畅而滞留机场，无法准确安排后续行程。要问的是，一个国家的航空业本应是精细化管理的标杆，这样的时刻表在这里却能年复一年地存在，社会和大众都能够容忍和接受，没有任何问题，很多人知道其中的原因，认为航空公司也有苦衷，可以谅解，没人批评，一讨论，最多是脸上泛起一丝狡黠的笑容，类似“你懂的”。

这一笑，代表了中国人深入骨髓的圆通，无事不可圆通，无处不可圆通，人人以圆通为上大的智慧。圆通先生的思维方式，是以圆为最高追求，凡事圆得过、想得通，思维没有一点棱角，更谈不上锐角。

除了中国人自己思想家的批评和总结，外国人对中国人漠视数据、无视精确的特点也洞若观火。

史密斯（Arthur Smith，1845—1932）是一位美国的传教士，他于1872年来到中国，在中国的普通社区生活了54年。1894年，史密斯出版了《中国人的性格》一书，成了名动一时的中国文化专家。

[1] 在西安咸阳机场至厦门高崎机场的航线中，三天离港航班44趟，离港延误航班17趟，其中14趟航班提早到达，延误－提早到达率约为82.35%，在所有44趟航班中，31趟航班提早到达，整体－提早到达率约为70.45%；在深圳宝安机场至天津滨海机场的航线中，三天离港航班37趟，离港延误航班19趟，其中6趟航班提早到达，延误－提早到达率约为31.58%，在三天离港的全部37趟航班中，22趟航班提早到达，整体－提早到达率约为59.46%。

该书产生过很大的影响，一度被公认为研究中国人最权威、最详尽的著作之一，被译成很多国家的文字。

史密斯认为，中国人“漠视精确、思维含混”，他在书中写道：

> 中国人完全能够像其他民族一样学会对一切事物都非常精确，甚至更加精确，因为他们有无限的耐心。但我们必须指出的是，他们目前还不重视精确，他们还不知道精确是什么。如果这一看法是正确的，那么就可以有两条推论。其一，在我们考查中国历史档案时，必须考虑到中国人漠视精确这一特性。我们采用中国人所提供的数字和数量很容易使我们自己受骗，因为他们从来就不想精确。其二，对于中国人所提供的冠以“统计数字”以抬高其权威性的各种材料，必须留有很大的余地。

我们前面还提到过华人历史学家黄仁宇，他对中国人缺乏“数据精神”的根源做了剖析：在中国传统的学问——理学或道学当中，一直都弄不清伦理之“理”与物理之“理”的区别。这两个“理”混沌不分的结果，是中国人倾向于粗略地主观定性，排斥精确地客观定量，从而养成了重形象、重概括、轻逻辑、轻数据的文化习惯。这种文化习惯，使中国人长期沉浸在含蓄、模糊的审美意识当中，凡事只能从美术化的角度来印证，满足于基于相似的“模糊联想”，止步于用逻辑来分析，用数据来证明，最终将表象上的相似当作本质上的相同。

但在中世纪之后，欧洲就将伦理之“理”与物理之“理”这两个“理”划分得很清楚了。

黄仁宇的看法，并不是一家之言。现代著名的思想家阿伦特（Hannah Arendt，1906—1975）也曾经对比过中国和西方国家在思维方式上的不同。她的结论是：西方人是“词语思维”，中国人则是“形象思维”，而形象思维不是基于逻辑的推理性思维。

这个道理就如同油画和国画，油画写实，国画写意，油画借助光学器件的原理，每一笔每一处光与影的处理都要精确，能画得跟照片一样准确逼真，而国画的山山水水朦朦胧胧，若有若无，似乎只有在梦境中才有。

再次回到我们一再讨论的李约瑟难题：“尽管中国古代对人类科技发展做出了很多重要贡献，但为什么科学和工业革命没有在近代的中国发生？”

我们可能一直在拿国画的艺术思维对待科学技术。我认为，这表面上是个科技问题，但它的根源，不在于科技，不在于经济，甚至不在于政治，而在于文化。一个国家的经济、政治和文化的关系就像海的不同层面。海平面时刻都处于变化之中，有时波涛汹涌，有时风平浪静，这就好像一个国家变化多端的经济层；在海洋的中层，水面趋于平稳，这是政治层，政治制度一旦确立，就不容易改变；在海洋的底层，静水流深，更加平稳，非常难以改变，这就是文化层。一个国家，文化的改变最难，但这恰恰是其他改变的基础。我们的文化，理性不足，不求精确，随意盲目，长期漠视数据，表现出明显的“缺数症”。因为这种文化上的不足，现代科学最终在西方国家起源、蓬勃发展。

这不能不说是我们的一大遗憾。这个遗憾发生的历史阶段已经过去了，但这个遗憾发生的文化根源直到现在都没有得到有效的清除。在今天的大数据时代，我们不能再把大数据仅仅当作一个科技符号，而要把它变成一个文化符号，让“尊数”“爱数”“用数”的基因融入中国人的思维方式和文化血液。

在智能时代成功

时光荏苒，沧海桑田。

当下我们又迎来了一个全新的时代——大数据驱动的智能时代。我们本来和发达国家存在较大的差距，改革开放40年来，我们一直在追赶。我们在进步，别人也没停下脚步，迄今为止我们和发达国家之间仍然有不小的差距，但因为信息技术的进步，时代突然赋予了我们后发优势。这就好像我们和别人赛跑，曾经我们落后500米，突然裁判一吹哨子，说："停，你们换一条赛道，重新起跑。"

在这条全新的赛道上，上演的将是以数据为基础的全面竞争。在小数据时代，在对数据的信仰、洞察和分析使用方面，和西方国家对比，我们毫无悬念地输了，但在新时代的新赛道上，我们和全世界最好的运动员相比，可能只落后5米，甚至不落后。在这一点上，我们应该有充足的自信，发达国家具备的大数据分析工具，我们也有，我们的互联网应用、大数据开发在世界范围内都是领先的，没有哪个国家有我们这么便利的移动支付，也没有哪个国家能将电商的触角伸到角角落落。

这一次，面对大数据的无垠瀚海，我们正在与世界同步，甚至还能领先。

正在发生的历史进程，是一切业务数据化，即所有的业务过程都将转化、保存为数据。在智能时代，数据是指对这个世界万事万物（包括人本身）的状态、性质以及相互关系进行记录的符号组合、比特流。这种比特流的记录是新文明的DNA，我们正在开拓创建的新文明，可以叫作“数文明”，即新的文明将以“数据”为中心，文明靠世世代代的记录得以累积、继承和发展，人类活动也因为新的记录方式和分析工具不断地得到优化，走向精细化。

现代互联网之所以伟大，就是因为它把记录这件古老的事做到了极致。

不信，我们来看一个熟悉的场景。大家都去百货超市购物过，你在超市里，常常要东张西望，这排货架看看，那排货架走走，在某些商品面前停留、徘徊，拿起来看看，然后又放下，这些行为表达了你的购买意愿，但商场的售货员没法记录你这些行为。你昨天去了一个收银台，今天再去同一个，可能售货员也不会认得你。

但是，你在网上就完全不同了，你的点击，你的滑屏，你的搜索，就相当于你在超市里的走走看看、东张西望、左挑右选，拿起东西又放下，互联网把你的这些行为一一记录了下来。

无论你是谁，只要你第二次来到一个购物平台，因为上一次的记录，网络就认识你。随着你浏览、消费记录的增多，这些数据可以完整地勾勒出你的特征，即通过数据给你画像，掌握你的行为模式和需求偏好，从而对你进行分析和预测，向你推送商品广告，最早的大数据应用，就是这样产生的。

随着大数据的累积，互联网可能比你的朋友和配偶更了解你。

今天的百货超市也正在互联网化，线下的商场在摆放越来越多的二维码、电子标签，安装更多的摄像头，目的都是记录消费者的行为，分析他们的动机。

一切业务数据化就是全面记录，全面记录的必然结果就是全面量化，我们正在迎来全面量化的时代。

即使最古老的农业也正在发生巨大的变化。我想给你介绍我的朋友马铁民。2015 年，我在访问青岛的行程中和他相识，从此开启了一段长达 5 年的缘分和合作。他是一位种菜的农民，我们认识的时候，他的生菜已经种得很好了，他的企业青岛浩丰包办了中国肯德基、必胜客一半以上的生菜供应，这意味着，你在肯德基吃汉堡，在必胜客吃沙拉，其中的生菜很可能就来自马铁民的菜田。

最近 4 年，马铁民将目光和精力聚焦到了西红柿上。

一株西红柿，从播种到结出第一穗果实，其周期是 90 天左右，其中每一天，它对温度、湿度、光照、矿物质元素、肥料、水、二氧化碳的需求都可能是不一样的。你设想一下，一颗好的种子种进土壤之后，如果每一天它都能获得最适量的各种养分，最舒服的环境条件，而且不多不少正好合适，那种子的力量就可能完释放出来，结出最饱满的果实，同时还可以节约水和各种农业资源，这一点也很重要。

为什么？因为传统的种植方法就是露天种植，每一天浇水施肥，同样的水量，同样的肥料，不管土地和种子到底渴不渴，缺不缺乏营养，其中大量的水和肥都被浪费了。

马铁民和西红柿专家一起，以天为单位，设计了一个 90 天周期的营养方程式，并把 90 天分为 6 个不同的阶段。在 6 个不同的阶段，一棵植株会有不同的标准叶片数量，每片叶子的长宽、植株茎粗、植株长度、果穗数量、每串果穗的挂果数量都可以量化，如果有一个摄像头对准一株西红柿，就可以通过图像识别自动获得叶片数量、茎粗、挂果数量等数据，根据这些数据，也可以反过来倒推判定植株的生长处于哪一个阶段的第几天。

马铁民的目标，是要把这个方程式变成一个自动的算法，打造一个“西红柿种植大脑”，让它根据外界的条件，自动调控西红柿种植的条件，例如光照、水分和肥料，让西红柿每一天都处于生长周期内的最佳条件。

水分和肥料怎样确定呢？一颗成熟的西红柿，每 100 克包含：水分 93.6 克，碳水化合物 3.3 克，膳食纤维 1.9 克，蛋白质 0.9 克，脂肪 0.2 克，维生素 B 0.06 毫克，叶酸 5.6 微克，维生素 A 63 微克，胡萝卜素 375 微克，硫胺素 0.02 毫克，核黄素 0.01 毫克，烟酸 0.49 毫克，维生素 C 14 毫克，维生素 E 0.42 毫克，钙 4 毫克，磷 24 毫克，钾 179 毫克，钠 9.7 毫克，碘 2.5 微克，镁 12 毫克，铁 0.2 毫克，锌 0.12 毫克，铜 0.04 毫克，锰 0.06 毫克。马铁民的团队根据每种营养元素的吸收能力，以及营养元素在果实与植株中的分布比例，利用水肥一体化设备，对营养元素进行精准投放，并对排液进行检测，控制浇灌液和排液的差值，以满足一株植物的需求。

马铁民是一个虔诚的数据信仰者，他由衷地相信数据是农业种植中一个新的生产要素，他喜欢我在《数据之巅》中说的那句话，数据不是黄金，不是石油，而是新的土壤。他成立了新的大数据公司，并积极和阿里巴巴合作。2017 年 10 月，一个智慧农业大棚在山东德州投入运营，它有 10 个足球场大，首次种植 12 万株西红柿，这是国内单体占地面积最大的温室大棚。他的目标是在大棚里布设云和物联网系统，各种传感器、摄像头把采集到的湿度、水分、二氧化碳等数据传入中控系统，与最佳生长条件下的参数进行比对。中控系统就像人类的大脑一样，根据获得的数据做出决策，向大棚内的二氧化碳发生装置、照明设备、加热设备、水肥输送系统、光照幕布系统、喷雾系统发出指令，将大棚内的温度、光照、水分环境调整到让西红柿生长状态最优的水平。

通过计算，这个“大脑”未来还要能够选择不同参数条件的组合，以保证最低的成本。例如，不同的光照、温度、湿度、养分等组合，都可能使西红柿达到最优的生长状态，但成本可能存在差异，“西红柿种植大脑”将自动选择最经济的参数组合。当然，最经济的组合方案可能需要更多的数据，更密集的计算。

——图 15.3——

不仅如此，“西红柿种植大脑”还能根据市场行情，智能地控制生长速度。例如，西红柿的成熟周期正常是60天[1]，但当市场上的西红柿供大于求或供不应求时，系统就能通过调节生产环境，适当加快

[1] 西红柿从开花到采收所需的时间叫作成熟周期，成熟周期一般是 60 天。西红柿从播种到结出第一穗果实所需的时间一般是 90 天。智能温室西红柿的生长周期是 11 个月，生长周期一般指的是从播种到植株生长结束总共的时间。

或者延缓西红柿的成熟速度，在市场行情最佳时再投放。

这样的种植方法和传统种植的结果有什么不同呢？

如果是传统的露天种植，一株西红柿的平均高度不到2米，每平方米产量仅8~10公斤，但是在智能温室内，一株西红柿的高度可以达到15米，每平方米产量高达80~100公斤。相较于传统方式种植的西红柿，智能温室中生长的西红柿个头均匀，品相更好、口感更佳，售价也因此更高。

高多少？马铁民告诉我，可能是一到两倍。

表15.1　不同环境下生长的西红柿的差异

种植方式	苗高（米）	产量（公斤/平方米）	售价（元/公斤）
传统露天种植	2	8	10
普通农业大棚	3	17	10
智能温室大棚	15	85	20

农业种植养育了人类，造就了数千年的人类文明。中华文明得以延续，农业得记头功，可中国的农业相当落后。我老家江西吉安是个水稻种植区，这里的农村和许多地方一样，手工种植仍然随处可见，牛耕仍然在使用，人们日出而作，日落而息，时光仿佛还停留在几千年之前。

马铁民还在为了梦想奔跑，我多次调查访问他的西红柿温室。站在他宽敞明亮的智能温室里，我对用大数据引领现代农业的建设充满了信心和期待。

高数商源于思维和行动

数商的核心是什么？记录、取证、保存、量化、分析、预测……其中又以记录和量化为核心。在智能时代，自动化的装备将会无处不在，量化的方法会无处不在，个性化的产品和服务也将无处不在。从办公室、农场到工厂，从流动的汽车、火车到飞机，从建筑、家居到人体，智能终端将会逐渐和它们融为一体，依附在这些实体之上，源源不断地采集它们产生的数据。这是海量的数据，数据将像空气和水一样大量存在，最终存储在云端，数据科学家在云端用工具对数据进行分析。

毫不夸张地说，这个智能世界构筑在数据之上。一旦我们关闭数据，即停止供应新的数据，智能世界也将停止运行。我们必须很清楚地知道，所谓的智能，事实上就是自动地获取万事万物的数据，然后为人类提供一些程序化、自动化、个性化的服务。这些服务，以前是没有办法做到的，未来却会越来越普遍。除了吃喝拉撒等生理活动，我们就生活在数据空间里，数据就像这个新空间的光，我们无时无刻不在其包围笼罩之下。

就此而言，数据代表太多的东西，它也必将成为一种权力和权利的载体，这样的未来已经近在咫尺、清晰可见。全面认识数据的价值，全面使用数据，应该成为新公民的常识。

大数据的出现，首先是一种技术现象，但它又绝不仅仅是一种技术现象，它将影响人类的决策流程、商业模式、科学范式、教育理念、生活方式和观念形态等。数据将日益和人的日常生活、情感，甚至人本身融合在一起，它会拥有自己的温度，复旦大学的教授郑磊说，他认为数据的温度就是“37 度”，这是人体的温度，这暗示着数据未来要和人类每时每刻共存共生。

我相信你也已经看到，高数商是思维和行动的共同结果，但对很多人而言，他们既缺思维，也缺行动。

本书通过一个个故事，对东西方数据思维的差异进行了对比，希望读者从中获得启发，建立牢固的记录、量化思维。我知道，改变自己非常困难，就算读过这些章节，认同这些理念，普通人也很难立即把一种新的认知变成自己下意识的行动，但你要明白无误地知道一件事：本书所讲的故事并不是文学故事，而是基于真实历史的传记，他们都是活生生的人，很多是普通人。我们应该以他们为榜样，观察、模仿、学习、消化。对本书倡导的高数商，你应该从"高数商的十大原则"入手，恪守原则，学习新的技能。

我们要反复地去品味、去记忆这些故事当中的十大原则，直到这十大原则刻在我们的头脑之中，成为我们的第一选择。这需要在相当长一段时间内每天不停地自我提示这些原则和启示，同时不断催促自己把这些原则应用到生活当中，慢慢地，这些原则才能变成一种自动的思维习惯，数据意识才会在不知不觉、不由自主中进入我们人生的导航系统。如果没有这样的执着，我们不可能在自己的大脑里建立数据意识，没有强烈的意识，数商就不可能提高。

唯有念念不忘，才能获得正果和回响。

你知道的，性格即命运，我相信这句话就是人世间的牛顿定律。性格就是长期坚持的习惯，既包括行动习惯，也包括思维习惯。

一两百年之后回头看，今天这个时代最大的变化将被概括为"数据"。数和字在经历过几千年的分离之后，正在重新成为一体，而人在这个变化的时代受到的影响，是前所未有地依靠数据生活和发展。

高数商的十大原则

原则1	勤于记录，善于记录，敢于记录：勤是习惯，善是方法和工具，敢是勇气。很多人不愿意、害怕面对自己的记录，所以“敢”也是一个问题。
原则2	要事分析：最好是定量分析，简单地分类、量化，以一定的次序、格式或者图表呈现数据，分析就会有很大的改进。
原则3	实“数”求是：从数据当中寻找因果关系和规律，让数据成为“感觉的替代品”，这是数据分析的最终使命。
原则4	知道未来是一种演化，是多种可能性的分布，用概率来辅助个人决策。
原则5	通过做实验收集数据，寻找真正的因果关系。
原则6	学会用幸存者偏见分析社会现象。
原则7	用数据破解生活中的隐性知识。
原则8	反对混沌、差不多以及神秘主义的文化。
原则9	掌握聪明搜索的一系列技巧。
原则10	掌握 SQL、Python 等数据新世界的金刚钻。

“读数”的技能就像“读字”的技能一样重要，人类开始修炼数商，不仅在面对自然、物理、化学的客观世界时需要数商，在我们面对情感、艺术和精神的主观世界时，在进行自身修炼的时候，我们也需要数商。你有没有用记录和量化的方法来管理你的身体、你的情绪、你的朋友和亲密关系以及你需要完成的工作任务？我在“数商测试”中对这些方面都一一设置了专门的问题，这是高数商的个体必须在日常生活中熟练使用的方法和技能。用数据说话、用数据管理、用数据决策、用数据创新将主导我们的生活、工作和发展，人类将更为理性。

最后，我们可以对数商做出一个较为完整的定义了。我认为，未来的文明将以数据为中心，未来的竞争就是数据竞争。数商就是对记录数据、组织数据、保存数据、搜索数据、分析数据、控制数据等以数据为对象的能力水平高低的一种衡量体系。

本书阐述了数商的概念，强调了以数据为中心的价值、理念、方法和工具，提出了“记录、量化、实‘数’求是、预测、实验、破解隐性知识、掌握新的工具”等提高数商的路径和方法，也设计了一套测试题和若干训练题来测量评估数商。这是探索、开拓性的工作，作为历史上第一套数商测试题，它肯定有诸多不完善的地方。我相信未来会有一个更科学的测试体系出现，这有赖于更多、更丰富的研究，我期待这一天早日到来。

参考书目

本书关于史实、案例和其他学者观点的引用，除了一部分已经在正文当中注明出处之外，主要还阅读、参考了以下书籍和专著：

1. 基斯 · E. 斯坦诺维奇 . 超越智商：为什么聪明人也会做蠢事［M］. 张斌，译 . 北京：机械工业出版社，2015.

2. 丹尼尔 · J. 布尔斯廷 . 发现者［M］. 吕佩英，译 . 上海：上海译文出版社，1995.

3. David Salsburg. The Lady Tasting Tea: How Statistics Revolutionized Science in theTwentieth Century［M］. New York: Henry Holt and Company, LLC, 2001.

4. 罗尔夫 · 多贝里 . 清醒思考的艺术［M］. 朱刘华，译 . 北京：中信出版社，2016.

5. 罗尔夫 · 多贝里 . 明智行动的艺术［M］. 刘菲菲，译 . 北京：中信出版社，2016.

6. 凯莱布 · 埃弗里特 . 数字起源［M］. 鲁冬旭，译 . 北京：中信出版社，

2018.

7. 雅各 · 索尔 . 大查账［M］. 陈仪，译 . 台北：台北时报文化，2017.

8. 岩泽宏和 . 改变世界的 134 个概率统计故事［M］. 戴华晶，译 . 长沙：湖南科学技术出版社，2016.

9. 莫里斯 · 克莱因 . 西方文化中的数学［M］. 张祖贵，译 . 北京：商务印书馆，2013.

10. 斯蒂芬 · 温伯格 . 给世界的答案：发现现代科学［M］. 凌复华，彭婧珞，译 . 北京：中信出版社，2016.

11. Ian Hacking. The Taming of Chance［M］. Cambridge: Cambridge University Press, 1990.

12. 道格拉斯 · W. 哈伯德 . 数据化决策［M］. 邓洪涛，译 . 北京：中国出版集团，2013.

13. 保罗 · 埃克曼 . 说谎：揭穿商业、政治与婚姻当中的骗局，第 2 版［M］. 邓伯宸，译 . 北京：三联书店，2016.

14. 葛云保 . 谁见过地球绕着太阳转［M］. 北京：科学出版社，2015.

15. 杰弗里 · 班尼特，威廉 · L. 布里格斯，马里奥 · F. 崔奥拉 . 妙趣横生的统计学［M］. 胡晖，徐斌，译 . 北京：人民邮电出版社，2016.

16. 涂子沛 . 大数据［M］. 桂林：广西师范大学出版社，2012.

17. 涂子沛 . 数据之巅［M］. 北京：中信出版社，2014.

18. 涂子沛 . 数文明［M］. 北京：中信出版社，2018.

致谢

一本书的背后，很少是作者一个人的努力。本书的问世，我首先要感谢涂新辉先生，他对全书的框架和章节标题提出了很多宝贵的意见，在写作过程中也给我很多鼓励；感谢高路先生对全书的文字提出了很多润饰的意见；感谢暨南大学的胡玉明教授，他阅读了本书第 5 章并给了我反馈和建议；感谢红象云腾公司的 CEO 童小军先生，他对本书第 13 章的写作提供了支持；感谢数文明科技的黎嘉良先生、熵商科技的李若华先生，他们给第 14 章的写作提供了部分意见和数据的支持。我还要感谢我在数文明公司的同事，他们除了帮助我收集整理了一些素材和图片，也是本书数商测试题的第一批用户，张炳剑先生、中山大学的郑跃平副教授都对这史上第一份测试题反馈了建设性的意见；感谢漫画师任山葳先生，他的插画生动亮丽，流光溢彩，如同镶嵌在本书的一串明珠。最后，我还要感谢中信出版集团阅读事业部的蒋永军总经理、张英洁编辑，他们为这本书的出版付出了热情、细致和严谨的努力，创造了火箭一般的出版速度。

关于本书数据、专有名词体例及图片版权的说明

1. 本书数据小数点之后一般保留两位，部分引用的数据遵从引用原文的位数，为方便读者阅读，从小数点起，向左和向右每三位数字一组，组间空1/4个汉字的位置来分节。
2. 为行文简洁，本书只对重点外国人物或在可能引起混淆的情况下，引用人物的全名。一般情况下，外国人名的翻译只包括姓，不包括名，比较生僻的人物一律在后继括号内注明英文全名，对于历史人物还标出了出生及逝世年份，以便读者查对。
3. 为方便读者阅读，涉及外国相关组织机构时，大多采用英文名称的首字母简称。
4. 本书未标明出处的图表，皆为作者或者署名人自行设计绘制。
5. 本书引用的大部分图片和照片，已获得原作者的授权；少数未获授权的，欢迎原作者见书后，与本书作者或出版社联系。